口才

造就你的一生

小粤 编

人生必读的口才宝典

广东旅游出版社

图书在版编目(CIP)数据

口才造就你的一生/小粤编. —广州：广东旅游出版社，2013.1
ISBN 978-7-80766-468-0

Ⅰ．①口… Ⅱ．①小… Ⅲ．①口才学—通俗读物 Ⅳ．①H019-49

中国版本图书馆CIP数据核字（2012）第320183号

责任编辑：邱诗灵
装帧设计：后浪图书

广东广东旅游出版社出版发行
地址:广州市越秀区先烈中路76号中侨大厦22楼DE 邮编:510095
广东昊盛彩印有限公司
(广州市白云区良沙路陈洞村台头街6号 邮编:5105405)
广东旅游出版社图书网
www.tourupress.cn
联系电话:020-87347994

850毫米×1168毫米 32开 印张12 总字数180千字
2013年1月第1版第1次印刷
定价：28.00元

前言

　　口才并不是一种与生俱来的才能，无所谓天赋与否，而是一种可以通过后天的刻苦训练达成的说话才能。中国第一位演讲学教授邵守义曾经说过这么一句话："是人才未必有口才，有口才必定是人才。"可见，口才在一个人的生命舞台上所占的重要分量。而口才，并不仅仅是口头表达能力，还是身体语言运用能力、观察能力以及思维能力的折射。

　　因此，本书立足于如何练就好口才，从社交口才、演讲口才、辩论口才、男女交往口才等方面延伸拓展，让读者在社交中能够准确、得体、生动、巧妙、有效地表达自己的观点，达到口语交际的目的，取得圆满的交际效果。

　　练就一口好口才，不仅可以让你的生活妙趣横生，而且可以助你在事业征程中劈波斩浪，让你在事业与生活之间游刃有余！

第一章 练就好口才

第二章　社交口才

第三章 演讲口才

第四章　辩论口才

第五章　男女沟通口才

第一章

练就好口才

每个人都可以成为说话高手

在社会上，人们常讲到"会说话"，通常仅是意指"说话技巧高明"。会说话总比不会说话好，雄辩滔滔总比笨嘴笨舌好。可是，真正的"会说话"应该和"说话技巧高明"区分开来。若不明白这一点，在人际关系上会产生严重地摩擦与纷争。

和说话有关的词很多，例如，说话技巧、说话技术、说话艺术，还有我们所强调的说话能力，它们有何不同呢？

所谓说话技巧，是为了传达说话的目的，巧妙地应付对方的表现方式。虽然适当的说话方法是必要的，但若无视谈话的内容和对方的感受，而只是说法高明的话，有可能陷于只擅于说话的方法，而玩弄不符实际的花言巧语。说话技巧或方法其实是说话能力的一部分，必须以说话内容和人性为前提才能发挥适当的作用，否则方法高明终究也只是沦落为说话技术罢了。

说话技术是什么呢？它和说话内容、事实无关，只是在技术层面上巧妙地叙述，说话的技术重视措辞、表达方式更胜于事实和内容，结果往往变成谎言、敷衍、夸张。说话技术之所以会被许多人所厌恶，是因为它常常引起祸害。只利用说话技术是无法得到他人信赖和维持彼此合作关系的。广泛来说，它和"说话技巧"的意思是相同的。

至于说话艺术，则是在长久历史中培育、锻炼，然后传承下来的说话技巧。即一边让对方又笑又感动，一边又吸引他认真仔细倾听的说话技巧，称之为"艺术"。在日常说话里，要说到那种高明的境界是相当难的。总之，要维持互相深深信任对方的人际关系，不单单只有耍嘴皮子的技术就够了。

真正的会说话，必须有丰富的人性、高密度的内容与恰当的应对能力，也就是拥有说话能力及高度综合能力的人。说话能力是生活在现代社会的每个人都必须学会的能力。

"谈吐的修养是做人的修养"，因此，说话能力应该和个人的涵养等量齐观，而不只是嘴上片面的技术。也就是说，不可光靠说话方法，而需用平常温和的言语表达出体谅，并具备让人回味不尽的内涵，才是所谓真正的说话能力。不流畅的言语也能打动人心，结结巴巴说出的话也有令人感动的。

善言者必先敢言

许多政治家、商人、名作家，甚至演员坦率承认自己不善言谈，每当交谈的话题一离开自己的本行，他们就感到自己像被挂在墙上似的，被冷落在一旁。

而更多的人却习惯于为自己开脱："我口才不好，不会讲话。"他们有好多借口：

——我不知道该说些什么。

——别人不会感兴趣的。

——他们根本不听我说。

——我太害羞了。

——我就是喜欢听别人说。

——我怕让人家厌烦。

但是，所有这些借口都是站不住脚的。

任何事情都可能引起人们的兴趣，只要你能把它说得妙趣横生。曾经听过有人描述原子核的裂变，他讲得那么生动明晰，在场的 12 位对此一窍不通的外行，竟然全神贯注地听了半个钟头。

你并不是太害羞。害羞实际上就是以自我为中心，这样的人只是忙着考虑自己，因此对其他问题只能保持沉默。把你心里想的说出来，之后话题就会源源不断。

别人肯定不会拒绝听你说，除非你总是一副谦卑、疲倦的腔调，或者老是微声低语。改变这种说话方式，高声谈吐，用一句引人的话开场。如果您没把握做到，也可以采用一个简单的问题，如："您是怎样到这里来的呢？"

就算你这样做了还是引不出什么话题，你至少可以说些能起到推进或鼓励作用的议论。"对，您说得很有道理。""那么独到的想法我还从未听说过。"你很快就会感到这些"填空"的句子已经变成你交谈中很有效、几乎不可或缺的一部分了。

注意倾听良好的谈吐，你会看到那些谈话者都是热情洋溢，话锋锐利，生动引人，感情真挚，同时语言准确恰当。你会看到他们活跃积极，脸上带着自然的微笑，看上去精神焕发。开口交谈并不像你想象的那么难。

减轻说话紧张症的方法

不少人在众人面前说话时，表情十分不自然，除了容易怯场之外，还常常说出几句自己也没想到的难听的话或词汇，这令他们自己也大为吃惊。其实，导致这种原因的出现主要是缺乏训练和心理准备，通过下列训练法完全可以克服。

（1）努力使自己放松的训练法。有的人说话时会突然呼吸紊乱，氧气的吸入量减少，头脑一时陷于痴呆状态，从而不能按照所想的词语说出来。

说话时按下列顺序发生是不正常的：怯场——呼吸紊乱——头脑反应迟钝——说支离破碎的话。因此调整呼吸会使这一情况恢复正常。

首先，让全身处于松弛状态，然后，静静地进行深呼吸，在吐气时稍微加进一点力气。这样一来，心就踏实了。另外笑对于缓和全身的紧张状态有很好的作用。笑能调整呼吸，还能使头脑的反应灵活，话语集中。

（2）练习一些好的话题。在平时应酬中，我们可以随时注意观察人们的话题，哪些吸引人而哪些不吸引人，为什么？原因是什么？自己开口时，便自觉地练习讲一些能引起别人兴趣的事情，避免引起不良效果的话题。

（3）训练回避不好的话题。哪些话题应该避免呢？首先应该避免自己不完全了解的事情。一知半解、似懂非懂、糊里糊

练就好口才

第一章

15

涂地说一遍,不仅不会给别人带来什么益处,反而给人留下虚浮的坏印象。若有人就这些对你发起提问而回答不出,则更为难堪。其次是要避免你不感兴趣的话题。试想连你对自己所谈的都不感兴趣,怎么能期望对方随自己兴奋起来呢?如果强打精神故作昂扬,只能是自受疲累之苦,别人还可能觉得你不真诚。

与人谈话,哪些可说,哪些不可说,也都有很多的讲究。有专家将其归纳为以下几项:不谈对方深以为憾的缺点和弱点;不谈上司、同事以及一些朋友们的坏话;不谈人家的秘密;不谈不景气、手头紧之类的话;不谈一些荒诞离奇、黄色淫秽的事情;不询问妇女的年龄、婚否、家庭财产等事情;不诉个人恩怨和牢骚;不述一些尚未明辨的隐衷是非;避开令人不愉快的疾病详情;忌夸自己的成就和得意之处。

(4)训练丰富话题内容。有了话题,还要有言谈下去的内容。内容来自于生活,来自于您对生活的观察和感受。我们往往可以从一个人的言谈看出他丰富的内涵及对生活的炽热感情。这样的人总是对周围的许多人和事物充满热情,很难想象一个冷漠而毫无情趣的人会兴致勃勃地与您谈街上正流行一种长裙。

(5)训练自我评价语言方式。词意是否委曲婉转?话题是否恰到好处?言谈是否中肯,把握要领?口齿是否清晰明白?说话是否不唠叨琐碎?说话音量大小适度?说话速度不急不缓?话中不带口头禅?说话是否简洁有力?措辞是否恰如其分、不卑不亢?话中是否带多余连接词?说话是否真实具体?是否能充分表达说话目的?言谈时是否能设身处地为对方着想?说话是否心无旁骛、专心一致?话中是否含有自我吹嘘成分?是否一人滔滔不绝地说个不停?出口是否伤人?是否能真诚地与人寒暄客套？说话是否能参酌时情？是否能巧妙掌握说话契机？是否能专心致志意地听人说话？

全面加强基本锻炼

说话的魅力，内涵广博，是由很多综合因素构成的。想要使说话具有一定的魅力，最要紧的是要学会说话，即掌握好各种说话技巧和艺术。这样，也就存在一个全面加强说话基本功锻炼的问题。

语言是构成说话的最基本要素，所以，我们首先要广泛学习语言。这里只想强调一点，就是学习语言不可生搬硬套，而应融会贯通。具体说来，就是勤于观察、体验，真正熟悉自己所描绘、讲叙的对象。阿·托尔斯泰修订《彼得大帝》时，为了用恰当的语言描绘罗斯托夫大钟楼上7吨多重的大钟和彼得大帝乘坐过的橡木大船，曾特地爬上钟楼，亲自掸了掸那只大钟；在一个漆黑的夜晚，去列斯拉夫湖边，亲自摸了摸那条旧船。这里虽然举的是如何运用书面语言的例子，其实，口头语言的表达也是同理的。

出色的演讲或者发言，应该具有强烈的吸引力和感染力。听众在聆听成功的演讲或发言过程中，赞同时，会掌声四起；振奋时，会挥臂高呼；喜庆时，会笑声不断；悲楚时，会潸然泪下。这样的讲话具有神奇的魅力。列宁的演讲，就是以这种魅力激起听众共鸣的。所以，说话者在锻炼基本功时，应把使自己说话具有强烈的吸引力和感染力作为一个努力的目标。

　　形象的说话、独特的事例，好像是烧菜时用的味精、葱、姜之类的佐料，也是构成说话吸引力和感染力的基本材料。如果在讲话中对这些材料用得恰到好处，则会产生非凡的效果。那么，究竟怎样来具体妙用这些材料呢？首先，寓理于事，寓情于事。孙中山曾在一次讲演中讲了一个真实的故事：某日，有个中国人未带夜间通行证和夜灯，无法回家。因为当时法令规定，华人夜出如无通行证和夜灯，为荷兰巡捕查获，轻则罚款，重则坐牢。出于无奈，他只得花一元钱请一个日本妓女陪伴自己回家。因为，荷兰巡捕不会过问日本妓女的客人。孙中山讲述这个发人深省的故事后，说："日本妓女很穷，但她的祖国强盛，所以她的地位高，行动也就自由。这个中国人虽然很富，但他的祖国不强盛，所以地位还不如日本的一个娼妓。如果国家灭亡了，我们到处都要受气，子子孙孙都要受气啊！"这一事例，有很强的穿透力，激起了听众无比的爱国热情。其次，巧用比喻，绘声绘色。鲁迅在演讲中，曾将新思想和旧思想喻为"新马褂"和"旧马褂"，用"绿豆芽"比喻不植根于民众土壤里的"天才"，皆将事物描摹得会形、传神、至理，可谓活灵活现。周总理曾在一篇报告中，把束缚人们思想的错误做法比喻为"套框子"、"抓辫子"、"戴帽子"、"打棍子"、"挖根子"的"五子登科"，喻巧而理至，将左倾错误描述得十分形象。被誉为"中国第一大演讲家"的马相伯的讲演中，形象化的比喻俯拾皆是。在日寇侵犯中国时，他于一次国难演说中讲道："诸位，醒一醒！枕头旁边也放了火药，我们能睡么？房子里有了小贼，我们能睡么？"将日本鬼子喻作枕边的火药、室内的小贼，生动展示了当时的形势危急，道出了抗日救国的紧迫。林肯在其废奴演说中曾讲道，那些容忍奴隶制存在的国家好比"一幢裂开了的房子，是站不住的"，这一妙喻即刻风靡全国。

常言道："养兵千日，用兵一时"。一次演讲或在公共场合的一次发言，一次旧友之间的重逢或新知之间的相识，可能不会是很长的时间，也可能不需要说很多的话。但一个人的说话是否具有魅力，是显而易见的。这就更说明了平时加强基本功锻炼的重要。据载，有位优秀的青年演讲者为了准备好演讲稿，曾先后翻阅了上百册书，千万余字，摘录了7万多字的资料。为熟悉记牢地名、人物，他在家里挂上地图画壁演讲，他的爱人便是第一位忠实的听众。功夫不负有心人，在不长的时间里，其讲稿中的133个地名、94个历史人物、79个年代、131个数据，他都能准确无误地脱口而出。他为使演讲具有吸引力和感染力，平时认真地学习群众语言，还研究评书演员刘兰芳评书的技巧，探讨艺术家们的演讲艺术等，终于使自己的演说技能有了大幅度的提高。

善于言辞的锻炼

你是否有过这样的体验：在陌生人面前，总感到口讷言拙，讲起话来结结巴巴，在人多的场合，常觉得手足无措，原来准备好的词句也"不翼而飞"？在别人侃侃而谈，或口若悬河时，你一定非常羡慕吧？其实，讲话的技巧是可以学会的，只要做一个有心人，从以下几方面加以锻炼，你也会成为一个善于言辞的人。

（1）要有充分的准备。如果您在讲话时对所要讲的内容没有认真考虑过，您肯定会感到无话可说，即便说起来也不会流畅自如。因此，必须在讲话之前要有充分的准备，或者写成提纲，或者默诵、试讲。您对讲话的内容愈熟悉，您就愈能讲得好，愈不会信口开河，无的放矢。

（2）学会对话方法。从心理学角度看，口头语有对话言语（聊天、座谈、辩论、质疑等）与独白言语（报告、演讲、讲课等）之分，一般说来，后者的要求更高，并且是以前者为基础的。我们首先必须学会对话言语的方法，与别人很好地交流思想，才能在听众较多时有较好的效果。在与别人谈话时，要耐心倾听别人的意见，不可随便插话或打断别人的话头，要"察言观色"，注意对方的姿势、表情和态度，要分析对方讲话的得失，吸取其优点，舍弃其缺点。同时，你自己的讲话要含义明确，态度诚恳，要注意对方的反应，当对方显出厌倦或注意力涣散时，就要停止讲话。

（3）勇于勤讲多练。言辞表达的才能并不是天生的，而是在环境的影响下，通过个人的实际锻炼逐步发展的。因此，我们要克服害羞、胆怯的心理，在生人面前或人多的场合，要争取讲话的机会，勇敢地发表自己的意见。虽然开始时不一定会成功，甚至会遭到别人的笑话，但不要介意，认真分析自己讲话失败的原因，勤讲多练，不能不断改进。

提高综合讲话能力的要点

一个人的综合讲说能力包括说、写、听、读，由于四者的关系密切，因而需要进行综合地提高。

(1) 说的技巧

说话能力和技巧的培养通不是在学校里能学到的，而要靠自身的努力，在实践中磨炼。如果一个人缺乏说话技巧，那么他就有许多不利之处。如果不能把自己的情况说清楚，你就会被认为是一个爱发牢骚的人。由于说一些不相干或很愚蠢的事情，使自己看起来像个庸才。如果不能提出机智的问题，你就得不到重要的信息，大家都疑心你会造谣或散布谣言。如果你不会表达自己的情况，就要失去重要的争辩机会，你会被认为是让人讨厌的人。正式的说话行为具有公开性，如演说、做报告、会议发言都要面对公众，但大多数人在公众面前说话会感到害羞和紧张，这些传播障碍可以通过练习加以排除。

(2) 写的技巧

说的技巧固然重要，但写的传播技巧，也能影响到说。写作需要一套完整的技巧，语言思维能力、语文修辞水平、表达能力、书法等对写作都具有重要作用，要想写好必须勤于动笔，经过艰苦、长期的磨炼才能达到"下笔如有神"的境界。

(3) 听的技巧

要听得多说得少，听是说的开始，要会说就要更加有效地听，需要一些语言的技巧。

(4) 读的技巧

当今社会是信息爆炸的时代，各式各样的出版物、书刊以不同语言出版发行，数量迅猛增长，信息要靠书面形式传播，随着社会的发展，其重要性越来越明显。这样读就成为练口才不可缺乏的技巧：如边读边做笔记，对重点、有用的内容可做出摘录，以备查阅；边读边记忆，有些人看过的内容很快会忘记，这可能与他阅读时，没有开动脑筋来记忆有关。先读目录、摘要、前言，有利于找出重点、划出重点；对于重点的内容，再读一遍，跳过不重要的内容。精读与泛读结合，采取点面结合的方法。注意阅读姿势，一般说来坐直阅读容易使思想集中，卧读易困，走读易分散精力。掌握阅读环境，一般在图书馆、教室和书房里阅读比在寝室里好。

说话要抓住要点明确目的

一个人要想挖掘自己的说话潜能，使自己成为一个能言善辩的口才高手，方法可能是多种多样的。这其中必然少不了提高自己的说话技巧与艺术。而抓住要点，明确目的，则是其中的重要一环。

日本的坂川山辉夫先生认为，通向善于说话的道路是把微小的言语活动的"尘土"堆积起来，最后就成了可观的东西。他曾设计了一个"自我反省录"，供那些真想成为善于说话的人对照参考。其内容大致如下。

(1) 想成为善于说话的人的愿望是一时的，还是永久的？

(2) 若发生什么事，想成为善于说话的人是意志坚强还是薄弱呢？

(3) 自己认为已经可以了的事情，还能够列为每天的课程实行吗？

(4) 能够不厌其烦地向周围的人宣布"我正在学习说话的方法"吗？

(5) 认不认为学习说话方法是一件可耻的事？

(6) 你在一一查考别人说话的缺点吗？

(7) 你对自己的说话方法置若罔闻，而对别人的事情却是说三道四吗？

(8) 有没有把自己说不好的话归因于自己的学习、职业、遗传、工作繁忙和性格等等？

(9) 有没有心中自我解嘲："说话已经高明了，我却为什么……"？

(10) 对方不明辨是非时，生气吗？

(11) 路上遇到熟人，对方没有注意，你有勇气主动向他问候吗？

(12) 对人有好恶，能不能不让它表现出来，照常交往？

(13) 选择想要采用这种说话方式的人作为学习目标吗？

(14) 会议时间长时，常常睡觉或打哈欠吗？

......

以上诸条被视为达到善于说话目标的要点。如果说话者能经常对照，反复反省，则一定会取得成绩。

东京中心公司经理野田英辅先生曾师从于坂川山辉夫先生，他曾致函坂川山辉夫先生，道出他感觉到的善于说话的真谛所在。他在信中说：

"深刻地感觉到，只是在理论上陶醉于口头上的东西是不行的。就是说，由于实行自认为是好的事情，才能产生出学习说话方法的意义，越是坚决踏实地实行，越有效果。我想，理论只有被实践才成其为理论，我把下述事情放进生活中去实行。

就是，一天做一件好事，实行学习到的事情。例如第一天'微笑着接待客人'，第二天是'要成为善听的人'，第三天是'自我感觉良好地说话'，等等。每天早晨定下来，把那一件好事作为一天的实际目标。在上班前把这样的信念装在脑子里，就必定会涌出非遵守不可的义务感，用在人与人的关系上也是非常有益的。我相信，这虽然是一些平凡的细微的事情，然而继续实行下去就能积土成山，不久就能成为那个人的品格和人格，而自然地表现出来。对于自己的事情虽然畏缩，但从别人那里得到的'那个人变化相当大'的说法是不少的。"

野田英辅先生的这种自我设计的通向善于说话之路，显得别具一格，值得我们借鉴。

以上说的是抓住要点的问题。

另外，在我们的周围又不乏如下说话的人：

"哎！我怎么说了些不着边际的事?"

"哟！我现在说了些什么!"

前者是心里想什么，嘴里就说什么；后者是信口开河，忘掉了应该说的事情。总之，都是没有考虑好为了什么说话，这显然是不利于培养良好口才了。

人们的日常行为都是有目标的。"吃完饭了"是以"充饥"为目标而进行的吃饭，并不是因为那里有食物而采取的行动；在吃饱了的状态下，有什么样的香东西也不会随便伸出手拿来吃。"为了什么才吃呢？"并非每个人都是有意识地进餐，也有下意识面向目标而发生行为的人。

有一种人能够毫无目的地，在现场把想到的一切口若悬河般说出来，至于他的话会给予对方什么样的影响等等，他简直是毫不在乎，直到看见对方生气的样子时，才发觉自己讲的话不对头，说话离了谱，应当表达的意思没有表达。这样造成的后果是不堪设想的。

每个人都具有善言的基本潜能，但很大程度上取决于我们是否去自我开发这种潜能，而且在开发的过程中一定要做到抓住要点，明确目的。尽心尽力地挖掘自己说话的潜能，你也会成为一个能言善辩的说话高手。

把话说明白

一个人要想有好的口才需要经过很多磨炼，但最基本的一步是先要把话说明白。而要做到这一点，是需要讲些技巧的。

(1) 句子短而精

说话时语言是呈线性伸展的，语音得一个个依次出现。随着说话的推进，语音连成一个个语串，说话者所表示的意义和情感才渐渐呈现，传递过去。由此，听话者在听话时必须调动人的大脑的记忆与分析器才能听懂对方的话。如果语句太长，听了后段忘了前段，听话者就无法理解你说了些什么。所以，我们说话句子应该短些。

专家们对畅销的小说进行研究后指出：它们的句子长度平均在 12 个字左右。说话的句子应该更短，因为语音倏尔即逝，无法像读书一样反复看。短句子，说起来轻松，听起来省力，吸引力也强。

(2) 说话须有间歇

一层意思讲完了，稍有停顿，让听话者体会整理一下，再继续说下去。不然听者会茫茫然不知所云的。

(3) 每句话都表现一个意义

这是《纽约时报》的一个写作原则，说话更适用这一原则。一句话的含义过于复杂，还得让听话者费力去思考和解释，交流就多了一层障碍。说话要明白，句子就要简洁。

问题是简单的意义或情感自然容易用一句话一个意义的方式来表达，而复杂细微的意义、情感、氛围是否也能表述呢？大致是可以的。

(4) 讲话需要逻辑

说话未始，说话者需要稍微整理一下说的内容，依照一定的线索说，人物、时间、场所、方位关系……听者听了就清清楚楚了。把话串起来，理出顺序，有这样一些线索：①时间；②事物发展过程；③人物关系；④方位；⑤逻辑关系。选择哪一条线索来整理说话的内容，看说话人的需要而定。但一般总有一个基点，然后沿着这个基点展开线索。

语气要明快

不难发现，在我们四周也有许多人说话的声调能给人一种明快的感觉。这自然是美的表达方式之一。

若想在谈话时给对方以明朗畅快的感受，就必须注意以下几点：

性格——人的性格有两种，一种是明朗型，另一种是阴冷型。如果你是属于后者，只要你能不去斤斤计较各种小节，不过分注意自我，多同别人打交道，尊重别人的意见，相信别人，你就能广交朋友，从中获得教益，从而使你阴冷的性格逐渐转向热情、开朗。

健康——保持身心健康，才能心胸开朗，心情舒畅。

语调——假如你语言清晰，语音频率高，转折音柔和，则能使对方有明快的感觉。如果你还没有这样的水平也不必过分勉强，以免弄巧成拙，只要多多注意就行了。

表情——面带笑容往往能给人以亲切之感。如果你能随时面带微笑，别人一定会喜欢你。

语言要千锤百炼

锤炼语言是口才家的基本功训练。

如果你想拥有好口才，就要像酿蜜的蜜蜂那样，终日在生活的百花园里采撷；要像淘金的老汉那样，在沙砾中发掘出真金。中国历代丰富的语言宝库，五洲四海优秀的语言财富，鲜明生动的民间语言，精心雕琢的书面词汇，都是我们应开掘的"富矿"。

（1）可直接从生活里向人民群众学习语言。生活是语言最丰富的源泉，要使自己的语言丰富起来，就要从生活中去汲取。一个闭视塞听、与民众毫无接触的人是无法获得知识的。学习语言也一样，没有生活就没有语言。老舍说："从生活中找语言，语言就有了根。"

学习语言要博采众长。俄国伟大的批判现实主义作家列夫·托尔斯泰称赞农民是语言的"大家"。语言的"天才"的确存在于人民群众之中。比如我们讲话常用程度副词"很"字，如"很黑"。在人民群众的口语中，却用更精确、更形象、更简练的表达："漆黑"。

学习语言还要多看，即勤于观察、体验，真正熟悉你的对象，掌握他的声调、声色等，而不是生搬硬套。

（2）要多读中外名著。"熟读唐诗三百首，不会作诗也会吟"的经验之谈，是大家所熟悉的。它告诉人们要学习口头语言，提高口才技巧，就应多读名著。"穷书万卷常暗诵"涵咏其中，心领神会，自会产生强烈的兴味；摸熟语言的精微之处，就能唤起灵敏的感觉；熟悉名篇佳作的精彩妙笔，可以获得丰富的词汇，那么演说和讲话时优美的语言会不招自来，这件事并不是办不到的。只要潜心苦读，持之以恒，勤记善想，不断地应用，久而久之就可以像郭沫若所说的那样："于无法之中求得法，有法之后求其化"了。

（3）知识贫乏是造成语言贫乏，特别是词汇贫乏的一个重要原因。如果《水浒》作者不懂得江湖勾当，不知开茶坊、拉线、说风情、做"马伯六"及趁火打劫的种种口诀，他就不可能绘声绘色地写出那个成了精的虔婆王干娘。这足以说明，掌握丰富的知识和学习语言是紧密地结合在一起的。

不过，归根结底，学习口才最重要的一环还是多用多练。日本首相田中角荣少年时代患有口吃的毛病，为克服缺陷，他常常朗诵，慢读书文。为了发音准确，就对着镜子纠正嘴形和舌根部位。一个大雨滂沱的日子，在日本的一处会场，台上的田中角荣慷慨激昂地发表政治演讲，而台下则因下雨及种种原因，只到了三位听众：老太太和她的儿媳、孙子。田中角荣面对这三位听众，一点也没有泄气，而是郑重其事，全神贯注地讲述着。他滔滔不绝的话语，洪亮的声调，流利的口齿，诚挚的情感，深入浅出的道理，使老、中、少三位听众为之动情。田中角荣就是这样不放过一切机会锻炼自己的口才，终于成为一位语惊四座的演说家。

言不在多，达意则灵

在社交中，要想收到良好的效果，语言要简洁、精练，使听者在较短的时间里获取较多有用的信息。反之空话连篇，言之无物，必然误人时光；语言还要力求通俗、易懂，如果不顾听者的接受能力，用文绉绉、艰涩难懂的语言，往往既不亲切，又使对方难以接受，结果事与愿违。

当前，人民群众对某些领导部门开长会的不良作风很有看法，还送给一个雅号为"马拉松会议"。开会前议题不明确，开会时中心不突出，议论问题不着边际，仿佛不长篇大论就显示不了他的水平似的。这样的会议效果很差！

"言不在多，达意则灵。"讲话要字字珠玑，简练有力，才能使人不减兴味。冗词赘语，唠叨啰嗦，不得要领，必令人生厌。不少演讲大师惜语如金，言简意赅，留下珍贵的篇章，成为"善辩者寡言"的典型。

最短的总统就职演说，首推 1793 年华盛顿的演说，仅135 个字。

林肯著名的葛提斯堡演说只有 10 个句子，他的演讲重点突出，一气呵成。

1984 年 7 月 17 日，37 岁的法国新总理洛朗·法比尤斯发表的演说，更是短得出奇，演讲词只有两句："新政府的任务是国家现代化，团结法国人民。为此要求大家保持平静和表现出决心。谢谢大家！"措辞委婉，内容精辟。

上述这些演讲大师们驾驭语言的功力都是非凡的。林肯的演讲词仅 600 字，从上台到下台还不到 3 分钟，却赢得了 15000 名听众经久不息的掌声，并轰动了全国。当时报纸评论说："这篇短小精悍的演说是无价之宝，感情深厚，思想集中，措辞精练，字字句句都很朴实、优雅，行文完美无暇，完全出乎人们的意料。"

语言除应简洁、精练外，还应通俗易懂，否则很可能达不到预期效果，甚至闹成笑话。

一天晚上，某书生被蝎子咬了，他摇头晃脑地喊道："贤妻，迅燃银灯，尔夫为毒虫所袭！"连说几遍，他妻子怎么也听不明白。疼痛难忍的书生气急之下只好叫道："老婆子，快点灯，蝎子咬着我啦！"这一则笑话是讽喻那些专会咬文嚼字、不注意口语化的人。下面一则笑话则是讽刺那些谈话文绉绉、酸溜溜的人。

一天，某村中学一教师去家访，正碰上这学生家宾客盈门。他见自己来得不是时候，便连连向家长道歉："请恕冒昧！请恕冒昧！"学生家长顿时怔住了。次日，专程到学校找校长评理："昨天是我妹妹大喜的日子，您校某老师不知羞耻地对我说：'请许胞妹'，要我把妹妹许配给他。我看他是'花痴'。"校长知道这位老师作风正派、工作负责，觉得奇怪，便立即找他核实并向家长做了解释。家长自责文化水平低，真糊涂。这位老师既羞且恼，哭笑不得，这场风波就是因为他语言不通俗酿成的。

口头语言通过耳朵传入大脑。因语词有同音异义、一音多义，如用晦涩难懂的话，势必影响听的效果，而且听众文化素养有很大差别，应该"就低不就高"。所以对广大群众讲话，更应该通俗易懂。口头语言与书面语言有较大的差异，有的人在讲话中过多地使用书面语，而不是口语，也使人听了很不是滋味。比如有一个青年在演讲中描述他听到母亲被迫害致死的心情说："我的心海荡起悲哀的浪潮，两只眼睛犹如双泉盈满晶莹的、清澈见底的泪水，最后我的两行泪水像断线的珍珠纷纷落下。"台上讲者失声痛哭，而台下却发出一阵笑声。这样的讲演自然是不成功的。其失败原因在于，他不讲究语言的实际效果，而一味追求形式上的华美。

社会语言需要用讲话者和听者双方都习惯、共同感兴趣的"大白话"来表达，这样才容易沟通感情，交流思想。若追求华丽新奇，过分雕琢，听者就会认为这是在炫耀文采，从而对你的讲话一只耳朵进，一只耳朵出，话说得再漂亮也不会有什么力量。所以，使用语言正像鲁迅说的："有真意、去粉饰、少做作、勿卖弄。"

苏东坡对语言的使用有颇为精妙的见解："凡文字，少小时须应气象峥嵘，彩色绚烂；渐老渐熟，及造平淡；其实不是平淡，乃绚丽之极也。"我们应当把追求语言的简洁精练、通俗易懂作为学会讲话的基本功，不断地加强训练和学习。

说话要注意"停顿"

说话时的"停顿"是一种需要好好掌握的技巧。有意识的停顿，不仅使讲话层次分明，还能突出重点，吸引听众的注意力；适当的停顿，能够使听的人明白你所讲的内容分为几个段落，前后互相照应。只有条理清楚的讲话，才具有说服力，表现出很强的逻辑性，使别人佩服你的口才。如果不懂得适时地停顿，滔滔不绝地一直讲下去，你会使人有急促感，对于你的讲话也就"不知所云"。

什么时候要停顿呢？当我们转换语言、承上启下或提示重点、总结中心思想的时候，就需要停顿；而停顿的时间按具体情况处理，短则两三秒钟，长不超过 10 秒为宜。

此外，如果你想表达出蕴藏在内心的激情，讲话就应该抑扬顿挫，所以停顿并不仅限于声音的停顿，还可以配合动作手势进行。例如：低头沉思；双手握拳，作激动状；说到关键处，双目凝视；深深地叹息；紧皱眉头，作痛苦状；抬头仰望天。

运用这些动作时，要自然、逼真，以免别人认为你是在故作姿态。

学会使用幽默

幽默，在人际交往中有以下几点好处：

（1）能缓解人的紧张情绪，摆脱困境。例如，著名文学家萧伯纳在街上被一个骑自行车的人撞倒了，肇事者吓得不得了，连忙向萧翁道歉，萧翁却对他说："先生，您比我更不幸，要是您再加点劲，那就可作为撞死萧伯纳的好汉而永远名垂史册啦。"

（2）能温和地讥讽对方的蠢话。德国大诗人歌德有一天在公园里散步，正巧在一条狭窄的小径上碰上了一位反对他的批评家。这位傲慢无礼的批评家对歌德说："您知道吗，我这个人从来是不给傻瓜让路的。"机智敏捷的歌德却回答他说："而我恰恰相反。"说完便闪身让批评家过去。

（3）有消除疲劳的作用。在登山旅游或长途跋涉中感到精疲力尽、情绪低落时，说上几句幽默风趣的笑话，顿时便会使人感到轻松、愉快、情绪振奋、忘记疲倦、乘兴前进。

（4）有医疗作用。患精神忧郁症的人经常听听笑语，自会痊愈。所谓"笑一笑，十年少"、"一个丑角进城，赶上十个医生"的说法并不夸张。

34　　　总之，幽默是才华与智慧的闪光，是交际语言的"润滑剂。"它能使语言生辉，使交际气氛轻松化、活泼化。随着社会的发展、文化的繁荣和经济的进步，幽默将成为社会文明发展的标志之一。

打动人心的语言节奏

与口才出色的人谈话简直是一种艺术的享受。他们说话时引经据典，抑扬顿挫，诙谐幽默，引人入胜，就像一个出色的钢琴家，将语言的节奏当做钢琴的琴键而随意弹奏，弹出一曲动人心弦的"高山流水"。

下面 6 种语言节奏是口才高手们所经常运用的，若能有效地掌握，也能起到打动人心的效果。

（1）高亢型。高亢的节奏能产生威武雄壮的效果，声音偏高，起伏较大，语气昂扬，语势多上行。用于鼓动性强的演说，叙述一件重大的事件、宣传重要决定及使人激动的事。

（2）低沉型。这种节奏有低缓、沉闷，声音偏暗的效果。语流偏慢，语气压抑，语势多下行。用于悲剧色彩的事件叙述，或慰问、怀念等。

（3）凝重型。这种节奏听来一字千钧，句句着力，而发人深省。声音适中，语流适当，既不高亢，也不显低沉，重点词语清晰沉稳，次要词语不滑不促。用于发表议论和某些语重心长的劝说，抒发感情等。

（4）轻快型。轻快型节奏是最常见的，听来不着力，而多扬少抑。日常性的对话，一般性的辩论，都可以使用这类型的节奏。

（5）紧张型。紧张型节奏，往往显示迫切、紧急的心情。声音不一定很高，但语流较快，句中不延长停顿。用于重要情况的汇报，必须立即加以澄清的事实申辩等。

（6）舒缓型。舒缓型节奏，是一种稳重、舒展的表达方式。声音不高也不低，语流从容，既不急促，也不大起大伏。说明性、解释性的叙述，学术探讨等宜用这种节奏。

以上这 6 种节奏分别用于不同的场合，不同的环境，但又互相渗透，有主有辅，只有适当把握，才能显示出技巧的内在力量。

说话要注意前提

利用语言交际的过程，是一种信息传递的过程。说话是为了向听众传递新信息，而听众对新信息的接收和理解，必须建立在已知信息的基础上。这就是"话语前提"。

注意交际中的"话语前提"，可以从以下几个方面入手。

(1) 避免表达含糊和有歧义

如有两个张教师，都有可能有事要找学生 C，学生 D 通知学生 C："张老师请你明晚九点去他家。"这句话就是有歧义的，必须明确讲清是哪一位张老师。

(2) 说话内容要有足够信息量

如甲问乙："那天我在路上看见一个人，很像您，是不是您?"对于这样没头没脑的话，乙是难以回答的。必须在问话中具备具体的时间、地点等。应讲："上星期二我在湖东路看见一个人，很像您，是不是您?"

(3) 言语要有顺序

比如你去单位找一位素不相识的 A 君，应先自我介绍，然后才能说明来意。如果颠倒这一系列的言语顺序，就很可能把一个不相干的人弄得莫名其妙。

好口才离不开修辞技巧

修辞的作用在于使话语显得鲜明，富有形象，增添情趣，加深语言的表现力和感染力。运用好修辞，说的话就显得幽默、生动、耐人寻味。

目前，汉语的修辞法不下 100 种，在这里只介绍在公关口才中经常使用的比喻、反复、引用、对比、双关五种修辞方法。

（1）比喻

比喻就是打比方。它是在两种具有某一相似点的事物之中，用其中的一种去描述和说明另一种的修辞方法。一般说来，当我们所要述说的事物或概念比较抽象、比较深奥、比较生疏，难以被听者理解接受时，就要借用另外一种事物来比喻，但被用来比的事物（喻体）必须比被比喻的事物（主体）更加具体、更加浅显，更加为人们所熟知。

口语中运用比喻的地方有以下两个方面。

①人们想要说明一个比较抽象的概念或事物时，常常用一两句话来比喻。如某厂领导春节期间去退休老职工家拜年，关切地询问他们的身体和生活情况，一个退休老工人说："改革开放这些年，我们老百姓的日子真是芝麻开花节节高，一年一个样啊！""芝麻开花节节高"这句话是个比喻，它形象地说

明了老百姓的日子一年比一年好的事实。

②人们想要说明一个复杂的问题或深刻的道理时，常常用一段话或一个故事比喻。如一位企业家分析企业的所有制形式，把乡镇企业比作属鸟的，自己找食养活自己，因此满天飞；把集体企业比作属鸡的，吃的食料一部分靠喂，一部分靠自己，有点束缚也有点自由；而把全民所有制的企业比作是属猪的，吃的全部靠喂，不动脑筋。这种比喻形象生动，深入浅出，说清了令许多理论家都头痛的深刻道理。

（2）反复

我们说话时，为了强调某一个内容，往往会有意识地重复使用同一个词语、同一句话或同一个意思，甚至一而再、再而三地反复申说，这种修辞方式叫反复。

①当说话人向对方传递信息时，为了保证主要信息不受干扰，使对方准备接收，便采取重复一次或多次的方法。如我们在工作、生活中要进行电话联系，人们打电话时，对方听不清楚，便要重复其中最主要的信息。领导在大会上作报告，对其中重要的内容和信息也往往重复，以强调其重要性，使听众能准确接收。但要注意，反复是为了强调，如重复过多或使用不当，将会适得其反。

②提醒他人注意、重视、警惕某些事情时常使用反复的办法。列车播音员到站总要报站并提醒："旅客们请注意，旅客们请注意，××车站快到了。列车就要到达××车站。在××车站下车的旅客请收拾好行李物品，做好下车准备。××车站快到了，在××站下车的旅客请做好下车的准备。"礼仪小姐、服务员每天迎送顾客，不厌其烦地重复："欢迎光临"、"您走好，欢迎下次光临"。带有提醒性的反复，能让人感到一种浓厚的

人情味。

必要的重复绝不是啰嗦，啰嗦是无意义的重复。或突出某一意义，或突出某一信息，或突出某一感情，都需要重复。反复是口语表达中必不可少的一种修辞方法。

(3) 引用

说话时有意援引文件精神、领导指示、格言警句、成语典故、俗语民谚等的修辞手法，叫做引用。

①引用文件精神、上级指示，会因为"言之有据"而加强说话时的说服力，令听话人口服心服。如某厂职工小李在上班路上遇见了厂房改办的干部老刘，两人就房改问题交谈起来：

小李：老刘，听说单位的职工住房要出售，是真的吗？

老刘：确有其事。根据市里房改会议精神，我市的居民住房逐步向商品房过渡。具体措施是出售公房、集资建房、提高房租。厂房改办决定把厂里成套的职工住房按优惠价出售给职工。

小李：我现在住的六栋二楼一室一厅的房子大概要多少钱？

老刘：你那套房子的建筑面积是 40 多平方米。根据市房改委员会制定的《市属单位的现有公房出售办法》中的计价方法，大概要 15 万元。

在这段对话中，老刘由于熟悉政策，在回答小李询问时两次引用了会议和文件精神，使自己的话很有说服力，令小李深信不疑。

②引用格言警句、成语典故、俗语民谚等，能使话语精练简洁而又意味深长。如你要论述"珍惜时间"这样的论题，可以引用鲁迅的话："时间就是生命"，还可以引用屠格涅夫的话："没有一种不幸可与失掉时间相比"；再如你要表达"立

了功而不把功劳归于自己"的意思时，可以说："功成不居"；要表达"巴结或投靠权势者从而猎取个人名利"的意思时，可以说："攀龙附凤"；再有你要表达"思乡"的意思，可以说："在家千日好，出门半朝难"、"树高千丈，落叶归根"等。这样会让你的话生动活泼，饶有趣味，给听众留下深刻的印象。

(4) 对比

对比是把两种不同事物或者同一事物的两个不同方面放在一起进行对照比较的修辞方法。通过对比，可以使事物性质、特征等更加鲜明突出。

对比可以分为两种。

①把两种根本对立的事物放在一起对照比较。如：美与丑的对比、先进与落后的对比、开拓与保守的对比等等。对比揭示出来的强烈反差，能加强语言的表达效果。如某电视台在关于产品质量问题的系列报道中，表扬了几家处处为消费者着想、严把产品质量关、在竞争中立于不败之地的厂家，揭示了几家掺杂使假坑害消费者，最终身败名裂的厂家。两者形成的鲜明对比，给观众留下了深刻的印象。

某服装厂的业务员参加完在外地举办的五省市服装展销订货会回来，向厂长汇报情况时，把本厂产品和其他厂家作了一个比较："我们厂产品的质量并不比别的厂差，但我们的市场观念不如别人。有的厂在三个方面明显比我们做得好，一是包装美观，便于携带；二是服务意识强，送货上门；三是价格灵活，数量越多越优惠。"厂长一听，开了窍，当即就说："那我们也学学人家，把观念改一改。"

②把同一事物的两个方面放在一起对照比较，如一个单位

的成绩和问题，一个人的长处和短处，一项工作的现状和历史等等。这种对比能把事物说得更透彻，更全面。单位领导在总结全年工作时总是既摆成绩，又不回避问题；组织部门在评价一个干部时总是既肯定长处，又看到短处，否则就犯了片面性的毛病。又比如一个工作小组在极为艰苦恶劣的环境中取得了突出的成绩，一个身患重病的科技工作者在生命的最后两年作出了卓越的贡献等，也属于这类对比，这种由自身形成的强烈对照，也能给听者留下深刻的印象。

(5) 双关

双关是在一定的语言环境中，利用语音或语义而获得表现双重意义的修辞技巧。我们说话时使用的每一个词或每一句话都有特定的含义，有时这种含义却并不表现在这个记号或这句话的字面意义上，而隐含在这个词或这句话的背后，说话人要表达的意思则恰恰是隐含在这个词或句子背后的含义。这便是双关技巧。

双关技巧由于一个词或一句话关涉到了两个方面，所以常常能使说话简洁精练，同时，它又能收到含蓄委婉、幽默风趣的效果。

例如从前有个有钱人，非常吝啬，待人很刻薄。有一天吃饭的时候，来了客人，他把客人留在客厅里，自己偷偷地溜到里面吃饭去了。客人很生气，大声说道："这座厅堂很可惜，许多梁柱被蛀虫蛀坏了！"主人听见了，急忙走出来，问道："虫子在哪？"客人笑了笑，答道："它在里面吃，外面怎知道？"

客人表面上是说蛀虫，实际上是指主人，主人自然能够听出话中话。

讲话中的逻辑技巧

所谓逻辑，是指思维的规律，即如何正确运用概念、判断、推理等思维形式，把话说得更正确、清楚。逻辑技巧在语言交际中应用十分广泛，讲话者只有掌握和运用一定的逻辑推理技巧，才会使自己的话具有说服力。

(1) 运用概念必须准确、周延得当

概念要准确、周延得当就必须明确概念的内涵和外延。任何一个真实反映现实的概念，都具有内涵和外延这两种基本性质。概念的内涵是概念所反映的对象的本质属性，亦即概念的含义。概念的外延是概念所反映的那一对象或那一类对象的总和，即通常所说的概念的适应范围。如"劳动"这个概念的内涵是：人们使用生产工具以改变自然物质，使之适合自己需要的有目的的活动；外延则是指工业劳动、农业劳动、服务性劳动及家庭劳动等一切体力劳动和脑力劳动。

在口语表达中正确运用概念要注意以下几点。

①揭示概念的本质属性。这就要求给事物下个科学的定义，这个定义应是严谨的、无懈可击的，否则观点站不住脚，容易被对方反驳。

古希腊哲学家苏格拉底曾经说过："人是有两条腿的动物。"有人指着一只鸡反问："这是人吗。"苏格拉底发现给人

下的定义有问题，又补充说："人是有两条腿而无羽毛的动物。"那人反驳道："这么说来，拔去羽毛的鸡就是人了。"苏格拉底再也无法回答。

苏格拉底给人下的定义不科学，因而遭到了别人的反驳而无言以对。"人是有两条腿的动物"定义过宽；"人是有两条腿而无羽毛的动物"，没有揭示出"人"的本质属性，反驳的人正是反驳了这一点。

②涉及两个或两个以上概念时要明确概念之间的关系。从外延方面考虑，概念之间的关系主要有四种：

第一，全同关系。这种关系就是两个或两个以上概念的外延完全相同的关系。如"北京"和"中国首都"。

第二，交叉关系。这种关系就是两个或两个以上概念的内涵不同，而外延有部分重合的关系。如"青年"和"企业家"这两个概念就是交叉，有些青年是企业家，有些不是，也有些企业家是青年，有些企业家不是青年。

第三，从属关系。这种关系就是两个概念中，一个概念被另一个概念的外延全部包含的关系。其中外延窄的那个概念叫属概念，外延宽的那个概念叫种概念。在说话中，属概念和种概念一般不能并列使用，否则就犯了逻辑错误。例如，我们这次展销会，不仅接待国内和本市的用户，还欢迎世界各地贸易界人士光临。"国内的用户"和"本市的用户"是属种关系的概念，并列使用造成了语意重叠、含混不清。

第四，并立关系。这种关系指两个概念的外延互相排斥的关系。如"发光物体"与"不发光物体"，"商品"和"非商品"，"马"和"非马"等。

③由一个概念上升到另一个概念，程度要适当。要对行为的动机和目的作实事求是的分析，不能扣大帽子，不能无限上

升。如有一位青年工人搞技术革新，将一台钻孔机拆坏了，车间主任批评他："你这是破坏集体财产，破坏社会主义建设。"这种批评就不是实事求是了，让人无法接受。

④不能以局部代替整体，犯以偏概全的错误。如某厂有一位团员迟到了几次，有人提出批评说："团员违反劳动纪律，这个共青团支部还能称为先进青年的组织吗？"这便是以偏概全，显然不符合逻辑。

在正常情况下，概念运用一定要准确、周延得当。但在一些特殊情况下，不妨违背同一律规则，运用偷换概念的方法进行巧妙的、艺术的回答和反驳。比如当面对刁难的问话时，为了不出现答不上话的局面，不妨运用这种技巧。

女作家谌容访问美国时，有人向她提问："听说你至今还不是共产党员，请问您个人对中国共产党的感情如何？"谌容回答："你的情报很准确，我确实还不是共产党员。但我的丈夫是老共产党员，而我同他共同生活了几十年尚无离婚的想法，可见我同中国共产党的感情有多深。"

这里，谌容无论回答"好"或是"不好"都不妥当，于是她故意将"中国共产党"这一概念偷换成"我的丈夫是老共产党员"，问题就变得好答多了。在日常交际中，为了不同的需要，人们常常在不知不觉中采用"偷换概念"这种方法。

(2) 运用判断必须真实、恰当

判断是对事物有所断定的思维形式。任何有目的的系统讲话，都是为了表明讲话者的思想、观点，总要对事物或情况作出种种断定，所以讲话离不开判断。

判断是由概念组成的，它是概念的有机联系，判断又是联结概念与推理的基本要素与重要环节，也是进行正确推理和论证的前提。有目的的系统谈话或演讲，都可以看作是论证思想的过程。要想在讲话中进行合乎逻辑的推理与论证，其必要条件就是掌握好判断这一逻辑形式，做到判断真实、恰当。

在讲话中要做到判断真实、恰当，首先要弄清楚判断的两个基本逻辑特征：第一，判断必须有所断定，就是说必须有所肯定或有所否定。例如："革命就是解放生产力"这个判断，就肯定了"革命"具有"解放生产力"的作用这种属性；"空气不是商品"就是断定"空气"不具有"商品"这个属性。第二，断定总是有真有假，要能确认哪些断定是真，哪些断定是假。

具体来说，运用判断要注意以下两个方面。

①用事和理来检验判断的真假。客观实际是检验判断真实或虚假的标准。真实的判断是符合客观事实的判断，虚假的判断就是不符合客观事实的判断。

判断还可以用事理来检验，即判断要符合客观真理。

曾任驻英大使的伊朗首相穆罕默德·摩萨台，一次为伊朗石油出口价格问题与英国代表谈判，他对一桶石油所要求的额外份额超过了一桶石油的全部价格持坚定态度。参加谈判的中间人，美国代表蒙夫里尔·哈里曼对摩萨台说："首相先生，如果我们要理智地讨论问题，必须共同遵守一些基本原则。"摩萨台凝视着他，带有点狡黠的神情问："什么样的原则？"哈里曼说："例如，没有一个东西的局部比它的整体还要大。"摩萨台做了个怪相，慢吞吞地说："这个原则嘛，站不住脚。好吧，我打个比方，比如狐狸吧，它的尾巴往往比他的身子还要长。"说完，摩萨台倒在沙发上捧腹大笑，使得哈里曼无以答对。在这里，哈里曼用"没有一件东西的局部比它的整体还要大"，作为"一桶石油的额外份额不可以超过一桶石油的全部价格"的原则，显然不合理。因为商品本身的价格和额外的份额不等于整体和局部的关系。而摩萨台的答辩，用"狐狸的尾巴比身子长"说明"局部可以大于整体"，又与事理不符。很明显，狐狸的尾巴虽然是整体的局部，而狐狸的整体就包括比身子长的尾巴在内，尾巴再长，这一局部也不可能大于身子加上尾巴的整体。于事理不合，就无法作出正确的判断，双方的说理均违反事理，造成逻辑错误，混乱不清。

②防止判断自相矛盾。判断或肯定，或否定，不能前面肯定，后面否定，否则就是"自相矛盾"。有个青年对爱迪生说："我有一个伟大的理想，要发明一种万能溶解剂——它能溶解一切物质。"爱迪生回答说："那么，你打算把它放在什么容器里呢？"爱迪生抓住了对手自相矛盾的地方。既然万能溶解剂能溶解一切物质，它当然能溶解掉装它的容器，那么这种溶解剂又何处安身呢？

广州一家电冰箱厂，在为宣传产品质量对用户提出什么口号的讨论中，发生了争论。一个人提出这样的口号："在创造第一流产品质量的同时，达到第一流的维修。"另一个人马上反驳："产品质量如果是第一流的，还需要维修吗？"显然，口号中有自相抵触的地方，为论敌留下了进攻的缺口。而同样是宣传产品质量的国外一家企业的广告是："我们这里最轻松和清闲的部门是维修服务处。"它从毋需维修的角度作出了产品质量高的唯一论断。

(3) 推理步骤必须合乎逻辑

推理，是由一个或几个已知判断推出一个新判断的思维形式。人们说话，不能老是堆积概念，也不能老是简单地判断事物是什么，不是什么，尤其是演讲或辩论之类的系统讲话，需要把一些有某种关系的判断联系起来，以反映事物之间的各种复杂关系，这就离不开推理了。

高超的问话技巧

问话需要口才。利害场合，问话问得巧，可以占有优势。

提问要因人设问。人有男女老幼之分，有千差万别的个性，因此不可"千人一问"。一对挚友，可以互相询问："你工资多少？""谈恋爱了吗？"然而，小伙子决不可向初次见面的女友提出类似的问题。

唐突提问，也是不可忽视的。假如在大庭广众之下问对方："您有什么理由可说？""你迟到一小时，上哪儿混去了？"如此唐突的问法，令人难以下台，人家一定会不高兴的。

怎样才能问得巧，首先要选择恰当的提问形式。

(1) 限制型提问

这是一种目的性很强的提问技巧，它能帮助提问者获得较为理想的回答，减少被提问者说出拒绝的或提问者不愿接受的回答。

据说，香港一般茶室因为有些客人在喝可可时放个鸡蛋，所以，侍者在客人要可可时必问一句："要不要放鸡蛋？"心理学家建议，侍者不要问"要不要放鸡蛋"，而要问："放一个还是两个鸡蛋？"这样提问就缩小了对方的选择范围。这种问话，显然可以多做鸡蛋的生意。

（2）选择型提问

这种提问方式多用于朋友之间，同时也表明提问者并不在乎对方选择。例如，你的朋友来你家做客，你留他吃饭，但不知他的口味，于是问他："今天咱们吃什么？鲫鱼还是带鱼？"

（3）婉转型提问

这种提问的意图是为了避免对方拒绝而出现尴尬局面。例如，一个小伙子爱上了一个姑娘，但他并不知道姑娘是否爱他，此话又不能直说，于是他试探地问："我可以陪你走走吗？"如对方不愿交往，她的拒绝也不会使双方难堪。

（4）协商型提问

如果你要别人按照你的意图去做事，应该用商量的口吻向对方提出。如你要秘书起草一份文件，把意图讲清之后，应该问一问："你看这样写是否妥当？"

各种发问方式都有其优点和局限性。在交际过程中，要从交际需要出发灵活恰当地选择发问方式，求得最佳效果。

适时反问的技巧

反问，即反过来问，答者变成问者。在交谈中，巧于反问，可以平中出奇，一语中的，入木三分。

常见的反问类型有下面几种。

(1) 机智型反问

考虑交谈情境和对象，从不同角度和侧面反问对方，机智巧妙地表达反问者的观点、态度和倾向。

萧伯纳的剧本《武器和人》首次公演，获得成功。结束时，萧伯纳走上舞台向观众致意，一个人喊道："萧伯纳，你的剧本糟透了，谁要看？收回去，停演吧！"萧伯纳彬彬有礼地回答说："朋友，我完全同意您的意见，但遗憾的是，我们两个人反对那么多观众有什么用吗？我们能禁止这剧本的演出吗？"萧伯纳的反问，引起全场观众的笑声和掌声。

(2) 幽默型反问

有一位妈妈和儿子对话。妈妈："您要哪个苹果？"儿子："我要大的。""您应该懂礼貌，要小的。""妈妈，懂礼貌就得撒谎吗？"儿子在反问中，把礼貌与撒谎这两类不同性质的事情扯在一起，既令人发笑，又令人有所领悟。

(3) 讽刺性反问

有这样一则故事。地主在半夜催长工说："天亮了，还不起来干活？"长工说："等我捉了虱子再去。"地主说："天这么黑，能看见虱子吗？"长工说："天这么黑，能干活吗？"长工的反问，迫使对手处于自打耳光的窘境。

(4) 肯定型反问

答问者以反问的语句直接明确地表明自己的观点和态度。这种反问比正面回答更有力。

贞观十五年，唐太宗李世民问大臣："守天下难不难？"侍中魏征回答说："非常难。"李世民说："我任用德才兼备的人为官，又听从你们的批评意见，守天下还难吗？"魏征说："古代的帝王，打天下的时候，能够注意用人和听从意见；一旦打下天下，只图安乐，不喜欢别人提意见，导致亡国。所以，圣人说'居安思危'，指的就是这个，能说守天下不难吗？"

(5) 疑问型反问

直接而公开地表示反问者观点、倾向，以证明、推理、辩驳、抒情等手法对事物发表议论、评判。

1987年11月10日，《工人日报》以《这是一个什么会》为标题，披露了在宁波某招待所召开的某会议的内容。从日程上看，为期五天的会议，只有半天安排正事，其余都是游览。作者问道："国家三令五申不许借开会之机游玩，为什么仍会有这种不知被报纸披露过多少次的怪事发生呢？"

(6) 抒情型反问

这是揉进反问者情绪和感情倾向的反问形式。

《红楼梦》第二十八回中，宝钗见宝玉呆呆的，自己倒不好意思起来，扔下串子，回身才要走，只见黛玉蹬着门槛子，嘴里咬着绢子笑呢。宝钗道，"您又禁不得风吹，怎么又站在那风口里？"黛玉道，"我才出来，他就'忒儿'的一声飞了。"口里说着，将手里的绢子一甩，向宝玉脸上甩来，宝玉不知，正打在眼上，"嗳哟"了一声。

(7) 悬念型反问

这种反问，是为了引发提问者的疑问和好奇心。

例如，张三问李四："王五最近好吗？"李四说："您问他？他出事了您不知道？"张三急切地问："出了什么事？"

(8) 引语型反问

引语的性质可分为引经与稽古两类。引经，就是引用权威性的或有说明力的话来证明；稽古，就是引用前人的事迹或历史故事来说明。

例如，一个新战士入伍后，练了一个月的射击，仍然不能命中十环，他问班长："我为什么打不中靶心？"班长说："你知道一句俗语吗？要想功夫深，铁杵磨成针。"战士立刻明白了。

(9) 层递型反问

层递型反问从层层深化的语气中使人加深对所述事物的认识和印象，步步深入，可收言简意赅、引人注目之效。《追求》杂志的内容介绍："人人都有追求，人人都追求幸福！但是，幸福在何处？真善美在哪里？怎么追求得到？追求杂志将为您导航。"

巧妙的插话技巧

- -

一个倾听能手在倾听过程中如何插话，才有助于达到最佳的倾听效果呢？

根据不同对象可采取不同的方法。一般的方法有以下几个。

（1）当对方在同你谈某事，因担心你可能对此不感兴趣，显露出犹豫、为难的神情时，你可以趁机说一两句安慰的话。

"您能谈谈那件事吗？我不十分了解。"

"请您继续说。"

"我对此也是十分有兴趣的。"

此时你说的话是为了表明一个意思：我很愿意听你的叙说，不论你说得怎样，说的是什么。这就能消除对方的犹豫，坚定他倾诉的信心。

（2）当对方由于心烦、愤怒等原因，在叙述中不能控制自己的感情时，你可用一两句话来疏导。

"您一定感到很气愤。"

"您似乎有些心烦。"

"您心里很难受吗？"

说这些话后，对方可能会发泄一番，或哭或骂都不足为奇。因为，这些话的目的就是把对方心中郁结的一股情感"诱导"出来，当对方发泄一番后，会感到轻松、解脱，从而能够从容地完成对问题的叙述。

　　值得注意的是，说这些话时不要陷入盲目安慰的误区。不应对他人的话作出判断、评价，说一些诸如"您是对的"、"他不是这样"一类的话。你的责任是顺应对方的情绪，为他架设一条"输导管"，而不是"火上浇油"，强化他的抑郁情绪。

　　（3）当对方在叙述时急切地想让你理解他的谈话内容时，你可以用一两句话来"综述"对方话中的含意。

　　"您是说……"

　　"您的意见是……"

　　"您想说的是这个意思吧……"

　　这样的综述既能及时地验证你对对方谈话内容的理解程度，加深对其印象，又能让对方感到你的诚意，并能帮助你随时纠正理解中的偏差。

　　以上三种倾听中的谈话方法都有一个共同的特点，即不对对方的谈话内容发表判断、评论，不对对方的情感作出是与否的表示，始终保持中立上。切记，有时在非语言传递的信息中您可以流露出您的立场，但在语言中切不可流露，这是很重要的。如果您试图超越这个界限，就有陷入倾听误区的危险，从而使一场谈话失去了方向和意义。

练好对话口才

练好对话是成为口才高手的一个基本功。要提高这个基本功，以下这些有益而且实际的提示值得您思考：你究竟希望藉沟通达到什么目的？你将如何引入主题？你打算说些什么？你说话的对象是谁？对方的想法及感受如何？听者对这个题目抱着先入为主的态度吗？这人对你的态度如何？

为了练好对话，一定要注视你的听者，取得他对你的持久注意力。要注意一次只说一件事，不要任意转移话题。当你说到重点时，用不同的话语多重复几遍。不要使用说教的口吻，别以为他们听不出来。勿使用模棱两可的字句，避免攻击性言辞，调整自己以配合他人。若听者面有难色，或跟不上您，请放慢速度，复述一遍，或要求对方回应。

下列七种对话方式相信对练好对话口才有所帮助。

（1）倾泻式。这是最强烈的感情和思想交流方式，它以对听者最大的信赖为基础，将自己的欣喜、烦恼、怨怒以及打算、宏图统统告诉对方，让他帮助、评判和选择。

（2）静听式。在把握不准对方思路的时候，静听能帮助争取时间，理清头绪。静听时，要随着对方的情绪，或点头，或微笑，或做一个手势，或显示一种有明显意思的面部表情，并引起对方的注意，从而引起谈话的方向。对方能在简单的示意中得到一种安慰和力量，"此时无声胜有声"，会有好的交谈效果。

（3）交流式。抓住对方谈话时的间隙，恰如其分地插话，说明你的看法，有利于促进思想感情的交流。但要插话时注意适时、适度，不能粗暴地打断对方的话或不负责任地妄加评论。交流式谈话，对方感到和你共鸣，在心理上会得到满足，因而心情很愉快。

（4）启发式。对那些拙于领会的人，要循循善诱，从多方面进行启发，让其吐露心声并通过交谈获得新的认识，自我奋发起来。启发时，遣词造句要柔和、婉转，或抛砖引玉，或启发引导，不能急躁，不能简单生硬。

（5）跳跃式。有时交谈双方并没有预约或随便聚在一起，或偶然相遇机会难得，这时谈话要善于转换话题，通过不断的跳跃，转入要谈的话题。态度要柔和、亲切，让对方感到自然，千万不能硬牵着人家往某处去。

（6）间歇式。谈的时间长了，体力会疲惫、精神会懈怠，这时可稍休息一下，听听音乐、下下棋，再接着交谈。

（7）扩展式。有时双方会涌出一些不太成熟的想法，这时要特别虚心倾听、交流，通过共同开动脑筋，进行一番创造性思维，双方对某一认识、观点更加肯定、完善，或获得新的认识。

让语言富有哲理

日常交谈中，人们爱听那些富有哲理的话语，因为它给人凝练、深远的美，令人回味，发人深省。而一个人的话题是否含有哲理，也标志着说话者的思想成熟程度。

哲理性语言有许多类型。

(1) 警策型

话一出口使人一惊，却惊而无险，出人意料，却在情理之中，是这类哲理性语言的特点。例如："有人可能一百岁时走向坟墓，但他生下来就已经死亡。"（卢梭）语中"一百岁"与"生下来就已经死亡"是一个大矛盾，然而矛盾的背后却潜藏着深刻的思想。

(2) 若愚型

这一类型的语言往往说出最平常的事，然而这些事情一经提示，变成了很耐人寻味的东西。如爱默生说："站在山的旁边，就看不到山。"歌德说："光线充足的地方，影子也特别黑。"等等。他们说的都是极普通的事实，然而一经他们提示，这些事实就起了奇妙的变化，使人从中领悟到很多东西。

(3) 忠告型

这类哲理性语言，常使人在善意中感到亲切，在亲切中领悟道理。

如"如果您考虑两遍再说，那您一定说得比原来好一倍。""如果一个人不知道他要驶向哪个码头，那么任何风都不会是顺风。""从伟大到可笑，只有一步远。"等等。

(4) 总结型

这类语言明显的特征是归纳经验，例如，"长久迟疑不决的人，常常找不到最好的答案。""财富往往像海水，您喝得越多，就越感到渴。"等等。

辩论中运用哲理性语言，可以起到言简意赅的效果，使自己的言词更有力量。

清代林则徐清正廉洁，生平不置家产。有人劝他要积些钱财，使子孙将来的生活有所依仗。林则徐说："子孙若如我，留钱做什么？子孙不如我，留钱做什么？"

这里，林则徐仅用了二十个字，以哲理性箴言的形式代替了冗繁的语言。

修炼口德

口德很好的人，常常不会滥用自己口才方面的才能。他们会尽量少采用揭对方短的方法进攻他人，这种方法可防备对方"以子之矛攻子之盾"，而此法一经使用，便覆水难收，很难再和对方复交了。

所以，在修炼口才的同时，还要积极修炼你的口德。在道义上来说，尽可能避而不用，尤其是有关生理上的特征——胖猪、矮冬瓜、瘸子、聋子……及身份上的卑贱——乞丐、私生子、拖油瓶、妓女……及白痴、阳痿、性冷感、无生育能力……因此，一旦触到上述三点任何一方面时，他的理智立刻消失，代之而起的是一种动物性的原始的防卫本能，到那时就有你的好看了。

富兰克林是个口才很好的政治家，但他却十分重视口德。他在早年，也曾经做了一张表，表上列举出各种他所要改善自己的美德。这样几年之下的实践力行，显然也获得了相当成就。可是，以后他又找出了还有一件应该实行的美德，那也跟谈话艺术有极大的关联。我们且听他的自述吧，他说：

"我在自我完善的计划里，最初想做到有十二种美德，但有一个是教徒的朋友，有一天前来向我说大家都认为我太自傲，原因是说我的骄傲常在谈话中吐露。当辩论一个问题时，我不但固执地满足我正确的主张，而且有些轻蔑别人的样子。我听了他这话，立刻自己就想矫正这种缺点，因而在我表上的最后一行加了'虚心'这一条。"

"我到现在，虽然不能自夸在实际上这点有何成就，但表现上，我至少已经改善许多了。我决定避免直接触犯他人的情感和武断自己的言论；我甚至对自己下了一道命令，决心以后把'当然'、'不消说'等字眼改掉，换以'据我所知的'、'我只觉得'、'似乎'、'可能'等等的口头语。"

"我发觉别人如果真的说了一句错误的话，我这时也忍住不去与他辩论，不去争执，或不直接指出人家的缺点来。我即使要说话，也总用'您的说法似乎不大对吧'的口吻。"

"这样不多久，我果然发觉改变后的态度使我获益不少。因为事实告诉我，我无论在哪里，陈述意见时用谦虚方式，使人家容易接受而绝少反对；说错了的话，在自己也不致受窘了。在我矫正的过程中，起初的确用了很大的毅力，来克服本性而去严守这'虚心'两个字；但后来习惯渐成自然，数十年来恐怕很少有人见过我骄傲之态显露吧！"

"这全是我行为的方式所致。但除此以外，在我改善这个习惯过程之中，我更能处处地注意到谈话的艺术。我时常压抑自己，别去做一个擅长雄辩者，因而我和人谈话时字眼的选择常常变成迟疑，技巧也时常有意愚拙，不过结果我是什么意思仍然都可以表达出来的……"

这样一种谦虚的口德，使富兰克林成为了美国出色的政治家。

会说不如会听

　　卡耐基曾经讲述过一个有趣的故事，有一次，卡耐基在纽约书籍出版商齐·马·格林柏格举行的晚宴上结识了一位著名的植物学家。他以前从来没有同植物学家交谈过，后来，卡耐基写下了这次交谈的经历："我发现此人非常有魅力，老实说，我是恭恭敬敬地坐在椅子上听他讲述印度大麻和室内园艺的事。他还跟我讲了关于那些不屑一顾的土豆的事，我自己也有一个小小的家庭苗圃——他还善意地指导我如何解决我遇到的一些问题。正如我所说的，我们是在参加一个晚宴，那里当然有几十位客人，但是我违背了所有的客套礼俗，对其他客人好像视而不见，只是一个劲地同那位植物学家谈了好几个小时。午夜来临，我同所有的客人道了晚安之后就离开了。那位植物学家转身过去对主人说了几句恭维我的话，说我'最富于魅力'，说我如此如此，这般这般，最后，他说今晚和我聊得很带劲，度过了一个愉快的晚上。"卡耐基后来回忆说："天哪，我几乎什么都没有说。"一个在三小时之内几乎什么话都没有说的人，竟会成为很投机的交谈伙伴，实在出人意料，但事实上又在情理之中。从植物学家来看，卡耐基是把他作为意气相投的话友，而从卡耐基来看，他本人只是一名忠实的听众，只是不断地鼓励他说话。这则故事是很耐人寻味的。

　　在许多人看来，口才就是要口若悬河、滔滔不绝。不可否认，这是一种口才，但口才绝不止这些，有时倾听对方讲话，也是一种默契，会当听众，无形中也在进行语言交流。

在生活中，我们发现，许多人没有耐心听别人讲话，因为他们是"事业家"，是大忙人。确实，现代社会竞争激烈，一个想成功的人要做的事太多，整天疲于奔波，因而时间一久，性情也变得急躁，倾听别人谈话显得腻烦，甚至别人刚一启齿，还未等对方把话说到正题上，就予以否定，一口咬定不行，然后以十分武断的口气阐述自己的观点。这类人往往是想通过"短、平、快"的方式，以雄辩的口才显示自己的能力，在公开场合打下根基，但这样做的结果，表面看好像达到了目的，事实上却得不到别人的认同，无法建立真正的友谊，达到心灵的沟通。

在现实生活中，许多事业上有成就的杰出人物往往善于倾听他人的意见。如果有人当真忙得无暇顾及倾听他人的意见，那么至少可以肯定地说，这个人不会合理地安排时间，或者说是这个人心胸狭窄，听不进他人的意见，到头来只能落得个孤家寡人的处境。事实上，那些善于倾听别人意见的人总是宾客盈门、朋友众多，因为人们总是喜欢与尊重他人、平易近人的人交往。

人们在公共场合谈话，目的是为了沟通思想、增长知识、升华情感等等。人们都希望通过语言交流，使自己的思想、情感、观念和条件为对方所接受，同时也希望对方能把你当成真正的朋友，向你倾诉肺腑之言，说出内心世界的真实想法。而在以公关为目的的交谈中，为了让别人认同你的观点，为了收集反馈公众对组织的意见和其他各类信息，公关人员更应该从策略的高度认识"让别人说"的重要性，尽量扮演好一个受欢迎的听众的角色，尽量让别人多说。

但是，在现代社会中，由于社会环境以及交往背景的复杂，并不是每一个人都会向你敞开心扉、畅所欲言的，所以需要我们在交谈中，设法激发和引导对方的谈话。一些成功的商界人士建议，要同顾客多说话，也要设法让顾客多说话，并在同顾客的商谈交往的过程中，使顾客自愿购买商品或提出要求、意见和建议。

作为商家，他必须能说会道，也只有这样，顾客才能了解他的产品。但是，往往有一些商家说话太多，而无所收获，人们把这类商家的演说称为"游说"。一名成功的公关人员，他可能善于辞令，但是他还是应该在同公众的交谈中，根据公众的反应，适当停顿，鼓励对方发表自己的见解，从中掌握公众的心理，并随机应变。

这里，我们用一个被许多语言教材都引用过的故事也许能更清楚地说明这个问题。

美国优美座位公司经理亚当森来到柯达公司总部，要面见柯达公司总裁伊斯曼先生。因为他得知，伊斯曼先生将捐巨款在曼彻斯特建造音乐厅、纪念馆和剧院，许多建造商都已前来洽谈过，但没有结果，亚当森希望能争取到这笔生意，更希望借此扩大公司的名声，树立公司在市场竞争中的形象。他向柯达公司总裁秘书说明自己的意图后，秘书通报了，并告诫他："我知道你急于得到这批订单，但我现在可以告诉你，如果你占用伊斯曼先生5分钟以上时间，你就完了。他是个大忙人，所以你进去后要迅速地讲，讲完后马上出来。"秘书领着亚当森进入了伊斯曼的办公室，伊斯曼正忙于桌子上的一大堆文件，亚当森环视办公室左右，静静地等候在那里，过了一会，伊斯曼抬起头来，发现了亚当森，便随口问道："先生有何事？"于是，秘书向总裁简略地介绍了亚当森，便出去了。亚当森环视办公室，对总裁说："伊斯曼先生，当我在这里等候您的时候，我仔细观察了您这间办公室。我本人长期从事室内的木工装修，但从未见过装修得这么精致的办公室。""唉呀！您提醒了我差不多忘记了的事情。"伊斯曼总裁高兴地说，"这间办公室是我亲自设计的，当初刚建好的时候，我喜欢极了。但是后来一忙，一连几个星期我都没有机会仔细欣赏一下这个房间。"亚当森走到墙边，用手指在木板上一敲，说："我想这是英国橡木，是不是？意大利橡木的质地不是这样的。""是的。"伊斯曼高兴地说，"那是英国进口的橡木，是我的一位专门研究室内细木的朋友专程去英国为我订的货。"伊斯曼的情绪极好，竟然站起身来，撇下那堆待批的文件，带着亚当森仔细参观起办公室来。他把办公室内的所有装饰一件一件向亚当森介绍，从木质谈到比例，又从比例谈到颜色，从工艺谈到价格，然后详细地介绍了他设计的过程。亚当森微笑地聆听着，饶有兴致，并且不时给予继续的示意和鼓励。并且，亚当森还不失时机地询问伊斯曼的奋斗经历。伊斯曼便向他讲述了自己苦难的少年时期和坎坷的经历，讲了自己如何在贫困中挣扎和发明柯达相机的经过，以及自己向社会捐献巨款的打算等等。亚当森不但听得聚精会神，而且发自内心地表示敬意。本来秘书告诫过亚当森，谈话不要超过5分钟，结果他们谈了一个多小时，伊斯曼总裁对亚当森说："上次我在日本买了几把椅子，放在我家的走廊里，但由于日晒，都脱漆了，我昨天到街上买了油漆，打算由我自己把椅子重新漆好。您有兴趣看看我的油漆表演吗？好，到我家去和我一起吃午饭，再看一下我的手艺。"午饭后，伊斯曼总裁动手把椅子一一漆好，并深感自豪，结果，亚当森不仅得到了这项工程的订单，而且和伊斯曼先生结下了终生的友谊。

为什么亚当森只字未提生意却出乎意料地成功了呢？他成功的诀窍很简单：通过谈话交朋友，千方百计激发对方谈话的兴趣，从而建立真挚的朋友关系，当然生意也就好做了。让对方多谈，先交朋友，后做生意——这就是亚当森成功的诀窍。

体态语言在人际沟通中的重要性

在人际沟通中，体态这一无声语言，对沟通起着重要的作用，其重要性有时甚至超过有声语言。体态沟通的方式主要有目光接触、面部表情、身势、人际空间距离等。

人的体态，可以传达人的思想和感情，而且它所传达的信息是十分可观的。心理学家有一个有趣的公式：一条信息的表达=7%的语言+38%的声音+55%的人体动作。可见，人们获得的信息大部分来自视觉印象。如我们"表示同意"时会点点头，说"不要"时会摇摇手，说"欢迎光临"时满面笑容，喊着"你滚出去"时则怒目圆睁，高兴时手舞足蹈，愤怒时以沉默表示抗议，而聋哑人却全靠体态语言表情达意，传递信息。因而美国心理学家爱德华·霍尔曼十分肯定地说："无声语言所显示的意义要比有声语言多得多。"对人际沟通来说，体态语言因其独特的有形性、可视性和直接性，具有不可低估的特殊价值。

体态语言通过眼神、面部表情、手势、姿态等将有声语言形象化、生动化，以达到先"声"夺人，耐人寻味的效果。它能充分弥补语言表达的不足，并可帮助受话人深刻、准确地把握言事意旨，有效地防止因语言表达的空乏而带来的误解。在长辈直言怒斥后辅以爱抚、安慰的眼神，会叫人心悦诚服；在妻子需要袖手旁观的丈夫做家务帮手时，伴有一个亲昵、温柔的举动，会让他饶有兴趣地来参与；在领导向下属吩咐工作时附上一个善解人意的微笑，则能令人心情舒畅愉快；在安慰受到了挫折和困难的朋友时抓住他的手或拍拍他的肩膀，会让他感到亲切和温暖……灵活有效地运用体态语言，给平凡乏味的有声语言润色，就会避免因语言不详而导致的语言沟通中的麻烦和障碍。

体态语言不仅能与有声语言互为补充，而且一个人的体态形象能体现着个人的内在气质、风度和人格。在日常生活的谈话中，人们的举手投足，一颦一笑，无不传递着大量的信息，显露出主体的思想感情、爱憎好恶和文化修养。因此，在人际沟通中，人们不仅通过别人的体态动作去衡量他人的价值，同时也通过自己的动作和姿态来表现个人的风度。优美的体态风度能帮助谈话者建立良好的第一印象，使其形象符合对方的期待，一开始从感觉上、心理上打开与对方交流的渠道。而在公关活动中，"第一印象"非常重要，有时甚至决定了整个公关活动是否能有效地展开。如求职应聘时，求职者的形象、气质、风度俱佳，首先能在主考官的脑海里留下好的印象，后面的面谈就更容易沟通些；假如求职者不修边幅，大大咧咧，或者拘谨胆怯，体态不自然，手脚无处放，这样就是求职者在主考官心目中的印象不佳，以后要改变这种印象，则需加倍的努力。

总之，人际沟通离不开体态语言。人们如要有效地进行交流和公关活动，就必须借助体态语言，只有有声语言和体态语言紧密配合，才能达到交流和公关的目的。

人际沟通中体态语言的运用原则

（1）体态语与有声语言同步进行，不能脱节。

体态语言的重要功能是辅助有声语言的表达，故在使用体态语言时，应与有声语言同步进行，有机地配合有声语言的表达，而不是与有声语言脱节，甚至表达的是与有声语言截然不同的意思。如果两者分离，就会弄巧成拙。如表现欢快的内容，却是悲悲切切的表情；表现感伤的内容，却又面带微笑，显然很不协调。在人际交往中，如果体态语言和有声语言不一致，往往会给人一种不真实、虚伪或有意掩饰的感觉。假如一位客商光临某公司洽谈生意，与公司经理见面，并表示十分高兴与经理相见，但他握手时却用"死鱼"式握手，毫无生气，这种握手就能证明他的高兴是装出来的，神态可能是虚假的。

所以，在人际沟通中，尤其应注意体态语言与有声语言的配合要一致，只有有声语言表达清晰、响亮、准确、有感情，同时配以得体的表情、动作、姿态，才能给人留下美好的立体形象。

（2）恰到好处，适可而止。

体态语言尽管在口语交际中有着很大的作用，但它毕竟作为有声语言的辅助手段而存在的，大部分情况下不能脱离有声语言而存在。所以，我们运用体态语言要适度，恰到好处，不可喧宾夺主。如果每句话都用上一个表情或动作，搔首弄姿，手舞足蹈，反而会弄巧成拙，令人反感。一个人与人交谈或倾听别人谈话时，总是挤眉弄眼，手脚动个不停，只会弄得对方不安，不会认真倾听你的谈话，甚至调头就走。所以，口才主要体现在口头语的表达上，体态语言只能作为一种辅助手段，在运用过程中不能过多。一举手，一投足都要恰到火候，适可而止。

（3）切合语境，符合身份。

在不同场景，应有不同的体态。喜庆的场合要兴高采烈，甚至可以翩翩起舞，但在严肃的、庄重的场合就不能高声说笑、手舞足蹈。在一次法庭上，一位被告极不严肃，或掩嘴窃笑，或指着手谩骂，几次被庭长制止，他仍不改正，最后以蔑视法庭罪加一等。这种现象在人际交往中经常发生，如一些不良的坐姿、立姿，不良的行为动作，不管在什么环境下都随处可见，这些不文明行为与周围环境不协调，也必定影响人际的交往。所以，在一些正式场合，要注意运用符合语境的体态语，不可随随便便，轻率粗俗。

体态语言的运用，还要符合表达者的身份。一般来说，中老年人要稳重老成，不能有轻佻的动作表情，青少年则要活泼大方，不要故意显得老成持重。体态语言往往还能体现一个人的知识修养和文化水平，正常情况下，知识水平越高，体态越优雅。一个大字不识，只知耕地犁田的农民，言谈举止粗俗尚情有可原，但作为一个有修养、有文化的知识分子、公关人员，如果举止粗俗则不应该了。特别是公关人员，代表的是组织形象，言谈举止不符合身份，必然会有损自己和组织的形象。事实上，现在许多企业，为了提高企业人员的素质，都注重从体态方面培养企业人员的风度、气质，比如一些服务行业的职员脸上的"微笑"表情便是培训的结果。这种培训，就是让每一个职员都做到时时牢记自己的身份，牢记自己是代表了企业的形象，从而应恰当地运用一些优雅的、符合现代企业员工身份、得体的体态语言。

66

让你的眼睛 "说话"

在我们初次结识新朋友的时候，也许一时拿不定主意先说些什么。当我们的脑子里正在思考、有待抉择之前，不妨让眼睛和表情先 "说话"。

无论如何，当我们面对陌生人，在完全不了解对方的情况下，首先应该从理智出发，用起码的礼貌接待。自然，握手是习惯的方式。不管和对方是轻轻相握还是紧紧相握，眼睛却决定着握手的性质。也就是说，目光才能表达正确的含义。

试想这样的场面，你伸出手，和对方亲密地握在一起，目光却盯着别处，对方一定会认为你毫无诚意。如果你的眼睛从对方的头顶射过去，那就更为不妙，会让人理解为你清高或傲慢。要是你握手时目光落在脚面上，那么，对方一定会犯糊涂，搞不清楚你在想什么。因此，当我们开口寒暄之前，务必要使你的眼睛密切地注视着对方的眼睛和脸。

目光和蔼真挚地投射，充分地让对方感到你的尊重、宽容和修养。

人们赞美蒙娜丽莎的微笑，说她具有永恒的魅力。那么，她的魅力究竟在哪里？丰满的前胸，圆润的下巴，飘逸的头发，还是一再被称道的欲开欲合的嘴角？其实，蒙娜丽莎微笑的魅力，关键在于那双似喜非喜、似嗔非嗔的一双眼睛。那里流露出来的是人类普遍追求的亲切感，让人感到愉悦。

蒙娜丽莎毕竟只是一张画，她永远不会开口，谁也不能知道她会说些什么。然而，她的微笑、眼神和表情却一直在不停地"说话"。

微笑是一张名片

微笑具有强化有声语言沟通功能，增强交际效果，改善组织形象，提高经济效益等多方面微妙、奇特的作用。具体来说，表现在以下四个方面：

（1）给对方良好的第一印象。著名的美国酒店大王希尔顿在一次新旅馆营业员工大会上问大家："现在我们旅馆新添了第一流的设备，你们觉得还应该配上哪些第一流的东西，才能使顾客更喜欢希尔顿酒店呢？"员工们纷纷提出自己的意见，但希尔顿并不满意，他说：

"你们想想，如果旅馆只有第一流的设备，而没有第一流服务员的微笑，顾客会认为我们提供了他们最喜欢的全部东西吗？如果缺少服务员美好的微笑，好比花团失去了春天的太阳与春风。"

正是这微笑，为希尔顿酒店赢得了不少顾客，给希尔顿带来了信誉和成功。

微笑，是公关口才无言的原则。试想，一个装饰非常豪华的商场或旅馆，顾客进门，遇上的却是一张张冷冰冰的面孔，会给顾客留下什么印象呢？正如希尔顿所说："我宁愿走进一家设备简陋而到处充满服务员微笑的旅馆，也不愿去一家装饰富丽堂皇但不见微笑的旅馆。"的确，微笑是人际沟通的通行证。微笑能给人以温暖，令人愉悦和舒畅。人们如夸赞某家商场服务态度好，能热情为顾客服务，这时，在人们的脑海里，定会映出服务员真挚、热情的笑脸，这美好的形象会让顾客难以忘怀。于是，便带来了许许多多顾客的再次光临。

(2) 打破僵局，解除心理戒备。人际交往的障碍之一就是戒备心理。尤其在一些重要的交际场合，人们的心理防线就构筑得更加牢固，生怕由于出言不慎带来麻烦，于是有的人干脆不开口，有的人尽量少说话，这样，沟通就出现了障碍，很多交际场合出现了僵局。在这种情况下，微笑可以作为主动交往的敲门砖，拆去对方的心理防线，使之对自己产生信任和好感，随之进入交往状态。领导在做下属思想工作时，下属很多都抱着一种戒备心理，防备领导，甚至产生一种抵抗情绪。这时，领导就不能板着脸训斥下属，而是要面带微笑，鼓励下属把心里话说出来，这样才能彼此沟通，达到思想教育的目的。发自内心的真诚的微笑是一个人人格、品德的最好证明，常常能在瞬间起到消除戒备和成见的作用。

(3) 表示对他人的尊重和友好。每个人在交往中都希望能受到尊重，能被对方友好地对待，而这种友善的态度，除了通过交往双方的话语表达出来之外，就是写在双方脸上的微笑。不管是初次相见的人，还是彼此熟悉的人，都想从对方脸上看到这种表情。所以，国家领导人接见外宾时为表达对外宾的尊重和友好要面带微笑。公司、企业的公关人员面对各方公众时，酒店、旅馆的服务员在接待顾客时，上下班的路上熟人相见时，微笑都表示对对方的尊重和友好。这种微笑能使对方的自尊心得到极大的满足。相反，不苟言笑，传递给对方的是不尊重，不友好的信息，即使勉强交谈下去，气氛也是沉闷压抑的，难以取得满意的效果。

④表示对他人赞许、谅解、理解等态度。在公关交际过程中，微笑可以表示出对对方言行的赞许、谅解、理解等感情。如：在交谈过程中，用微笑、点头的方式，表示对对方意见的赞许；误解消除，对方道歉，你抱之一笑表示谅解；面对顾客怒气冲冲的投诉，服务员一直面带微笑认真倾听，以示对他心情的理解等。在许多情况下，微笑的作用确实是千言万语无法取代的，如上述顾客投诉，服务员或公关人员与之争执，后果可想而知；而微笑却如一缕春风，化解了与顾客的矛盾，也沟通了与顾客的感情。

许多大商场和其他服务行业对营业员和服务员都进行专门的微笑训练。微笑看似简单，但要把握到恰到火候也不容易。经常出现的毛病是笑过了头，嘴咧得太大，给人一种傻乎乎的感觉；再有就是皮笑肉不笑，看上去让人觉得难受。要解决这些问题，纠正这些毛病，首要的是解决基本态度的问题。当代心理学根据最新研究成果已经找到了真笑和假笑的区别。如果你在交谈中能够以完全平等的态度对待对方，尊重对方的感情、人格和自尊心，那么你的微笑就是真诚的、美丽的，就具有强大的凝聚力和感染力。否则，你的微笑就是虚假的、丑陋的，你所能得到的也只能是逆反心理和离心力。所以，只有基本态度端正了，"皮笑肉不笑"的问题才能迎刃而解。其次，要注意掌握微笑的动作要领和方法。微笑时，口腔打开到不露或刚露齿缝的程度，嘴唇呈扁形，嘴角微微上翘。根据这个基本训练要领，可以两人一组或一人对着镜子进行练习。

掌握了微笑的基本要领，便可以运用到具体实践中了。公关交际中，微笑主要在如下几种场合运用：

（1）迎送客人。人们在接见宾客时，往往与客人边握手、边微笑。这种微笑，代表着"欢迎光临"之意。告别时，也应面带微笑，使客人感到温暖有礼，这是交际应酬的常用表情。

（2）招徕顾客。有不少商店营业员，由于讲究文明礼貌，在顾客面前，用微笑的态度，欢迎光顾，以此温暖顾客的心，刺激顾客的购买欲。

（3）婉转谢约。在社交中，特别是在服务行业中，板起脸孔来拒绝别人的请求，往往会使对方产生反感，不易接受。但边摇头边微笑来暗示谢绝，就会使对方舒服一些，容易接受些。如讨价还价过程中，营业员要拒绝顾客提出的价格，同样一句"这是最优惠的价格了，不信，你可到其他商店看看"，配之以不同的表情便会产生不同的效果。如面带微笑，必然会使顾客舒心些，顾客也许能接受营业员所提的价格，但营业员如果是毫无表情说这句话，顾客可能会掉头而走。

（4）示意道歉。公关交际时，很多时候、很多事情需我们向对方道歉，微笑就是最好的道歉方式。如在顾客抱怨我们服务不周到，或投诉产品质量问题时；当顾客想要买心爱的商品，而那种商品又没有了时；当上级错怪了下属；当同事之间产生了误解时，都可以用微笑示意道歉，化解和消除矛盾和纠纷。

（5）无言反击。面对挑剔的、故意刁难的顾客和旅客，服务员或公关人员用微笑比用言语驳斥效果会更好，俗话说"伸手不打笑脸人"，再固执、刁钻的顾客在笑脸面前也会改变态度。《演讲与口才》杂志上曾登过一篇不长的文章，述说一位空姐如何制服蛮横顾客的事，文章写道：

从上海飞往广州的班机上有两位美国籍的金发女郎，人挺漂亮，可一上飞机，态度蛮横，百般挑剔，什么机舱里有怪味，香水不够档次，座位太脏，甚至还用英语骂人。尽管如此，空姐还是面带微笑周到地为她们服务。

飞机起飞后，空姐开始为乘客送饮料、点心。两位女郎各要一杯可口可乐。哪想到还没喝，她们又发作了，将可口可乐一下子泼到空姐身上，溅得空姐满身满脸。空姐强忍着愤怒，最后脸上还是满带着笑意。空姐把可口可乐瓶恭恭敬敬地递给金发女郎看，并说："小姐，你说得对，这可口可乐可能是有问题。可是，这可口可乐是贵国的原装产品。也许贵国这家公司的可口可乐都是有问题的，我很乐意效劳，将这些饮料连同小姐的芳名及在贵国的地址一起寄到这家公司，我想他们肯定会登门道歉并将此事在贵国的报纸上大加渲染的。"两位女郎目瞪口呆了。她们知道这事闹大了，说不定回国后这家公司会走上法庭，告她们诋毁公司名誉。在一阵沉默之后，她们只好赔礼道歉，说自己太苛刻了，并称中国空姐的服务、中国空姐的微笑世界一流，无可挑剔。

静态体语运用技巧和方法

静态体语指的是姿态，就是人的身体体态，又称仪态。姿态语言形形色色，丰富多彩，通俗地划分，包括坐姿、站姿、步姿、蹲姿、俯姿、卧姿等。

(1) 站姿

站姿是我们日常生活中正式或非正式场合中第一个引人注目的姿态。优美、典雅的站姿是发展人的不同质感动态美的起点和基础。良好的站姿能衬托出美好的气质和风度。

站姿分单人站姿和双人（或多人）站姿两种。

单人站立时，对姿势的基本要求是：全身笔直，挺胸收腹，略微收臀；精神饱满，两肩平齐，两眼平视，面带微笑，两臂自然下垂，手指自然弯曲；两手可在体前交叉，一般是右手放在左手上，后部应略向外张；两腿要直，脚要并拢，膝盖放松，大腿稍收紧上提，身体重心落于前脚掌，站累时，脚可向后撤半步，但上体仍然保持正直。

在公众场合应该避免的站姿包括下面几种：弯腰曲背，这是自我封闭或惶恐不安的表现；两腿交叉站立，给人以不严肃的感觉；双手或单手叉腰，这种站法往往含有进犯之意；身体抖动或晃动，给人以漫不经心或没有教养的感觉；双手插入衣袋或裤袋中，显得不严肃或拘谨小气；双臂交叉置于胸前，这显示出一个人消极和防御的态度等。这些不良站姿都有碍于潇洒风度的展现，应注意克服。

在社交场合，尤其是正式社交场合，总有多人站在一起讲话的情况，这时，也应注意站姿。两人关系和平、友好，可并肩而立，或相对站立，站立姿势可在标准站姿基础上灵活运用，但也应克服上述应避免的不良站姿。两人地位不同，关系较远，就不能并行而立，如领导和下属站着交谈时，就应相对而立。领导和下属都应自然而立，领导身子可稍向后仰显示点自信，但不能过分自傲；下属身子可稍向前倾显示恭敬，但不能过分谦卑，要掌握好分寸，恰到火候。多人交谈可围成一个圈，至于多人并肩站立，那是受同一约束力的约束，像军警、体操队形队列，就常用这种站姿。

(2) 坐姿

所谓"立如松、坐如钟、行如风"，就是对站姿、坐姿、步姿的通俗要求。其中对坐姿要求就是：坐姿文雅、端庄，要像钟，给人以沉着、稳重、冷静的感觉。良好的坐姿也是展示自己气质和风度的重要形式。

良好坐姿的基本要求是：上身端正挺直，肩部放松，手可放在腿上或椅子的扶手上，两腿并拢或稍微分开。女性可以采取小腿交叉的姿势，但不可向前伸得太远；男性可以翘"二郎腿"，但不能翘得太高，不能抖动。不管是坐在凳子上还是沙发上，落座都要轻，要稳，不要猛起猛坐，弄得座椅乱响。

坐姿有严肃性坐姿与随意坐姿两种。在公关活动中，选用什么样的坐姿是受语境制约的。一些严肃认真的场合采用严肃坐姿，一些随和、非严肃的场合可采用随意坐姿。比如求职面试、接受领导会见、商贸正式谈判等，这些场合都应采取严肃坐姿，即欠身前坐或浅坐椅子边上，表示对对方的礼貌和尊重。而随意坐姿运用相当广泛，按腿、手等辅助动作的不同又可分为双腿交叉坐姿和双臂交叉坐姿，前者女性运用较多，显露出庄重、矜持的心态；后者男性运用较多，暗示出一种争辩或竞争性的心态。还有一种就绪坐姿，倾身向前，双手扶膝盖上或扶在椅子两边扶手上，两眼凝视对方，呈聚精会神地思考问题的状态。在商贸洽谈时，如客户先是摸摸下巴，然后又做出这种就绪姿势，这就证明他的态度是积极的，表明他有意订货。相反，如果客户坐在那里，先是双腿、双臂交叉，然后才显出一种就绪坐姿，这证明他的态度是消极的，没有订货诚意，是想终止洽谈的人体信号。作为洽谈主体，应善于从客户的坐姿中捕捉他们的心理。

(3) 步姿

无论是在公共场合，还是日常生活中，步姿都是"有目共睹"的肢体语言，往往最能体现一个人的风度、风采和韵味，优美的步姿会使身体各部分散发出迷人的魅力。

良好的步姿应该是：上体正直，抬头，下巴与地面平行，两眼平视前方，精神饱满，面带微笑；跨步均匀，一般情况下男士步幅 40 厘米左右，女子 30 厘米；步伐稳健，步履自然，要有节奏感，身体重心稍稍向前，脚尖微微分开，避免"外八字"或"内八字"迈步，两手前后自然协调摆动，手臂与身体的夹角一般在 10 度至 15 度。

在交际场合，应根据不同语境表达需要选用不同的步姿，但都要克服一些不良的步姿。比如，走路时身子乱晃乱摆；头抬得很高，双手反背于背后行走；外八字，而且一摇一摆，像鸭子走路，步子很大或很小等。

培养良好的说话风度

魅力，是指很能吸引人的力量。

一个人是否具有说话的魅力，直接影响到他是否对对方具有吸引力，关系到他是否具有良好的人际关系，同时，还影响到他能否在与别人说话时表现出自信，能否具有自如说话的勇气。所以，我们在训练自己说话的自信心时，要注意增强自己说话的魅力。

组成说话魅力的内容是十分广泛的。每个人说话的内容，说话时选词造句与构篇布局的材料、手段，说话的语气、语调，说话的身姿、手势、表情等等，都可以折射出他是否具有说话的魅力。当然，限于篇幅，我们不可能对关于说话魅力的方方面面都详细加以叙述，只能择其要者加以介绍。

这里首先谈谈说话的风度。

所谓风度，是指美好的举止、姿态及表情等。说话的风度，是一个人内在气质的言语表现，是一个人的涵养的外化。使自己的说话具有风度，是增强自己说话魅力的重要途径。良好的说话风度，往往具有很大的吸引力。无论是男士说话中那刚毅稳健的气质，还是女子说话中那风姿绰约的魅力；无论是外交官那彬彬有礼的谈吐，还是政治家那稳重雄健的言论，都会令人仰慕不已。正如德国戏剧家莱辛所说"风度是美的特殊再现形式。"

孔子说："文质彬彬，然后君子。"风度正是外在语言和内在气质的恰当配合。首先，风度是一种品格和教养的体现。如果一个人没有高尚的道德情操，没有一定的文化修养，没有优雅的个性情趣，其说话必然是粗俗鄙陋，淫秽不雅。其次，风度是一种性格特征的表现。比如性格温柔宽容、沉静多思的人，往往寥寥无几的轻声细语就能包含浓烈的感情成分；而粗犷豪放、性情耿直者，则说话开门见山，直来直去。再次，风度是涵养的一种表现。这主要表现在处理人际关系时，不卑不亢，雍容大度。最后，风度是一个人说话的选词造句、语气腔调、手势表情等等的综合表现。如法官在法庭说话时，则正襟危坐、不苟言笑、咬文嚼字、逻辑缜密。

说话的风度是多种多样、丰富多彩的。洋洋洒洒、侃侃而谈是风度，只言片语、适时而发也是风度；谈笑风生、神采飞扬是风度，温文尔雅、含而不露也是风度；解疑答难、沉吟再三是风度，话题飞转、应对如流也是风度；轻声慢语、彬彬有礼是风度，慷慨陈词、英风豪气也是风度。每个人在培养自己的说话风度时，应根据自己的性格特征、兴趣爱好、思维能力、知识结构等，有所选择。另外，同样一个人，在不同的场合、不同的环境下，其说话的风度也是有所不同的。比如教师在课堂上讲课与在家里跟家人闲聊时，则表现为两种相差甚远的风度。

说话的风度是人的一种自然特色，是与时代相吻合的。我们反对脱离时代追求风度；我们也反对脱离自己的个性、身份去讲究风度。任何东施效颦、搔首弄姿、没有个性的说话，都毫无风度可言。

在日常的说话、判断或讲座中，我们可能会遇到这种情况：同样的话，这个人说，我们就很愿意接受，而换成另一个人说，我们就不但不愿接受，而且还产生一些反感情绪。为何会出现这两种截然相反的结果呢？这实际上牵涉到一个人说话的态度问题，而说话态度又是说话人风度的最直接体现。

我们说话的目的，是为了把自己的意思告诉他人，让他人明白、了解、信服或同情我们。如果说了话，别人没什么反应，不信服或产生反感，这就没有意义了，说了还不如不说。那么，怎样才能锻炼出一种说一句是一句的理想口才呢？这就要求说话者既要了解自己又要了解对方，力争培养出一种相互了解与同情的气氛。

也许，人人都懂得，对方无论讲什么都无关紧要，最重要是他的态度。如果态度好，大家都愿意跟他谈，即使他不同意我们的意见，不满意我们的行为，我们也仍然愿意跟他谈。如果态度不好，就是再好的话题也无法顺利进行下去。

那么，究竟什么才是良好的态度呢？就是对人要有正确的了解和充分的同情，这两点是良好态度的基本内容。然而，如何把我们对人的了解与同情让对方感觉到呢？态度良好的重要表现正体现于此。如果我们不注意这种表现，那么，即使我们是很有同情心的人，若不能让人感觉到这一点，那也可能会被他人认为冷漠、骄傲、自私。这正如我们很喜欢和关心自己的朋友，而朋友却全然不知，结果会受到朋友的误解和埋怨一样。这是一种很普遍的社会现象，而且很使人痛心。因此，我们不但要注意一下在别人的心目中的我们究竟是什么样子，而且要设法了解在别人的心目中希望我们是什么样子，喜欢我们是什么样子。

那么，在一般的情形下，即在日常生活中，在与一般普通朋友的正常交际场合中，别人希望我们有什么具体的表现呢？

首先，别人希望我们对他的态度是友好的，希望我们愿意和他作朋友；别人希望我们能体谅他的困难，原谅他的过失；别人还希望我们能关心他们，帮助他们，思考他们的问题，并对他们提供有用的建议，与他们成为友好的、忠实的、热心的朋友。

其次，别人希望我们对他本人，对他所做和讲的事情均感兴趣。每个人都有此希望，包括我们对别人也是如此。因而，我们最好能作一个对什么都感兴趣的人。本来，我们的兴趣也跟一般人一样，常常容易被有兴趣的谈话所吸引，而却忽略不太吸引人的。如果我们具有同情心，就不该如此，而应该学会顾及全体，并且特别照顾那些不被人注意的人。当我们谈话时，我们要把在场的每一个人都看到。我们的眼睛，要随时在每一个人的脸上停留片刻。对于那些没有讲什么话的人，和那些看似不太自在的人，要特别注意，要设法找些话题跟他们交谈，以解除他们的紧张和不安。

总而言之，别人希望我们对他讲的东西都感兴趣，并希望我们的态度是友善的、良好的。作为一个成功的说话者，我们要力争做到如此。说话时给人良好的态度，是展现您说话魅力的保证。

第一章

社交口才

称呼的重要性

对于一个人的称呼，似乎是件极简单的事。但若你留心现代人的称呼名目的复杂，就会明白，一个适宜得体的称呼，常会发生微妙的作用，至少不致因错用而造成不愉快的事情了。

对男人的称呼，比较单纯，一般都称先生。可女子的称呼，就要兼顾身份了。一般称已婚的女子，用夫姓称太太；如果她的身份高则称夫人较为妥当；对未婚的女子，可以称其小姐；对老师的太太，一般称师母，这样才能表示尊敬，而不适宜称其为太太。

称呼一个不明底细的女子，用"小姐"比冒然称她"太太"要安全得多，无论她是 16 岁或 60 岁。宁可让她微笑地告诉你她是太太，不可使她不开心地纠正你说她不过是一个"小姐"！有些在社会上活动的女子，虽然已婚，仍愿意别人叫她某小姐。在拜访她之前您最好先调查清楚，以免误事。若有人在旁介绍，则应依介绍人所用的称呼方法，不可自作聪明，擅自更改。

前面是一般性的称呼法。如果要兼顾到对方的职位和身份，则更要谨慎从事。

"先生"两字是最普通的，甚至可能通用到去称呼高级的军政长官，当你觉得没有称呼他的职衔的必要时，或不知道对方究竟是什么职衔的时候，这是最恰当的。

以职衔来称呼一个军政长官时，不必叫出对方的姓氏。这一点，在需要进出军政机构的人不可不注意。此外称主席、部长、县长等也一概如此。只有在你用"先生"二字来称呼他们时，姓氏才是必需的。

有些人在几年前做过局长，现在还爱别人称他作局长。有些昔日的下属和去拜访他的客人，现在还习惯叫他某长官。若您要拜访这样一种人，也可以先探听清楚为上策。

有人喜欢用绰号去称呼自己熟悉的人。

绰号有两种，一种是表示喜爱、表示友善的，如"诗人"、"博士"等。这样称呼自己的朋友，显得格外亲热。

另一种是明显带有讽刺甚至侮辱意味的，如"铁公鸡"、"傻子"、"十三点"等。用这样的绰号称呼自己的朋友是对朋友的极大不尊重。当然，有时长辈为表示对晚辈的格外喜欢，故意反其道而用之，称晚辈"狗仔"、"傻子"等，这是例外。

称呼在场的许多人，如果不适宜用"同志"这一泛称，那么应按先长后幼、先上后下、先疏后亲的次序使用各种不同的称呼。

跟人交谈如何开好头

许多有经验的人在长期的实践中体会到一个事实：在最初10分钟内，吸引听众是容易的，但是保持这个状况就困难了。因此，从讲话的最初几句起，就要设法像磁铁般地吸引住你的听众。

不妨试试下面的一些方法：

（1）用故事开始

一般来说，可供使用的故事有幽默的和一般的。幽默的故事不可妄加使用，除非讲话者有幽默的秉赋，否则效果不会很理想。而后一类故事，只要讲话者在叙述时有具体情节，就能达到吸引听众的目的。

（2）用展示的物品开始

展示的物品可以是一幅画、一张照片或一件其他实物，只要有助于讲话者阐述思想就行。甚至讲话者在一张纸上写几个字，也能引起话题。

（3）用提问的方式开始

用提问的方式开始讲话，听者就会按提出的问题去思考，就会产生一种要求知道正确答案的欲望。

（4）用名人的话开始

名人在一般人的心目中是崇拜的对象，他们的话总有一种吸引力。

（5）用令人震惊的事实开始

这种事实可以使听者产生一种要对说话者述说的东西追根究底的"悬念"。

（6）用赞美的话开始

一般人总是喜欢听赞美话。因此，讲话者开始讲话时，可以赞美他正在讲话的地区的悠久历史和光荣传统等，这样气氛很快会活跃起来。

(7) 用涉及听者利益的话开始

把自己的讲话内容与听者的切身利益联系起来，引起听者的关注和重视。

(8) 从有共同语言的地方开始

这些话可以涉及双方以往的相同经历和遭遇，也可涉及双方以前的密切合作，还可以展望双方友谊发展的前景等等。

如何跟陌生人一见如故

现实生活中有一些人一见如故，但也有些人话不投机半句多。初次见面，相互攀谈的前几句话，是投不投机的关键所在，说好说坏关系重大。说好这前几句话的原则是亲热、贴心、扫除陌生之感，常见的有这些方式。

(1) 攀亲认故式。赤壁之战中，鲁肃见到诸葛亮的第一句话是："我，子瑜友也。"子瑜者，诸葛亮的兄长诸葛瑾也。短短几语就把两人之间以前那种隔阂感消除。其实，不论何人，只要彼此留心，就十分容易发现双方有着这样或那样的"亲"、"友"关系。譬如同一省籍的人可互称为同乡，在国外，街头相逢隔外亲切，可称之为炎黄子孙；同一学校毕业，可互称之为校友，先辈相识会称之为世交……

（2）如雷贯耳式。使用此方式，必须适当得体，引得要妙，说得要巧，不可生拉硬扯，惹人生厌。

如果你面对一位小有名气的作家，你不妨说你早已拜读过他的作品，受益匪浅，没想到今天居然能见他一面，这样热情的方式很容易激起对方的好感。

当然，日常生活中最为常用的还是平平淡淡、普普通通的一句问候语，有时却含有深深的意蕴，只是许多人平时不太注意，总以为这是客套话，其实不然。对于自己瞧不起的人，正眼看都不会去看，何况是问候呢？一句平实的问候最能打破人与人之间的僵局。

说好前面这句问候话仅仅是良好的开始，要彼此谈得兴味盎然，毫无间隙，双方就必须确立共同感兴趣的话题。

首先必须学会观察分析，从谈话者的言行举止到衣着服饰，看出他（她）的出生、年龄、财产状况，甚至他（她）的性格，虽然这得靠阅历丰富才办得到，但认真观察分析也可替代阅历之不足。我国有一个《惊弓之鸟》的寓言，读过的人难道不有所悟吗？在人际交往中，不必箭无虚发，也能获得很好的效果。

其次，可以谈些不着边际的客套话放。许多人自诩自己是个粗犷、直率的男子汉，不喜欢拐弯抹角，所以他们谈起话来，似童言无忌，不只是对熟人，对陌生人亦如此。实际上这样的谈话效果并不好，只有白痴或傻子才会认为自己理应接受您的无忌，正常人总是有所忌的。或忌谈死，或忌言肥，或忌道寡，或忌称不孝。总之，人心中总是有鬼的。陌生人见面，往往都是先谈天气、年龄、籍贯……这些话题并非可有可无，而是谈心的基础。我想没有人见面就问："请问您的政治观点。"

双方谈话理应在重点上寻求共识，然后再力求发挥，而不是一定要找出许多共识之处，彼此才认为是知音。需知，彼此共同点很多只是说说而已，如果就一点共同之处能实际相互发挥，那才是最真实的，同时也可在此点上触类旁通，相互发挥。这种方式在双方素不相识又想打开冷漠僵局的情况下，是最好不过的了。

不骄不躁不卑不亢

胆量，是一种重要的心理现象，要训练好说话的胆量，说话者必须具备良好的心理素质。说得具体一点，就是要求说话者既不能盲目自信，也不能妄自菲薄，而应不骄不躁，不卑不亢。一个人如果想不断树立自己说话的信心和增强自己说话的魅力，真正做到既不盲目自信也不妄自菲薄，认真检查并评价自己的说话能力，是必不可少的。

生活中，像哑巴一样不能用口谈话的人毕竟寥寥无几，所以对绝大多数的人来说，并非对谈话之事一窍不通。但是，一般人也不能说是很会驾驭语言，尽管大家或多或少有些长处，懂得些谈话的常识与方式，但很难去郑重其事地、科学地分析和研究它。所以对我们绝大多数人来说，在某些场合都或多或少具有不敢说话的毛病。对于那些平时不敢说话的人，随时随地都有训练他们说话胆量的机会。有位专门从事此方面探索的学者，提出了如下 20 个问题帮助说话者分析他们的说话能力。

（1）　我是否口齿不清？

（2）　我的声调是否悦耳？

（3）　我是否见了别人就觉得好像无话可说的样子？

（4）　我是否在某些人面前就有很多话说，而在某些人面前就一句话也说不出来呢？

（5）　遇见别人不同意我的意见时，我是否只有再三地重复已经说过的话呢？

（6）　我是否喜欢与他人发生争执？

（7）　我是否常常被人认为"固执"呢？

（8）　我是否常常忘记他人的姓名？

（9）　我是否常用一些不太雅的俗语？

（10）我是否很狼狈地看到自己的话使人产生反感情绪？

（11）我是否能运用不同方式来对不同对象谈同一个问题？

86

（12）我是否能找到一个大家都有兴趣的谈话题材？

（13）我是否常说些犯人禁忌的话？

（14）我是否在谈话中注意尊老敬贤？

（15）我是否有留意自己跟人谈话的态度？

（16）我是否能根据别人的态度来调整自己的态度？

（17）我是否能引起别人的发言？

（18）我是否能使谈话很顺利地进行而不中断？

（19）我是否能够很自然地改变谈话题材？

（20）我是否知道应该在何处结束我的谈话？

这位学者还指出，假使说话者真有诚心解决自己不敢说话、说话胆小的问题，不偷懒，照如下方法坚持练习 3 个月，其说话胆量便可得到惊人的提高。

用一个笔记本逐项地记下上面的每一个问题，并把自己过去的经验如实记录下来。例如，记下究竟自己在什么人的面前不敢说话，找出原因；再仔细想一想，记下自己跟别人谈话时的情形，然后记下自己认为应该最先要改进哪一点。若说话者照此一个星期、一个星期地做下去，一边看笔记本，一边研究自己的情况；一边看笔记本中所讲的 20 个问题能否解决，一边又把自己的经验所得记在笔记本上。这样就功到自然成了。

总之，认真分析并正确评价自己的说话能力，有利于说话者看到自己的长处，认识自己的不足，并扬长避短，增强信心，迅速提高自己的说话信心，增强自己的语言魅力。

设法创造轻松气氛

有时候，有的人在单位里见到以前还在一起玩过的同事，竟然低头不语，装作没看见，自顾自地走过去。乍看起来，似乎觉得这种人很没有礼貌。其实不然。他们并不是高傲不理人，而是害羞、胆小，连很普通的招呼都不知道该怎么打，也不喜欢有事没有事都露出一脸微笑，所以，见人只好假装没看见。像这种没有表情的人，除了可以和三四个密友谈天说笑之处，面对其他的人，就不知道该说些什么，无法像闲聊那样，与不熟悉的人畅谈自如。

其实，一个人说话胆量的大小，说话水平发挥得如何，与说话时的气氛很有关系。说话时的气氛好，人的兴致便高，情绪便较高昂，谈话的兴致也会较浓，这样便会使人放下包袱，倾心畅谈。反之，说话时的气氛不好，人的情趣就很难调动起来，人一觉得乏味，也就不会有什么好的兴致说话了。比如，当我们在与自己的家人或亲友交谈时，一般气氛都较好，这样几乎不需要思考，就能根据报上看的、广播里说的、街上听的关于昨天、今天或明天的事情，聊个没完，越聊越起劲。但是，当我们在遇到初次见面的人、地位显赫的大人物、神秘的谈话对象时，往往大家都很拘束，很难一下子就形成良好的、轻松的气氛，这样谈话就没有那么顺利了。而且因为气氛不好，还有可能使自己脑中一片空白，完全想不出该说什么话。

所以，为了提高我们的说话胆量，为了能使自己成为一名具有较好口才的人，我们在与他人说话时，要设法创造一种轻松和谐的说话气氛。

88　　　　1935 年 3 月 27 日，高尔基在苏联作家协会理事会第二次全体会议上作了一次简短的讲话。在记录稿上多次出现"鼓掌"、"笑声"字样，这证明他成功地创造了一种说话的气氛，并紧紧抓住这一气氛反过来使自己的讲话更为精彩。下面引用的是他在批评某些诗作缺乏生活时所说的一段话：

"同志们。诗人多得很。但是具有巨大诗才的在我看来却太少。他们写的诗长达几公里。"

（笑声）

"我不想谈伟大的诗歌和大诗人，我在这方面是外行。我失掉了这方面的鉴赏力，我念诗也很费力。（笑声）……不久以前，我在一个作者的作品里找到了这样的句子：'他举起手，想摸摸她的肩膀，正在这时候，无畏的死神追上了他。'（笑声）说得多别扭。"

看了这段关于当时讲话的记录，尽管我们未看到记叙当时大会会场的情景，但仍感受到洋溢着热烈的气氛，听到了欢腾场面中的开怀大笑。那不绝的笑声不但吸引了当时在场的听众，也吸引了几十年后的我们。可见，创造说话的气氛是如此的重要。

初入社会或刚参加工作的人，在偶然的机会里与著名人士相见，常会觉得紧张、害怕，不知道该说些什么话。特别是那些经验较差的人，会一直低着头，如果被对方问到一些事情，也只是作简单而呆板的回答。

另外，我们也有可能被事先安排要见某些重要人物。在这种情况下，如果我们事先收集并研究有关对方的资料，那么，不管对方问什么，都不容易出错，或者茫然不知所措。但是，这种类似考试前临时抱佛脚的心情，在面对知名人物时，还是会紧张，当被人家问到一些问题时，也只会回答"是"或"不是"。

我们现在所处的社会，是具有高度民主的社会，再怎么有名的大人物，也跟我们一样是人。我们应该对他们表示敬意，但却不必畏缩、恐慌。只要把他们当成自己的亲戚或师长那样，很自然地与之进行对话，就可以了。我们说话的时候，不必害怕或紧张，应该坦然自若，以尊敬而明朗愉快的语调，和知名人士交谈。这样就可以创造出一种轻松和谐的气氛了。

曾荣获诺贝尔奖的物理学博士汤川秀树先生应邀到某电台发表演说。负责访问他的广播员，事先对汤川博士的主要理论有充分的研究和准备，因此，他顺利地完成了采访任务。事后，汤川博士对电台的其他人说："您们的同事非常用功，也很努力地求知。"

那位广播员以为这是博士对他的赞美，因此立即接着答道："哪里哪里，我太缺乏知识了，虽然很用功，但也只能到这种程度而已。"

汤川博士于是朗声笑道:"唉呀!您就是太用功了,所以话说得很僵硬,像是从书上直接搬过来似的。如果您不是这么用功的话,我就可以打破窠臼,尽量发挥了,真可惜啊!您做事太正经了,可以轻松一点嘛!"

由此可见,在与知名人士交谈时,不必太过畏缩,或太拘泥于礼节,这样反而会让人觉得无趣。不如干脆一点,也不要装模作样,就依照平常的态度来面对名人,反而更会受到欢迎。总之,我们无论在什么情况下与什么人说话,创造轻松和谐的说话气氛都很必要,很有好处。

努力形成融洽氛围

有的人因为怕别人需要他的帮忙,便时常故意对人表示出冷淡的态度。其实,这是考虑过多,完全无此必要。帮助他人的方式多种多样,并非只限于钱财物资。只要我们常常考虑别人的问题,总会发现有许多办法能使人受益,而且未必就对自己有很多损失。我们把多余的钱财物资用于救济物质生活困难的人,这固然是一种帮助方式。我们把自己的经验告诉那些需要知道的人,指出其错误,替他们想出一点解决困难的办法,帮助他们分析存在的问题,介绍他们一个可以得到帮助的地方等等,这同样也是帮助他人的方式,有时说不定还是一种更重要的方式。即使是一些安慰人、鼓励人以及表示同情的话语,对一个失望、苦恼的人来说，有时也能发生很大的作用。

同时，别人也希望我们能够接受他的帮助，接受他的好意。即使您是一个极富独立精神的人，你可以不接受别人物资上的帮助，但对于别人的精神上的帮助，例如鼓励、同情、批评、建议等等，却是应该好好地加以考虑，而且应用言语表示出自己对别人的感激与谢意，不忘记别人的友好言行，表示自己的感激与谢意，正好让你的朋友很清楚地知道了你对他的友好行为的及时反应。另一方面，如果别人在言行中无意伤害了我们，我们要表示自己没有受到什么严重影响，以减轻别人的不安；相反，我们一定要注意自己的言行，一旦觉察出自己无意中伤害了别人，应即刻向对方表示歉意。

人们大都会对自己所造成的过失感到不安，对别人的好意十分感激，这是人之常情。但是，如果我们不将这些感激用适当的言语来表达，那对方就一点也不知道你所持的态度，可能会对你产生误解。言语是人类相互交际、相互了解、交流思想、传递思想的工具，我们不仅要认识到这一工具的作用，而且要懂得利用这一工具。

91

如果我们心中对别人怀有歉意，而不出声向人道歉；如果我们心中对别人怀有谢意，也不出声向他道谢，两者加起来，恐怕本来愿意作我们朋友的人都会一个一个逐渐离开我们。因此，注意创造融洽的交际气氛是十分必要的。

寒暄的技巧

寒暄是交谈的润滑剂，它能在交谈者之间搭起一座友谊的桥梁。因为寒暄能产生认同心理，满足人们的亲合要求。

寒暄的形式很多。

(1) 问候式

两人见面可点头微笑，或说"您好"，或关心地询问近况："您的吉他练得怎么样了?"然后交谈起来。

(2) 赞美式

人都需要肯定与承认，诚心的赞美是一种活跃的寒暄方式，例如：

"小何，您这件裙子可真漂亮!"

"啊，谢谢您!"

短短的话语，双方都很舒服，可以顺利地交谈起来。

(3) 描述式

两个人见面后，一方以友好的语言特征描述对方正在做的事情。如："刚下课?"、"回来了?"、"上街呀?"等语言。

(4) 言他式

两人见面后，谈论双方不厌恶的事。如："今天天气太热了!"、"车子太挤了!"

这些寒暄方式,都可以用来与人们建立起人际接触,为进一步攀谈架设桥梁,沟通情感。

寒暄尽管比较单调、平淡且重复,却不可忽视。路上相见,明明是熟悉的,却视而不见地擦肩而过,既无体态语(如微笑点头之类),又无言语表示,只能给人以傲慢、无礼的印象,触发敌视情绪。

如何积极有效地寒暄呢?一般须注意以下几个问题:

(1) 有积极的姿态

在与别人相遇的瞬间,要迅速培养自己的愉快情绪,争取主动,使对方从您的言行反应中感受到自己的存在,使其受人尊重的心理需要得到满足。

(2) 集中注意力

任何漫不经心的言语只能使对方感到被轻视。

(3) 善于选择话题

根据社会学家的研究,与生人见面后的 4 分钟内,只宜作一般性的寒暄,如问候、互通姓名、谈论一些无关紧要的话题,应绝对避免提出易于引起争论的话题。至于与老朋友、老同学、老乡或熟人相见寒暄,也有个选择话题的问题。

(4) 讲究方式

与生人初次见面的寒暄,一般需有两三个问答往复的过程。熟人之间的寒暄,如常见面,往往只需一句话、一个招呼,甚至只需一个眼神、一个微笑、一个手势。如久不见面,则宜有两三个问答往复的过程。

少说"我"多说"您"

古希腊大哲学家苏格拉底说："不要老是说'我想'，而是多询问对方'您认为如何?'"。的确，一般人在说话中总是"我"字挂帅。在一个鸡尾酒会上，主人5分钟内用了30个"我"字：我的车子，我的别墅，我的花园，我的小狗……你想想看，这样能不令人生厌?

亨利·福特曾说："无聊的人是把拳头往自己嘴巴里塞的人，也是'我'字的专卖者。"如果你在说话中，不管听者的情绪或反应如何，只是一个劲地提到我如何如何，那么必然会引起对方的厌烦与反感。谈话如同驾驶汽车，应该随时注意交通标志，也就是说，要随时注意听者的态度与反应。如果"红灯"已经亮了仍然往前开，闯祸就是必然的了。

因此，多说"您"吧。这对你并不会有任何损失，只会获得对方的好感，使你同别人的友谊进一步地加深。例如：

您认为如何?您怎样处理?您遇到这种情况会怎么办?为什么会如此?您能举一个例子吗?……每个人都是喜欢以自我为中心的。你若能暂时放弃自我，而提出对方感兴趣的问题，让别人也发表见解，你将会在人际关系上左右逢源。只有在满足别人心愿的同时你自己的心愿才能得到满足。

不要排除他人

谈话时排除他人，就如同宴会时赶走客人一样荒唐和不可思议。千万记住，不要遗漏任何人，用双眼环视着周围每一个人，留心他们面部表情反应。在众多人的聚会中，常有少数人被无情地冷落。假如被你冷落的恰巧是来日对你事业前途起关键作用的人物，那将是怎样的后果呢？

因此，不要冷落任何人，即使他的言谈举止是多么令人生厌。"己所不欲，勿施于人"，应该想想自己被人冷落的滋味。

95

多用肯定的语气

在日常的谈话中，说者往往无心，但却常造成听者有意。如果我们处处以肯定的语气表达我们的想法，有时虽会被误解为独断专行、自高自大，但是一般给予人的印象是有"有自信"、"有魄力"、"有主见"。相反，模棱两可、含糊不清的话语，虽说有时能收到左右逢源的效果，但更多的是使听者不耐烦，给人的印象是"缺乏自信"、"优柔寡断"、"性格懦弱"。

说到底，用肯定的语气谈事情，可表现为人乐观、开朗的一面，而乐观、开朗的一面则让人联想到其他更多的好印象。如"有进取心"、"有干劲"，像这样拥有这么多优点的人，谁不愿意与其交往呢？

说话多用肯定的语气，就意味着"不"字要少说了，尤其是谈到自己时，即使是想表现谦虚的态度，最好也不要使用"不"字。

"不行，不行！像我这种低微的人怎么担当得起重任"、"我的能力不够，恐怕有负您的厚爱"，像这种自我贬低的话，我们常可听见，或许本人的意思是想表现谦逊的态度，但如果你不想被人认为是个没能力的人，最好不要轻易使用这种"自贬语"。

偶尔说说也许人家还真以为您很谦虚、很谨慎，但是一旦习惯了，就会对你的形象产生毁灭性的打击。

因为，第一次听到这种话，对方或许不很在意，但每一次见面，都听见你在喋喋不休地自我否定，久而久之，对方就会顺着你自我否定的话语，认为你真是一个没用的人。

在心理学上，有一种累积性暗示后果。假如一而再再而三地对孩子说："您真没用！"长期下来，即使是聪明能干的孩子也会自认为"我真没用"。

同样地，常常听到对自己说"不"的话，自己就会信以为真，别人也会慢慢地小瞧您，这是正常的现象。

因此，不断地说自己不行，决不会获得谦恭的美名，只会将自己的好印象毁得一塌糊涂。

在谈到自己时，一定要像谈到其他事情一样，多用肯定的

96

语气："我能行!"

你的个性魅力来自你肯定的语气,让"不"字在你的嘴边消失。

批评人不如赞美人

赞美可以使人奋发向上,促使人积极进取;几句适度的赞美,可使对方对你产生亲和心理,消融彼此间的戒备心理,为交际沟通提供良好的氛围。喜欢赞美,是人的天性。在公关交谈中,真诚的赞扬和鼓励,能满足人的荣誉感,能使人终身难忘。

英国大文豪查尔斯·狄更斯年轻的时候穷困潦倒,好像做什么事都不顺利。父亲因为无钱还债而入狱,狄更斯常常遭受饥饿之苦。他总是坚持写作,却信心不足,总是晚上偷偷将稿子寄出去,但随后又被退回来。终于有一名编辑认为他的作品很有价值,决定刊登出来,并回信夸奖了他。这个赞扬改变了狄更斯一生,从此世界上多了一个伟大的文学家,少了一个平庸的人。可见,一句简单的赞扬的话,所起的作用是无法估量的。

说句简单的赞扬的话,不是一件难事,生活中处处有值得赞美的地方,任何人都有他的优点和长处。不十分漂亮的人,可能有着"优雅的气质"、"善良的心灵"等;做工不甚讲究的衣服,也许质地优良;事业不很顺心的人,可能有着完美的值得称羡的家庭……总之，只要你愿意，并且以真诚之心去发现，一个人总是有值得你赞美之处的。

然而，我们在生活中，最容易犯的错误之一，就是发现了对方的错误时，就迫不及待地提出批评："那是不对的！像这样的事，任何人只要想一想，都可以明白！"这样说话的人，也许出发点是好的，但这样的方式是完全错误的，因为它极易打击对方的自尊心。对方的自尊心一旦受到损害，或是一言不发，以沉默来对抗；或是"破罐子破摔"，僵持起来，使工作不好进行。

因此，在现实工作中，即使发现别人犯了明显的错误，也切忌立刻指出或批评。美国著名的政治家富兰克林年轻时，常喜欢在公共场合大放厥词，到处伤人。时间一久，就没有人再愿意听他的演讲了。当发现别人都在回避他的时候，他立即反省了自己的所作所为，检讨了自己出口伤人的错误，从此改变了自己说话的态度、立场和语气。常常将自己肯定的意见以疑问的形式说出来："你认为这样对吗?"，"是不是可以这样……"这样一来，话锋就不那么锐利伤人了，大家的自尊心得到了满足，就很平心静气地接受他的意见。

美国的一家税务公司的主管会计师这样介绍说："我们的业务是季节性的，所以，在所得税申报高潮过后，我们得让许多临时雇员离开公司，另谋生路，在遣散雇员的时候，通常要进行一次例行的谈话：'忙季已经过去了，我们没有什么工作可以给您做。当然，您也清楚我们只有在旺季的时候雇用您……'但是后来发现，这种方式的谈话除了使当事人失望之外，还可能使对方产生有损尊严的感觉。所以，除非万不得已，我绝不会这样说。现在，我会婉转地对他说：'史密斯先生，你的工作做得很好，上次我们要你去迪瓦克办一件麻烦事，而你处理得很好，一点儿也没有差错。公司很相信你的能力，愿意永远支持你。不管你今后到什么地方工作，希望你别忘记这一点。'结果，被遣散的人觉得好过多了，至少不会觉得损及尊严。他们知道，假如公司有工作的话，还会继续留他们做的，或者等公司再需要他们的时候，他们还是很乐意回来的。"在公共关系中，为了说服或取信于对方，常常先以一些赞美的词来赞扬对方："除你之外，再也没有更合适的人选了！"或者说："多亏了你，你这样当机立断，实在令我佩服！"等等，使对方进入你的说服言辞之中，乐于听从你的意见，不过，在说这种话的时候，一定得格外小心，不要让对方误会。否则，他可能认为你说的这些话是有意讨好他，是别有用心。因此，当你说这些话时，态度一定要诚恳。例如，当你要说："除你之外，再也没有第二个人选可以胜任这项工作了"时，不如说得更加具体一点，更令对方信服："A 先生对这件事不熟，B 先生又刚来不久……算来算去，也真的除你之外再没有第二个人更适合这份工作的了。"这种说法很客观，使对方听起来很自然，也很舒服。

如果通过第三者来赞扬对方，那效果就更好。因为，一般说来，同样是赞美，人们往往喜欢那出自陌生的第三者之口的赞美。因为陌生的第三者的赞美与被夸奖者本身没有任何利害关系，评价是客观的，因而显得格外有分量，他会认为除了自己所属的世界外，也居然有人认识自己的价值，因此而感到光荣。许多商品的广告，便是利用名人的赞扬来作为吸引公众的手段。

当然，赞扬也应根据每个人的特点，用不同的方式，讲不同赞扬的话。例如，对于一个商人，如果你说他道德高尚，学问出众，廉洁自律，他也许会无动于衷，不屑一顾；相反，你如果说他才能出众，头脑聪明，手腕灵活，生财有道，脸泛红光，必定马上发财，他听了一定高兴。此外，赞美还应掌握分寸，不要弄巧成拙，不合实际的评价，别人听起会觉得你在讽刺他。违心地迎合、奉承也有损自己的人格。适度得体的赞扬应建立在理解他人、鼓励他人、满足他人的正常需要及为人际交往创造一种和谐友好的气氛的基础上。可以这样说，赞扬作为一种公关语言的策略，是可取的；如果庸俗化而成为一种溜须拍马的手段，则会出现相反的效果，有损组织的形象。

开玩笑要有原则

开玩笑的"规则"：

（1）注意格调。玩笑应该有利于身心健康，增进团结，摒弃低级庸俗。

（2）留心场合。按照中国人的习惯，正规场合一般不宜开玩笑。彼此不十分熟悉或生人熟人同时在场，不宜开过深的玩笑。

（3）讲究方式。也就是要因人而异，对性格开朗、喜欢说笑的人，开些"国际玩笑"也无妨，而对性格内向、少言寡语的人，一般不要过分地开玩笑。

（4）掌握分寸。俗话说，凡事有度，适度则益，过度则损。

（5）避人忌讳。忌讳是因风俗习惯或个人生理缺陷等，对某些言行或举动有所顾忌。几乎每个人都或多或少地有自己的忌讳。所以，开玩笑时一定要小心避之。

礼貌中断对方谈话的技巧

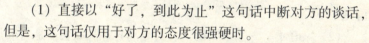

与他人交谈时，随便中断对方的谈话是不礼貌的，但对于冗长的谈话，则可以依据自己和对方的关系、谈话的内容、时间、周围环境等等来判断是否应该让对方继续谈论下去。若不得不中断对方谈话，也要考虑在哪一个段落中断为好，同时也应照顾到对方，避免给对方留下不愉快的印象。

(1) 直接以"好了，到此为止"这句话中断对方的谈话，但是，这句话仅用于对方的态度很强硬时。

(2) 对方谈话告一段落时，自己立即接口谈自己的看法。

(3) 以"现在没有时间了"、"我还有其他的工作"等等理由来中断对方的谈话。

(4) 以频频看表、打呵欠、伸懒腰，以及摆出一副表示自己已不感兴趣的神情，来使对方中止谈话。

(5) 预先向对方打个招呼。如一见面即向对方表明态度："请您长话短说吧，我没有太多的时间。"

交谈中的避讳

　　世间没有十全十美的人。凡人皆有长处，也难免有短处。人总是有自尊心的，往往不愿别人触及自己的某些缺点、隐私、不愉快事等。因此，在人际关系中，讲话人须讲求避讳。对谈话对象涉及到一些敏感的、特殊的事时，应多为对方着想。

　　（1）生理上的缺陷。说话时都要避开人的生理缺陷，不得已采取间接表达方式。如对跛脚人应客气说："您腿不方便，请先坐下。"

　　（2）家庭不幸。像亲属死亡、夫妻离异等。如果不是当事人主动提及，不宜唐突询问。

　　（3）人事的短处。在为人处世方面的短处，不体面的经历和现状，这些都是不希望他人触及的敏感点。

　　（4）入乡随俗。"入境而问禁，入国而问俗，入门而问讳。"这对于社交成败至关重要。

　　如今，国际交往频繁，各国人员之间来往相当频繁。各个国家都有自己独特的讳忌，如果犯了忌，就会使异国朋友不愉快。

　　跟别人说话，注意避讳，其实是理解人、尊重人、讲文明、有修养的表现。

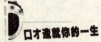

容易引起冲突的说话方式

(1) 避免触及别人的痛处

每个人都有弱点，您不妨自问有哪些痛处，最怕别人提及。当然别人也会有这样的痛处，如果你一定要去碰，冲突便很可能一发不可收拾。例如，要是你敢对只有高中毕业文凭的主管说："你如果念过大学就不会认为如此。"那么对方很可能一辈子都不会原谅你。

(2) 不要话中带刺

如果小孩子说错话，大人往往会用"童言无忌"来蒙混过去。然而这只适用于小孩，不适用于大人。难听话是很伤人的，它往往成为当事人"心中永远的痛"，即使你在事后表示当时"情绪失控"也无济于事。古人说："一言兴邦，一言丧邦"是一点不错的。

(3) 当冲突发生的时候，用陈述句来取代疑问句

一旦冲突发生，双方的信任度就会降低，紧张则会逐步升高，这时候，不管您提出任何问题，都只会加深对方的怀疑，这是因为问题当中必然带有指责的意味。为了降低冲突，您应该以陈述来取代疑问。用陈述句您会得到对方的回应，而用疑

问句您只会引发对方的顶撞。

(4) 不要乱贴"标签"

当冲突发生的时候，应该平铺直叙地说重点。例如，可以说："您在计划进行到最关键的时候连请三天假。"乱贴标笺的说法是："您真是既懒又缺乏责任心。"关于前者，对方可以提出说明；相反地，他对后者就无从回答起。您可以证明或推翻一项事实，却不可能对价值判断做到相同的事。

(5) 不要说"您必须如何"和"您应该如何"

没人喜欢别人告诉他必须做这做那。当别人告诉你"必须"填写相关表格的时候，你肯定是老大不高兴；相反地，说："请您如何如何"或"如果您不介意的话，请如何如何"却要顺耳舒服得多。总而言之，在冲突发生时讨论问题应该避免"必须"和"应该"等字眼。

(6) 适当的评语能让对方挽回颜面

"您的错误是可以理解的"、"这地图本来就不好懂"和"我知道您为什么生气"这类话最不伤人自尊。在这种情况下，对方最容易站到你这边或和你达成协议。

(7) 不要说反话

说反话可以说是最严重的侮辱之一。"如果我想把事情搞砸就一定请你帮忙"这样的话除了伤害对方自尊之外，没有其他好处。

(8) 不要信口开河

如果你信口开河，对方往往就会认为你所讲的事情没有一件正确。于是在没讨论到正题以前，你就得花许多力气澄清。

(9) 不要门缝里看人

"真的？您只要打通电话就能解决问题？"这是将别人看扁的口气，多数人能够接受别人不同意他们的看法，但就是无法接受让对方看扁。他们会认为这是奇耻大辱。

(10) 不要动辄诉诸动机论

如果您问："为什么这份简报写得如此简略？"相信主事者能够给您个答复。相反地，如果您说："这份报告写得这么烂，您是存心要我在董事会上出丑？"对方就不知从何说起，诉诸动机论通常只会引起别人的否认和不快。

(11) 避免旧事重提

当冲突发生的时候，你应该集中精力讨论眼前的问题，过去发生的事或许并非毫不相干，然而这种情况下旧事重提没有半点好处。何况人的记忆力是很有限的，许多人对过去的事已经记忆模糊，谈目前的事一般不会有这样的困扰。

(12) 当你提出要求的时候千万要找对人

许多时候我们会向同事抱怨："如果我的老公能买辆新车给我就好了。"但是我们见到自己的丈夫后却从来说不出口。抱怨在所难免，问题是我们很少向当事人提出要求。多数人只会在别人背后不住地唠叨，奇怪的是他们就是不找当事人提出要求。如果你试着向当事人提出要求，也许你将发现得到你想要的东西并非难事。

如何应付怒火

人在盛怒之下，往往会失去理智，伤害他人。如果遇到正在气头上的人，该如何应付呢？美国辛拉克斯大学"人类进化行为研究中心"安鲁斯汀博士认为：当对方怒形于色，毫无理性地向你发泄愤怒情绪时，最佳的应付方式是"以逸代劳"，保持镇定，在应付时，要悠闲平静，表情轻松，切忌采用以牙还牙的硬碰方式。一个处在极端愤怒状态的人，如果对方以相同的态度回击，会火上加油，情绪更加高涨，往往会把局面弄得不可收拾，但如果你采取以柔克刚的柔和态度，不作相同激烈反应的话，他的愤怒之情很快就会平息。

当对方大发脾气时，你应该保持冷静，设身处地，找出对方愤怒的原因。最佳的方式是提出探索性的询问，引起对方吐露愤怒的原因，再设法加以解决，使对方平息怒火。

当对方大发雷霆时应让他尽量发泄，不要打岔，平心静气地聆听，正如李师德告诫他弟弟：即使是别人把口水吐到您脸上，您也只能任其干去，否则别人会以为您有意挑拨，甚至有可能招来更大的祸害。

通常发怒的一方总认为别人不够理解他或同情他。所以你应显示出您在这方面确实考虑到对方的处境，不是唯唯诺诺，而是表示您了解他发怒的原因，愿意体谅他的难处，并予以合作。

发脾气的人出于一时"怒从心头起，恶向胆边生"，往往会失去理性，像火山爆发一样狂暴，但事情来得快去得也快，此时不妨给对方一个台阶下。

"要是我，早就气炸了。"

"幸好您是个明事理的人，否则……"

"遇到这些事，谁都会生气的。"

这样，既能使自己摆脱刚才难堪的气氛，也可留给对方一些余地。同时，也可以显出您宽厚的为人。

直话不必直说

"芳草正在幽幽处"，要看美景，不必锁定阳光大道，从曲径野路走过去，往往能有出人意外的结果，语言也是如此。

宋玉清高耿介，平日特立独行，但仍遭到不少人的非议，楚襄王闻之，遂把宋玉叫过去，问道："宋先生，您何不检点一下自己的行为呢？为什么那么多人对您议论纷纷呢？"

宋玉听后，微微一笑："嗯，是的，有这种情况，我给大王说个故事，大王允许吗？"

楚王示意他讲下去。

宋玉道："郑都有位客人，有一天，他在都城里唱《下里巴人》，起来应和的，有数千人。后来他唱《阳阿》、《薤露》，城中会唱的，有数百人。他一来劲，开始唱《阳春》、《白雪》之类的高雅歌曲，许多人不喜欢唱，只有几十个人应和他。后来他开始唱歌剧，城中应和的，不过几人罢了。他唱的乐曲越高雅，应和的人就越少。"

"所以鸟中有凤凰，鱼中有鲲鱼。凤凰拍打双翅飞上九千里，穿越云雾，背负青天，脚踏浮云，翱翔在高远的天空，那处在篱笆间的小鸟，怎能同它一起估算天地的高大呢？鲲鱼群从昆仑山启程，白天在岩石上晒背，晚上又栖息在孟诸，那一尺来深小水塘里的鲵鱼，怎能和它计算江海的深广呢？"

"不只鸟中有凤凰，鱼中有鲲鱼而已，人群中也有许多突出的人物，突出的人物往往有卓越的思想和不平凡的行为，那些平庸的俗人，又哪能了解我的作为呢？"

一席话说得楚王为之动容，从此他对宋玉不再猜疑。

当自己的品行出众而受人妒忌，要如何向人剖析自己（如果对方正好是自己的上司）？一般人肯定会赌咒发誓，声称自己品行高洁，如何了不得。这样说不但令听者感到不舒服，也会让人觉得你这人太猖狂。宋玉并没直言不讳而是借由几个故事，来委婉地告诉楚王原因，这两个例子举得十分得体，道出自己的自信，又能使对方恍然大悟。

现实生活中，许多事情我们不便明言，不妨旁敲侧击，反而能出奇效。

外交场合，有时需要藏锋蓄锐，就正事顾左右而言他，看似离题，其实是直奔问题核心。

比如两国就双方会晤的地方，交换意见。A国特使说："这几个月来我家做客，怎么样？"

C国使节道："几年前，我曾吃过贵府的小吃，味道还可以，只是我家成员不喜外出，不如来我家尝点海鲜。"

A 国特使道："不过近来家里很乱，恐怕我愿意来，但其他成员会反对，不如我们到第三家去吧！

C 国使节道："好啊，我们吃英国菜，还是法国菜，还是中国菜呢？"

A 国特使道："还是英国菜吧，大家都爱吃。"

非当事人听上述这段话肯定是听得一头雾水，但对当事人来说，却是心知肚明，A 要求 C 到他的国家访问，C 认为国内有的人会反对，不如 A 到自己国家的一个海滨城市会晤，A 由于自己国内各种反对力量，不敢贸然成行。于是两人便商议到第三国，比如英国、法国、中国举行会谈，避免受国内政治因素影响，最后两人拍板，几个月后去英国。

这真是有话不必直说，曲径通幽好处多。

跟不幸的朋友如何交谈

在现实生活中，碰到朋友身遭不幸，如何才能真诚得体地作出反应呢？

（1）少谈自己。朋友身遭不幸时，要多注意别人的感受，你是去提供帮助与关心的。因此不要以自己为中心，借朋友不幸，触景生情，引出自己的一些经历。而应说："我可以理解你现在的心情与处境。"当朋友倾诉自己的喜、怒、哀、乐经历时，最明智的做法，就是认真倾听、接受与理解朋友的感受。因为一个失意受挫的人，能将自己的感受、回忆说出来，经历过悲痛后，就越容易愈合创伤、振作起来。

（2）真心实意。安慰不幸的朋友时，通常使用的问话是："您感觉好些吗？我可以为您做点什么呢？"让对方的心中感到你在关心他，愿意帮助他，而心中充满暖意。作为一个感情受伤的人，不时为生活的一些小事而烦恼不堪。对此，你可以帮忙跑跑路，为他完成一二件计划中的事情等。如果朋友的痛苦实在深或拖的时间太长，可让他知道你的关切。可以对他说："这段时间您太恼火了，可以让我来帮帮您好吗？"此外，亦可以使用一些常能奏效的方法，如请吃饭，去游玩等。

探望病人怎么说

当你的亲友生病正在躺卧之中，而你前往探望他时，应该如何去安慰他呢？看起来此举似乎是非常的简单，然而做起来却相当艰难。

例如，对一个身患癌症的病人，您当然不会傻到一见面，就对他说：

"据说您患了癌症，是不是真的？"

虽然不至于如此说，然而，却有很多人采取相近的说法。当获知了对方的病名以及病态之时，如此地说：

"听说您心脏不好，真是难搞的疾病呢！"

或者：

口才造就你的一生

"哟！您的热度好高，听说这是危险的信号哩！千万要小心啊！"等等的说法。

只要你探望过病人，你就不难明白一个事实，那就是病人的朋友，并不一定告诉他实情。因为病人的感情是脆弱的，心志已不够坚强了。这时，如果你处处为病人着想的话，那就不该把实情全部告诉他，你应该把病名及病情稍微改变一下"面目"，然后轻轻松松地告诉他，切勿把听自医生或别人的消息，原原本本地告诉他。

有时，病人是会勉强撑起来招呼您的。这时，你切勿"表错情"地说：

"哎！您看起来比我想象中更有精神！"

这实在是最没有心肝的说法。

前往探病之时，只要对方不讲话，你还是不要多说话较好。

充其量，你只要说说：

"您感觉如何？身体的状况如何？"

或者：

"请多多保重……"

就可以了，不必说一大堆多余的话。

又如："岁暮天寒，请多多保重……"等的说法，亦会惹起某些人的不快的。尤其是年老的人，有很多人是不喜欢听到"岁暮"两个字。这一点请多多注意。

如何同老人聊天

同老年人交谈，有广泛的话题能引起他们的兴趣。

心理学家甘明斯说："一个老人，思想会欠缺柔软性，会具有浓厚的怀古趣味，和他们交往，一定要留意这两点才好！"

和老年人应酬，要适应他们那种"与年纪有关的性格"。也就是上面所说的"思想缺柔软性"和"怀古趣味"。

大多数上了年纪的人，都喜欢对人谈及他的"辉煌历史"，这就是"怀古趣味"了。他希望别人能够敬重他，甚至会向您抢白："钞票是你多，年纪却是我大呀！"

只要我们了解这一点，便不会感觉老年人难以应付。

当老年人回想起往日某个美好时刻，就会变得非常的快乐，而且更喜欢谈话。可以询问他，过去他的童年如何游玩，他看过的无声电影，他工作成功的经验，他以前的某项强项；甚至，你还可以问他关于求爱的情景，以及当时的礼节怎么样，等等。这些谈话内容，能激发起老人的记忆力，点燃起他们谈话的热情。

不过，如果同一位高龄妇人谈话，话题就得迎合她的兴趣。譬如，可以问她以前留过什么发型，通常由谁烹调家庭主餐，她结婚时穿什么衣服，以及她是如何教养子女的。

总之，同老人交谈，不可过分地刻意赞颂，而应该尊敬、

口才造就你的一生

热情，让他感觉亲切。如果你不同意他的某些观点，也可据理辩驳。

这时你必须记住，通常老年人都是较固执的。固执的原因，是因为他必定有过很多的经历，经验的累积使他们感觉到凡事都不大可能有错，所以逐渐就演变成这个习惯，也就是我们刚才所说的"思想缺乏柔软性"。

还有应注意分寸，不要公开地顶撞老人。通常，他们的自尊心都很强。我们应该耐心地把意见听完，采纳其中合理的成分。

而且，上了年纪的人大多数都有唠叨的习惯，或许他们对自己的经验有十足的信心，对于年轻人的一些做法不太认同；或许他们经常回忆往事，乐此不倦的原因，就产生了这种现象。如果你听他讲了好久，没兴趣再听下去，也得耐心些，尽可能让他讲完，然后迅速离开。不过，在你离去时，切不可露出不耐烦的样子，而应该对他有趣的谈话表示由衷的感谢。

老年人年纪很大，但他们都不喜欢别人形容他老。他自己倚老卖老是一回事，但你不应在言谈之间称他为老。

所以，和老年人应酬，第一重要的是别让他受到"重大打击"。老年人的听力随着年龄的增长会逐渐衰退，所以同他们谈话应该大声，说得缓慢些，发音要清楚，但不必使用简单的词句或不必要的解释。如果低估了老人的才智，他们会觉得谈话乏味。

也不要当着老人的面谈论疾病，或习惯地这样提问："您今天怎么样？"因为用老年人体弱多病作为话题，他会觉得难受，甚至忧虑不安。

很多时候，他们之所以会感觉沮丧，是因为他们认为自己体弱多病，是别人的累赘。所以在同他们相处时，谈些关心他们健康的话题，会给对方莫大的宽慰。

专家们提出一些和老年人谈话应注意的问题：

（1）须对他的经验表示极大的尊敬；

（2）对那些生活的年代比你长久的人，要对他们表示出服从、谦虚；

（3）不喜欢人家说他年老，而说他有精神才是重要的；

（4）他们常喜欢人家来求教他们的意见和忠告；

（5）谈论他们的过去奋斗史，说他们认为值得骄傲的事情；

（6）不要公开顶撞老人，不要嘲笑老人的"返童现象"。

114

劝架的技巧

人们在生活中难免会发生各种各样的矛盾，有时还因矛盾激化而吵架。这时，就很需要旁人及时劝架。

面对那些激愤的吵架者，怎样劝架才有效，是要讲究点说话艺术的。

（1）要了解情况

盲目劝架，讲不到点子上，非但无效，还会引起当事人的反感："不了解情况，瞎说什么？"劝架前先侧耳细听，弄清情况再讲话，效果就很好。对原因复杂的吵架，要从正面、侧面尽可能详尽地把情况摸清，力求把劝架的话说到当事人的心坎上。

(2) 要分清主次

吵架双方有主次之分，劝架不能平均使用力量，对措辞激烈，吵得过分的一方要重点做工作，这样才比较容易平息纠纷。若上面提到的吵架中那个男的吵得过分，就集中力量先劝那个男的，才是上策。

(3) 要客观公正

劝架要分清是非，不能无原则地"和稀泥"，不分是非各打五十大板，以为"一只碗不响，两只碗叮当响"，笼统地对双方都作批评，这不能使人心服。

(4) 要风趣幽默

吵架时，双方脸红脖子粗，气氛紧张。这时，用一两句风趣幽默的话，就像清凉油、润滑剂，可以"降温"和"放松"。几句风趣话，能缓和紧张气氛。

(5) 要婉转批评

人在吵架时火气大，耳中听不进劝告，因此，劝架时不要纠缠于吵架人的某些过激言词，要多用委婉语，注意不触及当事人的忌讳。一般情况下尽量不用激烈尖锐的语句，避免火上浇油。当然，在特殊情况下，如吵架双方矛盾白热化、动起武来时，就要用高声断喝，使当事人震惊。

见什么人说什么话

不同的人有不同的乐于接受的方式，所以要想使自己被接受，达到推销自己的目的，就必须先了解对方乐于接受什么样的方式，并针对他们的不同采用相应的应付策略，希望能够研究并熟悉他们，努力扩大应对的范围，优化应对的方法。

(1) 对沉默寡言的人

有些人话比较少，只是问一句说一句，这不要紧，即使对方反应迟钝也没什么关系，对这种人该说多少最好就说多少。那种不太随和的人说话也是有一句是一句，所以反而更容易成为那种忠实的顾客。

(2) 对喜欢炫耀的人

有些人好大喜功，老是喜欢把"我如何如何"挂在嘴上，这样的人最是爱听恭维、称赞的话，要是对普通的人称赞五次就足够了，对这种人则应至少称赞十次以上，对他所热衷的炫耀恭维越多，所得到的报酬就会越多。

(3) 对令人讨厌的人

有些人的确令人难以忍受，他好像只会说带有敌意的话，似乎他生活的唯一目标，唯一乐趣就是挖苦他人、贬低他人、否定他人。对于商务人员来说，这种人无疑是最令人头疼的对手。这种人虽然令人伤脑筋，但不应忘记他也有和别人一样的想要某种东西的愿望。这种人往往是由于难以证明自己，所以他希望得到肯定的愿望尤其强烈，对这种人还是可以对症下药的，关键是自己在这种人面前不能卑下，必须在肯定自己高贵尊严的基础上给他以适当的肯定。

(4) 对优柔寡断的人

这种人遇事没有主见，往往消极被动，难以做出决定。面对这种人商务人员就要牢牢掌握主动权，充满自信地运用商务语言，不断向他做出积极性的建议，多多运用肯定性用语，当然不能忘记强调您是从他的立场来考虑的。这样直到促使他做出决定，或在不知不觉中替他做出决定。

(5) 对知识渊博的人

知识渊博的人是最容易面对的顾客，也是最易使商务人员受益的顾客。面对这种顾客应该多注意聆听对方说话，这样可以吸收有用的知识及资料。客气而小心地听着，同时，还应给以自然真诚的赞许。这种人往往宽宏、明智，要说服他们只要抓住要点，不需要太多的话，也不需要用太多的心思，仅此能够达成交易，当然是理想不过了。

(6) 对爱讨价还价的人

有些人对讨价还价好像有特殊的癖好，即便是一碗面、一斤菜也非得要讨价还价一番不可。这种人往往为他们讨价还价而自鸣得意，所以对这种抱有金钱哲学的人有必要满足一下他的自尊心，在口头上可以做一点适当的小小的妥协。比如可以这样对他说："我可是从来没有以这么低的价钱卖过的啊。"或者："没有办法啊，碰上您，只好最便宜卖了。"这样使他觉得比较便宜，又证明了他砍价的本事，让他乐于接受。

(7) 对慢郎中式的人

有些人就是急不得，如果他没有充分了解每一件事，您就不能指望他做出前进的决定。对于这种人，必须来个"因材施教"，对他千万不能急躁、焦虑或向他施加压力，应该努力配合他的步调，脚踏实地地去证明、引导，慢慢就会水到渠成。这种做法对商务人员素质的培养也是有益的。

(8) 对性急的人

首先要精神饱满，清楚、准确又有效地回答对方的问题，回答如果太拖泥带水，这种人可能就会失去耐心，听不完就走。所以对这种类型的人，说话应注意简洁、抓住要点，避免扯一些闲话。

(9) 对善变的人

这种人容易见异思迁，容易决定也容易改变。如果他已买了其他公司的产品，你仍有机会说服他换新的，不过，即使他这次买了你公司的产品，也不能指望他下次还来做你的忠实顾客。

(10) 对疑心重的人

这种人容易猜疑，容易对他人的说法产生逆反心理。说明这种人成交的关键在于让他了解你的诚意或者让他感到你对他所提的疑问的重视，比如："您的问题真是切中要害，我也有过这种想法，不过要很好地解决这个问题，我们还得多多交换意见。"

如何说出拒绝的话

谢绝人家的请求，否定人家的意见，往往需要委婉的表达。这样既能使对方接受你的意见，又不会伤害对方的自尊心。当你准备说"不"时，不妨采取下列 5 种策略和口气来应付：

(1) 用肯定的口气拒绝

一位长期从事军需工作的部门领导说，他最喜欢的语句是："这个提议非常好，但目前我们还不宜采用"，"好主意，不过我恐怕一时还不能实行"。用肯定的态度表示拒绝，可以避免伤害对方的感情，而用"目前"、"一时间"等字眼，则表示还未完全拒绝。

(2) 用恭维的口气拒绝

一位资深的摄影家，拒绝的做法是先恭维对方。有一次，有人邀请她加入某委员会，她婉转地说："承蒙邀请，我很高兴。我对贵机构真的十分向往，可惜我工作实在太忙，无法分身，您的美意我只能心领了。"

(3) 用商量的口气拒绝

如果有人邀请你参加某集会，而你偏偏有事缠身无法受邀请，你可以这样说："太对不起了，我今天的确太忙了，下个星期天行吗？"这句话要比直接拒绝好得多。

(4) 用同情的口气拒绝

最难拒绝的是那些只向你暗示和唉声叹气的人。例如，一位外地朋友对你说："老李要出差到您那边。要不是住旅馆费那么贵，我也会跟他一起去。"

这时可以采取的策略，是以同情的口吻说："啊，对您的问题，我爱莫能助。"另一对策是打开窗户说亮话："如果您是在问能不能来我家里住，我恐怕这个周末不行了。"

(5) 用委婉的口气拒绝

试比较一下："我认为您这种说法不对"与"我不认为您这种说法是对的"、"您觉得这样不好"与"我不觉得这样好"这两种表达方式，我们不难发现，尽管前后的意思是一样的，但后者更为委婉，较易为人接受，不像前者那样有咄咄逼人之势。

120

批评人时不要把话说"绝"

直接地批评人，往往让人难以接受，所以要讲究一点策略。

（1）将否定改为反问。"您这样做是不对的"，这是我们批评人时常用的口吻。

"您这样做对吗?"这是反问句。很显然，否定句式消极作用大，而疑问句则容易促使对方自我反省。

（2）把批评者由第一人称改为第三人称。"我认为您不对"，这是第一人称；"大家都认为您不对"，这是第三人称。这一改动，缓和了批评者和对方的直接冲突，但被批评者的压力却反而增大了，他不能不考虑"大家"的看法。

（3）通过责备自己，启发对方做自我批评，从而认识和改正错误。

人们常有这样的经验之谈，两个人感情抵触，一点话也听不进去；两上人感情好了，叫他干啥就干啥。这话虽然不尽科学，但说明了一个道理，说服人，教育人时，首先必须奠定感情基础。感情融洽了，就如敞开了大门，正确的思想就易于被对方接受。

如果一个人有错，常会在感情上出现"戒备状态"，怕人家整他，暗暗地产生一种抵触情绪，如果批评者不注意这一点，出了问题便劈头盖脑地说一顿，很容易造成对方的抵触情绪，你讲的道理他听不进，错误也不易改。责备自己恰好是打开这一门户的钥匙，勇于剖析自己的思想，并在剖析自己的过程中讲出令人信服的道理，很容易引起对方情感上的变化，进而触及自己的思想，克服自己的毛病，这样，劝说者就达到了目的。

(4) 就事论事，不要针对对方人格。像"你这个人还要不要脸?"，"这件事证明你心地不善"之类的话，说出来最伤人心，要绝对避免。

俗话说："话不要说得太绝。"所谓"太绝"，就是太抽象，太绝对。抽象也有程度之分，比如"你这人太差劲了"，比起"你这人老是迟到，真是太差劲了"，显然前者抽象一些。如果猛然一句"你这人太差劲了"，对方一定会莫名其妙，无所适从，后者的说法不那么抽象，相对来说容易被对方接受。

因此，向别人提意见时，应尽量具体点，对方才容易接受。话越抽象，越容易使对方糊涂。他会一直想着您话中的含意，甚至不知如何作答。

122

对青年的批评方式

批评，是对人进行教育的一种方式。正确地运用批评方式是很重要的。现在谈谈对青年不同批评方式的选择：

(1) 触动式批评。措辞比较尖锐，语调比较激烈。它适合于惰性心理、依赖性心理较为突出的青年。

(2) 渐进式批评。有层次地逐步深入。适用于自尊心和荣誉感较强的青年。

（3）商讨式批评。平心静气，商讨的口吻，较为缓和。适用于反应快，脾气躁，情绪易被语言激发的青年。

（4）提醒式批评。以暗示为手段，语言内容多为提醒、启示之类。适用于性情机敏、疑心较重的青年。

（5）即席式批评。当时、当场、当事的批评。适用于不肯轻易认错的青年。

（6）参照式批评。借助他人、他事的客观形象，运用对比方式烘托出批评内容。适用于经历浅薄、盲目性大、自我觉悟差、易于感化的青年。

（7）发问式批评。以提问为内容，把要批评的事用提问的方式表示出来。适用于善于思考、性格内向、比较成熟的青年。

破坏谈话气氛的小动作

有些人由于不拘小节的习性，会破坏自己的形象，从而影响了会话的效果。因此我们会话时必须注意一些破坏谈话气氛的小动作。

（1）手——最易出毛病的地方是手。把手掩住鼻子、不停地抚弄头发、按手关节发出声音、玩弄接过手的名片。无论如何，两只手总是忙个不停，很不安稳的样子。本来想使对方称心如意的，谁知道却因为这样而惹人厌烦。

（2）脚——神经质地不住摇动，往前伸起脚，紧张时抬起后脚跟等等动作，不仅制造紧张气氛，而且也相当不礼貌。如果在讨论重要提案时伸起脚，准会被人厌恶。

（3）背——老年人驼背是正常的事，如果二三十岁的年轻人都驼背的话，可就不太好了。我们主张挺直腰杆和人交谈。

（4）眼睛——目光惊慌，在该正视时却把眼光移开，这些人都是缺乏自信心，或隐藏着不可告人的秘密，这种人容易使人起反感。然而若直盯着对方的话，又难免会给人压迫感，使别人不满。因此，只要能安详地注视对方眼睛的部位就可以了。

（5）表情——毫无表情，或者死板的、不悦的、冷漠的、无生气的表情，会给对方留下坏的印象。应该赶快改正，不让自己脸上有这种表情。为使说话生动，吸引对方，最好能有生动活泼的表情。

124　　（6）动作——手足无措、动作慌张，表示缺乏自信心。动作迟钝、不知所措，会使人觉得没劲儿，而且让人觉得他愚不可及。昂首阔步、动作敏捷、有生气的交谈等会使气氛变得开朗。所以，千万别忘记人是依态度而被评价、依态度而改变气氛的。

妥善提出不同意见

生活中，不乏其人、不乏其书劝诫人们不要在他人面前表现自己的不同意见。这种见解、这种行动，其实是十分片面、非常肤浅的，而且也是一种不诚实的表现。与此截然相反，生活中也有另外一种人，他们差不多成了习惯，事事要与别人作对，无论别人谈论何事，即使他毫无此方面的成熟意见，也要照例予以反驳。你说"是"时，他一定要说"否"；你说"否"时，他又一定要说"是"。这是一种十分可怕的陋习，而且有此陋习的人还很多，他们往往因为喜欢表示和人意见不同而得罪了许多同事或朋友，而且自己还一无所知，察觉不到。为什么有的人爱与人作对呢？因为他心目中只有自己，他不喜欢听取别人的意见。另外，这种人自以为比别人高明，事事要占上风。有这种习惯者常常被同事和朋友所孤立。没有人愿意为他贡献一点有益的意见，更没有人敢向他提出缺点，进一点忠告。退一步说，即使我们真有比别人高明的见识，也不能故作卖弄，哗众取宠；即使是他人有误，但我们却一点也不为对方留一点余地，好像要把他人逼迫到无路可走才觉得满意，那也是一种极不好的态度。那么，怎样才能改变这种爱和人执拗的脾气呢？最好的方法就是养成尊重别人的习惯。我们应该明白，在我们日常谈论的事情中，有相当一部分是没有标准的或是非标准的，我们所发表的意见不一定是对的，而别人也不一定是错的。只要认真这样反复想一想，那我们还有什么理由事事反驳他人呢？

如果我们与人交谈，对他人的每一句话都随声附和，不说一个"不"字，也许初次相交能给人一个好的印象，但久而久之，不免会被人认为是滑头。那种到处随声附和而无主见者，也是没有人看得起的。

那么，怎样才能诚恳地表达自己的意见而又不得罪人呢？

首先我们应该明白，得罪人的不一定是我们的意见本身，而可能是我们对别人提出意见的态度。如果我们细心地观察社会和人生，就会发现只要我们的方法得体适当，向别人表示自己的不同意见，不但不会得罪他人，而且还有可能大受欢迎，使人有"与君一席谈，胜读十年书"之感。相反，如果我们在表示不同意见时，把自己的意见看作是绝对正确的，而把别人的意见视为愚蠢幼稚、荒诞无稽的，那就很严重地中伤了别人。

其次，我们在表示自己的意见的时候，要承认自己的意见也可能有错。我们不能强迫别人立刻接受和相信我们的意见，而是要允许别人有充分的时间来考虑我们的意见，而且还要供给别人考虑我们意见的根据。若要别人也像我们自己一样地相信我们的意见，我们就必须给对方充分的资料，使人有足够的理由相信我们的意见，既不盲从，也不武断。

再次，我们还要表示出愿意考虑别人和我们不同的意见，请对方提出更多的说明、解释和证明。假使别人能够使我们相信他的意见，那么我们就表示立即抛弃自己原来的看法。这样，一方面老老实实地说出自己真正的看法，一方面又诚诚恳恳地尊重别人的思考能力，才是最理想的相互交换不同意见的方式。

委婉纠正他人错误

常言道："人非圣贤，孰能无过？"人都免不了会犯这样那样的错误，且人们犯了错误都很难及时醒悟，甚至不愿承认。这样，就很有必要对他人的错误及时给予纠正，而纠正他人的错误又往往是一种得罪人的事。

的确，并不是每个人都能始终很乐意倾听他人的批评，接受他人的批评的。有的人做错了事，不但不会坦然地承认，反而还会找出种种理由为自己的错误辩护。从人的心理来看，即使是极小的疏忽或错误，也不可能每个人都能在一经指正之后就坦率地、不作解释地承认。但是，现实生活中，无论父与子、兄与弟、上下级、同事，还是知己、朋友，都有相互纠正错误的义务，绝对不批评别人是不可能的，也是行不通的。

那么，在纠正他人的错误时应该采取什么样易于为对方所接受的方法呢？如下方法可供参考：

（1）对人要具有极大的同情心，这样我们就不仅不会对人吹毛求疵，反而会对产生错误的原因加以谅解。而且，我们要时刻想着自己与对方是站在一边的，而不是和他敌对的。

（2）说话要温和委婉，不可用刺激的或使人听了不舒服的字眼。如果说话令人无法忍受，那么即使对方嘴上承认，但心里也是不会服气的。

（3）纠正他人错误的言语越少越好，最好能一两句就使对方明白，然后转至其他话题，不可啰嗦不绝，使对方陷于窘境，甚至产生反感。

（4）别人做错了事情，我们对其不妥之处固然须加以指出，但对其可取之处更须加以极大地赞扬。这能使对方心理保持平衡，心悦诚服。

（5）改变他人的意见时，最好能设法使自己的意见不知不觉地移植给他，使他觉得是他自己改正了，而不是由于受了我们的批评才改正的。

（6）对于别人出现的不可挽回的过失，我们应该站在朋友的立场上，给予恳切正确的指正，使他知过而改，而不能对之施以严厉的责问。

(7) 纠正别人过错时，切忌采用命令的口吻，最好采用请教式的语气。

(8) 采用旁敲侧击的方法，隐晦地指出别人的错误，以保留对方的自尊心，使他自觉地改正过失。

当然，纠正错误的方法是多种多样的，但都不外乎是怎样讲究策略，让对方接受并改正。

不妨说点示弱的话

在事业和竞争中为了取胜，当然不可以示弱，但在特定情况下公开承认自己的短处，有意暴露自己某些方面的弱点，往往是一种有益的处世之道。

示弱可以减少乃至消除不满或嫉妒。事业上的成功者，生活中的幸运儿，被人嫉妒是客观存在的。在一时还无法消除这种社会心理之前，用适当的示弱方式可以将其消极作用减少到最低限度。

示弱能使处境不如自己的人保持心理平衡，有利于团结周围的人们。

要使示弱产生积极作用，必须善于选择示弱的内容。

地位高的人在地位低的人面前，不妨展示自己学历不高，经验有限，知识能力有所不足，有过种种曲折难堪的经历，表明自己实在是个平凡的人。

成功者应多在别人面前说自己失败的纪录，现实的烦恼，给人以"成功不易"，"成功并非万事大吉"的感觉。

对经济能力好的人，可以适当诉说自己的苦衷。诸如健康欠佳、子女学业不妙以及工作中诸多困难，让对方感到"他家也有一本难念的经。"

某些专业上有一技之长的人，最好宣布自己对其他领域一窍不通，坦露自己在日常生活中如何闹过笑话、受过窘等。至于那些完全因客观条件或偶然机遇侥幸获得名利的人，更应直言承认自己是"瞎猫碰到死耗子"。

示弱可以是个别接触时推心置腹的长谈、幽默的自嘲，也可以是在大庭广众之下，有意以己之短，补人之长。

示弱有时不仅表现在语言上，还要表现在行动上。

自己在事业上已处于有利地位，获得了一定成功。在小的方面，即使完全有条件和别人竞争，也要尽量回避退让。也就是说，事业之外，平时对小名小利应淡泊疏远些，因为您的成功已经成了某些人嫉妒的目标，不可再为一点微利惹火烧身，应当分出一部分名利给那些暂时的弱者。

示弱是强者在感情上体贴暂时在某些方面处于劣势的弱者的一种有效的手段。它能使您身边的"弱者"有所慰藉，心理上得到平衡，减少或减轻你前进路上可能产生的消极因素。

如何说出自责的话

人非圣贤，孰能无过？人们在工作和生活中出现了过错、失误，是痛痛快快地承认与自责，还是讳莫如深、遮遮掩掩呢？

聪明人往往选择前者。因为，发自内心的自责，能有效地减少失误造成的危害，消除由此带来的人际隔阂、怨恨。

在事业受到挫折，群众情绪低落时，负有一定领导责任的人引咎自责，才能产生振奋人心，鼓舞士气的作用。

1946 年 8 月，华东人民解放军某部进攻四县失利，伤亡较大，士气低沉。陈毅对大家说："三个月来未打胜仗，不是部队不好，不是师团不行，不是野战参谋处不行，主要是我这个统帅的责任，现在向指战员认个错。"全军上下被陈毅这种博大的气度深深感动，心中怨气一扫而光，后来连打了几个胜仗。

除了那些只宜于小范围内私下进行的以外，自责时要敢于亮丑，不要怕失面子，尽可能在较大范围内公开进行。

原四川省省长张皓若曾应邀参加一个高教工作座谈会，迟到了半个小时，张省长对此作了这样的讲话："我今天迟到了半个小时，不管什么原因都不能自我原谅（主办单位未将地址通知我）。我向大家做检查。不坚决改掉这种拖拉作风，还搞什么改革开放？"

不言而喻，一点失误，且由客观原因造成，当事人却立即进行公开的自我批评，这自然会得到群众的称赞。

自责如果能于对手相结合，将显得客观公允，令人折服。

毛泽东在一次家宴上听说湖南第一师范校长张干仍在教书，带着不无自责的口吻说："张干这个人很有能力，很会讲话，三十几岁当第一师范校长不简单。原来我不赞成他，估计他一定会往上爬，后来却没有。解放前吃粉笔灰，解放后还吃粉笔灰，难能可贵。现在看来当时赶张没有多大必要，每个师范生交十元学杂费也不能归罪于他。"

毛泽东对当年势不两立的斗争对手，能给以如此客观公允的评价，人们不难从中体察到一种卓越的胆识和宽大的襟怀。

当然，自责的前提是真诚，否则自责云云，不过是言不由衷的演戏罢了。

怎样说"对不起"

"对不起"这三个字看起来很简单，可是它的效用，不是别的字所能比拟的。

在汽车上误踩了别人的脚，说声"对不起"，被踩的人自然不会计较什么了。人的心理原是这样，对于许多事情皆可原谅。若因为你的过失，使别人吃亏，而你还不承认自己的不是，好像别人的吃亏是咎由自取似的，这就不能使别人原谅你了。

消除恶感，避免伤害对方的感情，最聪明的办法是自己谦逊一点。自己有过失的时候立刻道歉，别人一般会宽容你的。

反之，不承认过错，就难怪对方生气，不见许多口角变成打架，或因一两句话而酿成命案的，皆由此而起吗？倘若我们大家都不忘记这三个字的巧妙，我们的生活将会减少很多不愉快。"对不起，害您等了许多时候。""对不起，您可以替我把茶水递过来吗？"在日常生活中，这三个字真是用途太多了。

"对不起"三个字，意思无非是让别人占上风，你既然让他占了上风，他还有什么更多的要求呢？息事宁人，莫过于此。要使家庭不失和，朋友不交恶，这三个字真是百效的灵药。

下次在电影院里经过别人座位时，请先说声"对不起"，那么让路的人一定不会把眉头皱起；如果招待顾客时多说两声"对不起"，那么，交易十之八九会成功的。

如何说"谢谢"

- -

"谢谢"不仅仅是礼貌用语，也是沟通人们心灵的桥梁。"谢谢"这个词似乎极为普通，但运用恰当，就会产生无穷魅力。

（1）说"谢谢"时必须有诚意，发自内心，这样，对方才不会感到是一种应酬的客套话。

（2）说"谢谢"时要认真、自然、直截了当，不要含糊地咕噜一声，更不要怕别人知道你在道谢而不好意思。

口才造就你的一生

（3）说"谢谢"时应有明确的称呼，通过称呼被谢人的名字，使你的道谢专一化。如果感谢几个人，最好要一个个向他们道谢，这样会在每个人心里引起反响和共鸣。

（4）说"谢谢"时要有一定的体态，头部要轻轻点一点，目光注视着要感谢的人，而且要伴随着真挚的微笑，这样在对方心里引起的反响会更强烈。

（5）说"谢谢"时要及时注意对方的反应。对方对你的感谢感到茫然时，要用简洁的语言向他道出致谢的原因，这样才能使你的道谢达到目的。

道谢是为了表达感激之情，如果使施惠者反而因此窘迫，便违背了本意。

为了不致使人窘迫，道谢要考虑时间、地点和对方的特点。比如，被谢者不希望局外人知道自己帮了你，你就应尊重对方的意愿。如果恰巧在大庭广众遇见对方，就要含蓄地表示谢意，或者小声地耳语，甚至可借握手之机，用热情有力的动作，加上含笑的眼神来表示。也可以说："某某，我有一点小事想同您单独说几句。"借此离开人群，找个合适处再坦诚相谢。

对他人的道谢要答谢，答谢在措辞上要注意几点：

（1）帮助合乎情理，不足称谢

"老兄，为您出点力是应该的，有什么可谢的呢？""我们同事之间，今天我帮您，明天您帮我，这是很正常的事嘛。""我跟您还要谢？您可不要见外。"等。

（2）表示不为自己增添多少麻烦

"一点小事，又不要我花多少时间。""我自己也需要，不过捎带一下而已。""我这是顺便，您别放在心上。""是花了点时间，但我觉得并不麻烦。"等。

(3) 必要时表示不安的心情

"您快别这么说，我都有点不好意思了。""瞧，我被您说得快脸红了。""这么重的礼，我受之有愧。"等。

(4) 收受礼物请对方下不为例

"谢谢您为我买了这么好的礼物，我非常高兴。""劳您破费，不好意思。""恭敬不如从命，这份礼我就收了，咱们下不为例吧！"等。

讨债的技巧

"喂！把上回借的钱还我！"好凶的口气！不知借方有借无还，惹恼了债主，还是贷方无理取闹，苦苦相逼？

有人说："借钱容易，还钱难。"这话颇有道理。

就借方来说，只要在借钱时，苦苦相求作出一副惹人怜悯的表情，对方多半会伸手援助。要借到钱，不算太难。但到了还债的日期，往往仍是双手空空，只得将日期一延再延。就贷方来说，当朋友有急用求助于你时，只要力所能及，必能慷慨解囊。然而，一旦自己有急用想请对方偿清所借财物时，往往不忍开口去催讨。

由此可见，不只向人借钱是个难题，就是讨债也是一个难题。

有些人遇到这种情形，就以"婚娶葬祭"等高额的开支为借口，向对方讨回借款，这是一个可行的办法。

"这次因为某某出殡，我需要一些钱，是不是先还一些钱给我？"

"开学了，孩子要交学费，是否能将上次借的钱还我？"

"我要买一台冰箱，可能的话，您先还我一部分钱好吗？"

大金额的借款，运用此法，多半可使对方偿还借款，也不会因钱财问题，伤害彼此的感情。但若是小金额的借款，也运用此法，不免让人觉得小题大做，认为您真是十足的"讨债鬼"了。

遇到这种情况，不妨利用一起上街购物的机会，伺机使对方还钱。比如，某一天您与对方一同上街吃饭，您可以对对方说："对了，我借给您的那些钱，足够这顿饭钱了。"对方听后，一定不好意思再拖延了。

然而，无论怎样，请对方还清借款，多少彼此都会有些尴尬。最妥善的办法是当我们向人借贷时应告诉对方："假如我因为忙忘了还钱，您要提醒我。"

这样，不但表明了我们偿还的诚意，即使日后一旦忘了，对方提醒我们时，就成了理所当然，彼此之间也就不会不好意思。

讨债时，态度应稍微殷勤些，让对方觉得"与平时有些不同。"如果以无关紧要的态度去讨债，往往没有效力。

请将不如激将

激将，就是在某些特定的环境和条件下，当有些人的自尊心受到自我压抑，或者由于遭受挫折、犯了错误以及其他种种原因而产生了自卑感，我们用其他方法不能使他振作起来，接受我们的意见和主张，我们就故意贬低他，刺激他，从而把他的自尊心、自信心激发起来。

俗话说："请将不如激将。"在交谈中，正确运用巧言激将法，一定能收到积极的效果。

巧言激将，一定要根据不同的交谈对象，采用不同的激将方法，才能收到满意的效果。犹如治病，对症下药，才有疗效。如把药下错了，就是于人无益，或是置人于死地，反而使事情向更坏的方向发展。

"激将法"的用法很多，这里略举几种：

（1）直激法

就是面对面直出直入地贬低对方，刺激之，羞辱之，激怒之，以达到使他"跳起来"的目的。例如，某厂改革用人制度，决定对中层干部张榜招贤。榜贴出后，大家都看着能力技术俱佳的技术员小李。然而，由于某种原因，小李正在犹豫。一位老工人找了去，直言相激："小李，你不是大学的高材生吗？大家巴望着你出息呢！没想到，你连个车间主任的位子都

口才造就你的一生

不敢接，真是个窝囊废!"

"我是窝囊废?"话音未落小李就跳了起来，说："我非干出个样儿来不可!"他当场揭榜出任了车间主任。

(2) 暗激法

这是有意识地褒扬第三者，暗中贬低对方，激发他压倒、超过第三者的决心。

如三国时，诸葛亮为了抗曹来到江东，他知道孙权是不甘居人之下的人，于是，大谈曹军兵多势大，说："曹军骑兵、步兵、水兵加在一起有一百多万呐!"

孙权大吃一惊，追问："这里有诈吧?"

诸葛亮一笔一笔算，最后，算出曹军拥有 150 多万兵。他说："我只讲 100 万，是怕吓倒了江东的人呀!"这句话的刺激性可谓不小，使孙权急忙问计："那我是战，还是不战?"

诸葛亮见火候已到，说："如果东吴人力、物力能与曹操抗衡，那就战;如果您认为敌不过，那就降!"

孙权不服，反问："像您这样说，那刘豫州为什么不降呢?"

此话正中诸葛亮下怀，他进一步使用激将法说："田横，不过是齐国一个壮士罢了，尚且能坚守气节，何况我们刘豫州是皇室后代，盖世英才，怎么能甘心投降，任人摆布呢?"

孙权的火立刻被激了起来，决心与曹军决一死战。

暗激法的巧妙，就在于它是通过"言外之意"、"旁敲侧击"的说法，委婉地传递刺激信息，人们都希望别人尊重自己，而有人在自己面前有意夸耀第三者，显然会对他起到一种暗示性刺激。

(3) 导激法

激言有时不是简单的否定、贬低，而是"激中有导"，用明确的或诱导性语言，把对方的热情激起来。

例如，某校一个调皮学生，学习成绩很差。一次，他打了一位同学，还自夸是拳击能手。老师叫住他说："打架，算什么英雄？有本事您跟他比学习。您期末考试如果赶上人家，那才是真正的英雄呢！"一句话激得这个调皮学生发奋学习，后来，他果然有了明显进步。

如何对待"揭短"

你正在兴致勃勃地向你的朋友讲述你怎样从池塘里钓上两条大鱼。你的妻子却在一旁插话说："听他的！他钓了两天，一条小鱼儿的影子都没见着！那鱼是花钱买的！"

你正在和新结识的女友吹嘘："我最近上了一个戏，这是我头一次独立执导，故事非常精彩，上演后一定会轰动。"旁边却走过来一个朋友："嘿，不怕西北风煽了舌头！姑娘，别听他瞎编，他哪是什么导演，只是个场记而已！"

你正在帮助你的邻居修理电视机："原因可能在天线，也可能是显像管出了毛病……"这时，你的亲戚走过来："嗨，他只会拆零件。前天我那台彩电，没修前能看两个频道，让他一修，只能看一个频道了！"

妻子、朋友、亲戚，有时会开玩笑似的揭您的"短"，弄得你有点下不来台。你想默认又觉得窝囊，想还口又觉理亏。

怎样从困境中摆脱出来？不妨运用幽默的语言、滑稽的表情和笑料冲淡这尴尬的处境，活跃气氛。

你可以接着妻子的话说："不错，我往池塘里扔了五元钱，那两条鱼就自动跑进我的网兜里了！"

你也可以接着朋友的话说："场记怎么啦？导演都得先干场记，不信您去问问黑泽明！"

你可以对亲戚说："每个电视机有不同的毛病，修不好您的，不见得修不好他的！"

显然，设法改变处境比保持沉默要主动，但有一点应明确：那些"揭短"的人通常是你的配偶、亲友，你不能采用气愤的话予以还击，而幽默的解嘲是最好的办法。

在对待"揭短"时，尤其要注意：

(1) 尽量不怀疑他人别有用心

如果我们神经过敏，对别人的每一句话都琢磨一番潜台词、话外音，那就会自寻烦恼。因为在许多场合，对方往往是脱口而出或即兴联想的玩笑话，根本没想到会伤害你。不知者不为过，我们何必胡乱猜疑呢？

(2) 不可反唇相讥

有人听不得半句"重话"，动辄连珠炮似的反讥，常因此挑起唇枪舌剑，使良好的关系破裂。一般说来，开玩笑的人若是得到严肃的回报，脸上常挂不住。所以，我们不能为笑话失去一个朋友，甚至给人留下心胸狭窄的印象。

(3) 泰然处之

遇到人"揭短"，如果羞怯万状，既不能正常地保持沉默，又不能机智地改变处境，以至失态，那就显得有些"小气"了。而保持泰然自若的风度，暂时把"揭短"抛置一边，寻找别的话题，或点起一支烟，端起一杯茶，转移别人的视线等，才是上策。

当然，最佳方案是急中生智和具幽默感。有一次，一位作家刚发表一篇小说，赞誉之声鹊起。另一位作家却不以为然，跑去问他："这本书还不赖，是谁替您写的?"他答道："哦，谢谢您的称赞，不过，是谁替您把它读完了?"

幽默的回敬，对"揭短"者也是一种应付之道。

140

有意说错话

人们说话交谈，总是尽量避免出现差错。可是，在某些情况下，有意地念错字，用错词语，却有神奇的功效，能丰富语言表现力，使人的谈吐生辉。

示错艺术有以下几种：

(1) 设置陷阱，借以反击

故意把话说错，为了蓄势布阵，待对方批评指正时，再借题发挥，给予回击。

过去有个药铺老板每到大年三十晚上，就点上香向菩萨祷告："大慈大悲的菩萨，愿您保佑男女老少都多病多灾，我好发一笔大财！"这话被一个下人听到了。

不久老板的母亲得了痨病，躺在床上哼哼叽叽的，下人对老板说："这下老太太病得不轻，这全是托菩萨的洪福！"老板大怒。下人说："老板息怒，您不是求菩萨保佑男女老少都得病吗？这下菩萨显灵了。"老板哑口无言。

一个小伙子向一老人问路："喂，离城还有多远？""500拐杖。""距离应该论里呀，怎能论拐杖呢？"老人答："论理？论理您得喊我大爷！"

(2) 利用常人的错误

有些人喜欢利用常人的错误，以示错的方式寻开心。甲问："那件事有消息了吗？"乙答："查（杳）无音讯！"这个说："此人真是刮（恬）不知耻！"那个讲："看来他心不在马（焉）。"言谈之间，彼此心领神会，说毕莞尔一笑。

(3) 相反相成，启发诱导

一位教师给学生讲"灾梨祸枣"一词，首先用望文生义的方法曲解示错："看来梨枣都有毒，吃了会生灾招祸。"稍有生活常识的学生都会感到此说不合情理，但一时也说不清楚确切含义。到了学生急欲求知的时刻，教师再揭开谜底："这个成语说的是滥刻无用之书，使用来做雕版的梨树枣树都跟着遭殃。"如此一来，学生豁然开朗。

(4) 抛砖引玉，打破僵局

示错作为一种交际手段，有时还可以成为随机应变，化被动为主动的工具。钱学森有次参加一个学术会议，大家凝神屏气，听他独自讲话。讲着讲着，钱老连简单的常识性问题都说错了。座中一个胆子大点儿的人说："您讲错了吧?"这时钱老笑着说："看来，我也不是什么都对嘛。好，现在总算有人发言了!"会议气氛很快活跃起来。

怎样避免误解

日常交往中，经常有自己的话被别人误解的时候。

有个人要请七位朋友喝酒，等了半天只到了六位，主人自言自语地说："该来的不来!"其中两位客人心想："我们可能是不该来的。"悄悄地溜走了。为什么客人溜走了呢，这就是主人的话引起了客人的误解所致。

使自己的话不容易被人误解，要注意以下几点：

(1) 尽量少用话中有话的句子

如上例中主人说的话就是话中有话。"该来的不来"，使人想到"不该来的来了"。所以，我们在需要明确表达自己的意思时，话一定要说得明确、具体，千万不要模棱两可，以免引起误解。

(2) 不要随意省略主语

在一些特殊的语境中，可以省略主语，但这必须在交谈双方都明白的基础上，否则可能引起误解。

比如，一位男士挑帽子，售货员拿了一顶给他，他试了试说："大，大。"售货员一连给他换了四五种型号的帽子，他都嚷道："大，大。"售货员生气了，说："分明是中码，您为什么还说大？"这人结结巴巴地说："头、头，我说的是头大!"造成这种狼狈结局的原因就是他省略了主语。

(3) 注意同音词的使用

同音词就是语音相同而意义不同的词。同音词用得不当，就很容易产生误解。如"期终考试"就容易误解为"期中考试"，如把"期终"改为"期末"，就不会误解了。

(4) 少用文言词和方言词

与人交谈中，除非有特殊需要，一般不要用文言词。文言的过多使用，容易造成误解。

方言词的使用更容易造成误解。特别是不同方言区的人谈话，如各自使用方言，那就更困难了。如"公公"一词，普通话指丈夫的父亲，贵阳话则指自己的祖父，扬州话指外祖父，重庆话指祖父的姐（妹）夫，各有所指。因此，与人交谈，要尽量避免使用方言。

(5) 说话要注意停顿

如"中国队打败日本队获得冠军"，即可理解为"中国队打败，日本队获得冠军"，又可误解为"中国队打败日本队，获得冠军"，如不注意语句的停顿，就容易造成误解。

打电话的艺术

现代社会，电话的普及率越来越高，甚至已成为我们日常生活所不可缺少的信息交流工具。因此，怎样使别人由您的声音而获得好感，是人人都应该注意的。

在我们打电话时，究竟应该抱着什么样的态度才好呢？请记住：表情和动作虽派不上用场，但可以借助轻重缓急的语调，使你的声音更悦耳动听；打电话如果不善于辞令，就不易收到好的效果；打电话时你在对方头脑中树立一个什么样的形象，完全取决于声音的表达。所以要特别注意对话时的用语。

下面几点则是打电话应遵守的礼貌：

（1）先说自己的姓名，再确认对方是谁。

（2）问清对方当时是否方便与你交谈。

（3）准备好记事本，记下将要谈的话题。

（4）清楚下一次联络的时间、地点或电话号码。

（5）使用公共电话时，请告诉对方，尽量抓紧时间，语意简明。

（6）考虑对方是否能听得清楚。

如果对方声音太小，不妨这样说："对不起，我的电话机有点问题，听不清楚，请您大声一点好吗？"

电话中的惯用语，用之得当，会使人觉得亲切温暖，以下是几种惯用语：

对不起，在百忙之中，能耽误您一点时间吗？

真不好意思，每次都打扰您。

我想和您商量几件事情，好吗？

麻烦您了，非常感谢。

拜托您了，真是感激不尽。

如果您将这些惯用语在电话中多多运用，必能给对方留下良好的印象。

面试中应付难题的口才技巧

人往往是千方百计"设卡"，费尽心思发问，以提高面试的难度，要应付这种局面，要应答好，就必须要有技巧，这就是"应付自如"法所要谈论的内容。

（1）在面试场上，常会遇到一些自己不熟悉、曾经熟悉现在忘了或根本不懂的问题，面临这种情况，默不作声，回避问题为下策；牵强附会、"强不知为知之"更为拙劣；实事求是，坦率承认方为上策，这样有时能扭转被动局面，给用人单位留下好的印象。

（2）面试中，常常会遇到这样的问题，主考人提出的问题过大，以致不知从何答起；或对问题的意思不明白。此时，您可采取将主考人所提问的问题复述一遍的方法，如："您问的是不是这样的一个问题……"如果您理解有偏差，主考人自然会给你补上，这样，既达到了你对问题理解准确的目的，又会给主考人留下一个很好的印象——"这是个认真、实在的人"。

（3）在面试时，主考人有时可能故意挑选些古怪的问题让你回答，这种提问是作为一种"战术"而进行的。在提问中，让你不明真意，故意提出不礼貌或令人难堪的问题，其意在于"重创"应试者，观察你在此种场合处理随机问题的能力。对于面试中的类似问题，首先要冷静，要不动声色，以察其动机后再作答。

谈判的口才技巧

（1）倾听的技巧

面对面的谈判是双向的活动，讲和听是对立统一的。在谈判中只顾自己喋喋不休，而不注意倾听的做法是很不明智的。因为倾听是发现事实真相、了解谈判对方的一种好方式，许多精明的企业家都十分重视倾听这一手段。松下电器公司的创始人松下幸之助曾说过，"细心倾听，集思广益"是其成功的秘诀。外国有句谚语也说："用10秒钟时间讲，用10分钟时间听。"倾听的技巧是什么呢？

①全神贯注。倾听时要专注，要表示出对说话者的极大兴趣。如适当地与对方保持眼睛的接触，适当地点头以示同意，适当地微笑以示赞赏等。切忌心不在焉，左顾右盼，或摆弄他

物，烦躁不安。

②察言观色。倾听时不仅要用"耳"，还要用"眼"、用"脑"。要通过对方的措辞和表达方式、语气和声调，以及行为举止等，听出对方话语的真实含义。

(2) 叙述的技巧

叙述就是阐明自己的观点，使对方能准确理解我方的要求，这是谈判中必不可少的一环。叙述时的方法：

①慎重选择语种。谈判时为使双方有效地交流，必须选用合适的语种。国内商务谈判中，宜选用普通话；对外商务谈判中，则宜选用英语。一般不用或少用方言土语。但在某些特殊情况下，如对方是侨胞，这时你有意使用他的方言，使他感到乡音的亲切，就有助于谈判的成功。

②紧扣谈判主题。谈判不是聊天，不能东拉西扯。在谈判过程中，如果经常叙述一些无关紧要或与主题无关的事情，势必引起对方的反感。

③准确传递信息。谈判者要准确无误地叙述己方的情况，包括观点、资料、数据，且第一次就要说准。切忌三番五次地修改，否则将大大削弱你的谈判能力。

④注意使用策略。为了处理好谈判双方既矛盾又统一的特殊关系，我们必须讲究语言的策略，尽量使被说服者心悦诚服。比如可有意制造对方的"满意感"，以便维护自己的立场，保护自己的交易条件。

(3) 提问的技巧

提问是谈判的重要内容和手段，它可以向对方传达自己的意见，也可发现对方的需要，掌握对方的谈判动机，从而适时调整谈判步骤及策略。提问的技巧有：

①把握提问的时机。提问一般应选在对方心情很好时，此时对方容易也乐意回答问题。特别要注意的是，谈判刚刚开始时，不要急于发问，因为容易引起对方的误解。

②注意提问的方式。提问的方式有：

一般性提问。这是一种没有限制，回答也无法控制的提问，如："请问贵公司对我厂产品有何看法？"

选择性提问。这是一种可控制的提问，它让对方在一个特定的范围内作出选择，如："你方需要的是单冷空调器还是冷、暖两用空调器？"使用这种提问方式要注意语气。

澄清式提问。这是要求对方就有关问题作进一步补充、说明，如："贵方刚刚说这批货的价格还可商量，这是否表示我方可以按 25% 的折扣进货呢？"

是非性提问。这是在问话中已体现了己方观点的，具有强烈暗示性的提问。如："单方面撕毁合同，是要负法律责任的，对不对？"

③掌握提问的表达方式。同样一个问题，可以用不同的方式表述出来。有这样一个故事。

一名教士问他的上司："我在祈祷时可以抽烟吗？"这个请求遭到了拒绝。另一句教士也去问这个上司："我在吸烟时可以祈祷吗？"他的请求得到了批准。

可见采用何种表述方式是很有讲究的。

（4）答复的技巧

谈判的过程就是"问答"的过程，在这一"问答"的过程中，"答"的问题比"问"的问题更加复杂。"问"得不好，充其量引起对方的不快或反感；"答"得不好，就会要承担一定的风险。答复问题时需要掌握的方法有：

①冷静思考，从容作答。回答对方的提问之前，一定要给自己多一点思考的时间，切忌"对答如流"。你可以借喝一口水、点一支烟、整理一下桌子上的资料等动作争取时间，考虑问题。

②有所保留，局部作答。对对方提出的问题，不要彻底、全面地回答，而要留有余地，以免全盘托出，使对方摸清自己的底牌，使己方陷入被动的局面。

③寻找理由，拖延回答。在谈判时遇到了一些难以答复的问题，要寻找各种理由拖延回答，如"记不清楚"、"资料不全"、"需要考虑"、"有待请示"等。

④避实就虚，答非所问。有时，对方提出一个问题我方很难正面回答，但拒不回答又会破坏谈判的气氛，勉强作答又恐上当受骗。这时我们就可运用这种答非所问的技巧，跟对方讲一些与问题有关又无关的话，看上去回答了问题，实际上却没涉及实质性的问题。如："对于这种事情我没经验，不过我曾听说过……要解决这个问题，首先必须解决……问题"等。

⑤置之不理，无可奉告。当对方提出的问题不值得回答时，就明确表示：无可奉告。当然这一招不可滥用，它会在一定程度上令对方不快。

(5) 说服的技巧

说服就是当双方观点不一致，甚至相对立时，设法令对方接受自己的观点，这是谈判中最棘手的事情。怎样才能取得满意的说服效果。

(6) 拒绝的技巧

谈判过程免不了拒绝，然而如何避免这个生硬的字眼，却是有法可想的。

办公室的谈话艺术

办公室内建立良好人际关系的第一步即说好话。

对年长的同事，最好谦虚、服从些。年老的同事见过的世面多，人生经验丰富，但也难免谨慎过分，与他们谈话时，纵然与你意见不合，也不可轻举妄动，动辄开口就是"老生常谈"，应该有个起码的尊重。

假如你是年长者，对于比你小的同事，谈话时也要有一定的分寸，应保持慎重的态度。年纪较小的同事，有些思想可能太激进，经验不及你，所以与之谈话时，注意不要对其随声附和，降低自己的身份。但也不要同他们进行辩论，一再坚持自己的意见。只需让他们知道，你希望他们对你应有适当的尊重。然而绝不可夸夸其谈，卖弄经验，在自己的知识外还信口胡说。假如他们发现这一点，无疑，他们将降低对你的信任与尊重。

许多人和地位高的人谈话时不免有一种自卑感，从而使原先清晰的思路变模糊了；原先能言善道，如今木讷无言。反之也有些人对上司直言不讳、大言不惭，显得极其粗俗无礼。

与地位高于你的同事谈话，不管他是你的顶头上司还是别的部门领导，都应理所当然地礼敬有加。一则他的地位高于你，他的谈话无疑有助于你的工作，从其谈话中理清下个月的计划及公司的内幕，而这些将使你受益匪浅；二则他在某方面的能力、知识、经验、智慧也显然有你自叹不如的地方，就凭这一点，也应保持起码的尊敬。值得一提的是，与地位高的人谈话，必须保持自己的独立思想，不要做一个应声虫，使他认为你唯唯诺诺，毫无主见，显然是个难成大器的家伙，要以他的谈话为主题，听话时少插嘴，应全神贯注。他让你讲话时，尽量不离主题，且做到轻松自然，坦白明朗。

与地位低的人谈话，也不要趾高气扬，应该和蔼可亲，庄重有礼，避免用高高在上的态度来谈话，对于他工作中的成绩应加以肯定和赞美，但也不要显得过于亲密，以致使他太放纵。不要以教训的口气滔滔不绝地讲个没完，使对方感到厌烦。

办公室中如果有位女性，自然春色满屋，交谈时，要注意性别不同，方式亦不大一样。同性别的同事之间谈话当然可以随便些，而对于异性，谈话就应特别当心。当然并非指要处处设防，步步为营，但起码"男女"还是有别的。比如一位女同事，身材肥胖，千万不能"胖子、胖子"地乱叫；而换成一位男同事，"胖子、胖子"一阵叫，他可能丝毫不在意："心宽才能体胖嘛！"

再如公司新来一位新婚女士，同为女人，自然会问她一些年龄、新婚以后的情况，要是您是一位男性，恐怕不仅是她，众人都要为之侧目了："这小子心怀什么鬼胎？"

女同事与男同事讲话，态度要庄重大方，温和端庄，切不可搔首弄姿，过于轻佻。男同事在女性面前，往往喜欢夸夸其谈，谈自己曾在水塘中杀死大鳄鱼、山洞里走了十天，又爱发表自己自以为超人出众的思想。这些女性都应姑且听之，不可深究，因为男同事需要的心情满足、成英雄的梦想，你举手之间就可以帮他，何乐而不为呢？但是如果对方唠唠叨叨，令你难以忍受，那么就请巧妙地打断他的话："课长过来了"，或者干脆下免听牌："Sorry，我还有事。"

同一办公室内，倘若对方不是相知很深的同事，也畅所欲言，无所顾忌，那么，对方的反应会如何呢？彼此关系浅薄，交情不深，你却与之深谈，则显得你没水平；你说的话是关心对方的，你又不是他的近友，不能与之深谈，反倒是忠言逆耳，显得你自作多情；你的话是关于公司发展方面的，对方主张如何，你并不清楚，弄不好，会招惹一些不必要的麻烦。

因此，在一个公司内，要同身边的同事搞好关系，谈话时要注意到对象的亲疏关系。关系一般，大可谈天气、政治主张，而对于身边的事还是少谈为妙。但并不是鼓励大家与同事们保持表面客客气气，尽说些客套话，平日还是可以主动帮忙排忧解难，工作上互相帮助。却不要与无聊之人说东道西，净挑些上级、同事的野史东拉西扯，影响同事间的关系，扰乱内部的和谐。

协调政府关系的口才艺术

（1）引证说理，争取政府的支持。组织的生存发展，一靠自身努力，二靠外界的支持，其中政府部门的支持是最可靠的，也是最重要的，然而，要得到政府部门的支持，组织需要展开各种公关活动，在他们心目中树立良好的组织形象，以得到他们的理解和信任。而通过良好的口才，陈述利害得失，引用充分证据说理，是说服政府部门，赢得他们支持的重要手段。

1979年夏季，美国克莱斯勒公司经济状况愈来愈坏，亏损愈来愈大，处境十分险恶。如果要想生存下去就得求援，于是该公司就向政府提出十几亿美元的贷款保证计划。但这件事，开始就遭到了政府部门许多人的反对。为了说服公众，得到政府的支持，该公司开展了一系列的公关活动。他们反复强调企业发展对国家发展的影响，阐述挽救公司可以避免公司的工人、汽车商和材料商共60万人失业的危险，以唤起政府部门的同情心。

根据政府部门估计，如果此公司倒闭了，国家一年就要向公司失业工人支付失业保险费和福利费上亿美元。公司公关人员对国会说："你们可以选择，你们愿意现在就付27亿美元呢？还是愿意提供以后有机会归还的只有27亿美元一半数目的贷款保证呢，前者现在就付，后者以后再付，供你们选择。"

在此期间，总经理艾柯卡出席了由众议院、银行、财政和城市事务委员会下设的经济稳定小组委员会举行的听证会。一开始他很简单地提证词："我相信诸位都明白，我今天在这里不只是代表我一个人说话，我代表着成千上万靠本公司为生的人们。" "我们决不要求施舍，也决不是索取礼物，我提醒国会，克莱斯勒公司正在申请一项贷款的保证，我们将偿还每一元钱，而且都是有利息的。"这不卑不亢、充满自信的开场白首先镇住了与会听众。然后艾柯卡向委员会阐明了7个重要的内容，分析了克莱斯勒公司的许多有利条件，强调公司在今后5年计划里规划很健全，相信自己会改变市场占有率，很快会赚钱。艾柯卡在会上同时客观地分析了公司陷入困境的原因，指出由于政府政策及外部条件的原因使公司仅靠自己的力量很难度过难关，必须依靠政府部门的支持。

整项说服工作有理有据、绘声绘色或声情并茂，加上其他公关手段，克莱斯勒公司终于获得政府部门的贷款保证，一步步走出了困境。

(2) 加强情感作用，主动与政府人员沟通。政府部门是领导部门、管理部门。组织与政府人员的情感沟通不是庸俗意义上的"拉关系"、"走后门"，而是树立组织在政府官员心目中的形象，取得他们的信任和了解。所以，组织要经常与政府部门人员保持联系。如利用企业的重大活动、邀请有关负责人参加，请有关负责人出席企业举行的展销会、职工表彰会等；请求政府主管部门负责人就遇到的问题及时给予指导和帮助等。其次，要运用口才加强与政府部门有关人员的感情联系和沟通。运用口才进行有效沟通应注意以下三个方面：

第一，不卑不亢，正常交往。首先要维护政府部门领导的权威，但必须划清尊重与讨好附和的界限。怀着个人的什么私欲而置真理、事实、原则于不顾，甚至降低人格，违心地迎合、附和领导，那才是讨好奉承，真正有能力的领导不喜欢与这类人打交道。而对领导工作真正地支持、真诚地赞扬、公正地评价，以不卑不亢的态度，正常地接近领导才是对领导部门应有的尊重，才会给领导留下良好的印象。

第二，因人而异，对症下药。政府部门的不同领导者，有不同的思想方法和性格特点，组织在与他们打交道时，就应掌握这些特点，这样更易于沟通。如有的领导喜欢音乐，与他们交谈时，便可以音乐为话题，引发他们的兴趣；如果某个领导是个运动迷，那么在他观看或参赛的某项运动取得胜利时，向他请示汇报工作，效果会更佳；有的领导人性格直爽，办事干练，不喜欢啰嗦；而有的领导性格细腻，办事认真，喜欢详细的汇报。所以，要针对这些不同的性格特点和思想方法，采取不同的说话策略。任何一个办事精明的政府部门领导总是欣赏那些了解他的脾性，能根据他的心境和愿望行事的组织人员。

第三，加强联系，双向交流。企业组织应经常保持与政府部门的联络，不要有事找上门，无事则不理不问。在交流过程中，组织不仅向政府部门汇报自己工作的情况和组织内部相关人员的情况，让政府部门领导充分了解和熟悉组织；同时，组织也应领会上级部门的指示精神和领导的意图，并能贯彻于具体的实际工作中，对于政府部门和领导的意见有不同的看法，要选择适当的时间和场合，与人为善地予以指出。政府部门及其领导对企业及相关人员的信任是建立在相互了解的基础上的。因此，加强彼此的联系，增进双方的了解和沟通，是组织取得政府部门支持的前提和保证，不容忽视。

协调社区关系的口才艺术

社区关系主要是指组织与周围相邻的工厂、机关、学校、商店、旅馆、医院、公益事业单位以及居民等的相互关系，即"邻里关系"。这些组织、团体和个人虽然与本组织不一定发生直接的经济、业务联系，但对组织的生存与发展有着重大的影响。这种影响是多方面的，具体来说有以下几个方面：第一，为组织创造良好的社会环境和生活环境；第二，为组织提供充足的劳动力资源；第三，为组织提供充分的消费力和购买力；第四，为组织提供可靠的后勤服务，包括资金运输条件和各种社会服务设施等；第五，合理、稳定的税制保证。基于以上这些作用，组织处理好与社区的关系显得十分重要，与社区关系协调的方法很多，而口才在其中起到重要的作用，口才在社区关系中的运用体现在以下四个方面：

（1）有目的地宣传介绍。社区关系的协调建立在相互了解、彼此信任的基础上，因此一个组织要想与邻里结成好朋友，首先要互相熟悉和了解对方。一个组织不仅要了解对方对本组织的看法和要求，而且要利用各种机会使对方了解自己。要及时向社区公众宣传组织的宗旨、基本目标、经营项目等情况，表达本组织为社区发展作出贡献的良好愿望，介绍本组织的机构设置、各机构工作职责及有关成员在机构中担负工作任务的情况，提高组织的透明度。介绍宣传应有力度、讲求效果，不仅在正式场合进行解说宣传，也可以在其他场合进行有意识的情况介绍。总之，抓准时机，简明清晰地介绍组织各方面情况，有助增进社区公众对组织的了解，加深双方的感情。

（2）有针对地调查了解。社区公众对组织的基本印象和基本评价如何？社区公众对组织的期望和要求是什么？期望组织为社区公众树立的形象与社区公众心目中的形象有无差距？组织的各项政策和措施是否符合社区公众利益，社区公众反映哪些不同的意见等，这些信息都需要组织进行调查了解才能获得，以作为组织活动的参考依据。调查了解信息、情况的方法很多，像开座谈会，个别访问等都与口才有关，这里仅就如何主持召开座谈会谈谈应掌握的方法和技巧。

首先，应有一个明确的中心和讨论的方向。作为组织领导或调查者或会议主持人，要使会议讨论的方向没什么偏差，使大家一开始就能循着正确的方向研讨。其次，要注意掌握聆听技巧。所谓"会说的不如会听的"，出于调查了解情况的目的，会议组织者尤其要善听、会听，要在脑中把众人的意见、观点分析、整理出来，再在适当的时机，提出归纳后的要点，让大家有个一致的方向。最后，简明扼要阐述自己的意见，或对会议作评价、小结。只有这样，调查了解才会真正有所收获。

（3）相互体谅，消除误会矛盾。因为多方面的原因，组织和社区之间难免会产生摩擦和误解，有时社区公众还会对组织的某些情况提出严厉批评。这时，组织应本着"宽以待人"的原则，应及时以和平的方式解决或平息：一方面努力消除误解和矛盾；另一方面，如确是组织内部的问题，应及时调整和改善组织的政策和行为，以适应、满足公众的要求。

一家拥有 600 多名员工的企业，每年生产 1 亿平方米的压力胶带，虽然公司多年来一直注意胶带生产过程中的污染问题，但生产过程中排放出来的臭气，仍然不能得到有效控制。在该厂对面，有一所由公司捐助的中学，长期以来，这间中学在这种遭受污染的环境中生存，学生和老师们常常抱怨该厂不负责任的态度，认为由于受这种臭气的影响，他们感到呼吸不适。针对这种情况，公司一方面采取措施解决臭气问题，一方面派出几位领导专程到学校和居民点向学生、家长及社区居民赔礼道歉。公司领导向他们许诺："我们不能为自身利益而损害大家的利益，我们保证，污染问题在一个月内得不到解决的话，我们不再生产压力胶带，尽管生产这种产品为我们的企业带来了丰厚的效益。"话语真实而诚恳，赢得大家赞扬的掌声。后来，这家公司终于想办法进一步解决了污染问题，公司在社区公众心目中的良好形象也树立起来了。

（4）有计划地组织赞助活动。社会上要求赞助的事数不胜数，一个组织应该有计划地，有效地进行赞助，否则将不堪重负。有效赞助首要的是应配合组织形象，使赞助具有"人情味"，而不是带着明显的功利色彩，如可以考虑优先赞助各种慈善活动、社会福利机构、公共设施及教育事业等。赞助要有诚意，不要以一些堂而皇之的高调掩饰自己，这只能引起社区公众的反感。要诚恳实在，让别人感到你是真心为他人服务，而不是单纯为自己捞取名和利。有一家私营企业，在社区内赞助修了一家医院，专门研究癌症治疗方法或为癌症患者排忧解难。在医院建成暨开张典礼上，企业老板深情地说：

"我想各位没人想得癌症吧。但是，往你四周瞧瞧，你们可知道有多少人死于这可怕的病症，据统计，55 岁以上的人，4 个人中就有一个，这是一个平常而残酷的事实。不久前，我的弟弟———一位和我一同创天下的优秀企业家便死于癌症。所以，在这里，我要说，为了别人也为自己，让我们一起关心我国的抗癌工作，发一分热发一分光，并共同祝愿我国的医疗界能早日攻克这个难题……"

企业老板的话感情真挚，充满了"人情味"，在听众中产生了强烈的共鸣。

协调新闻媒介关系的口才艺术

新闻媒介是社会组织与社会公众联系的最主要渠道，在社会公众中具有很强的影响力。社会组织只有首先协调好与新闻媒介的关系，获得他们的理解和支持，才能通过他们将组织信息转换成新闻信息传播出去，才会有效地影响公众，从而提高组织的知名度。那么，如何协调好与新闻媒介的关系？与新闻界打交道应掌握哪些口语表达技巧和方法？

（1）诚信当先，不打官腔。由于组织领导人如厂长、经理等平时一般处于支配地位，故在与新闻界交往的言谈举止中也不自觉地流露出高人一等的气势，有的失约，有的对记者冷漠相待，有的发号施令，官腔十足等，还有些领导怕新闻媒介，总在言谈中有意无意地隐瞒虚报实情。岂知记者并不是好糊弄的，组织领导的这种言行只能令他们不快，甚至使之产生怨恨情绪。

一位公司总裁经常抱怨新闻界，说新闻界经常出他们公司的"洋相"。他说："新闻界对我们公司的报道，与公司实际不符合，总是为难我们。"有人问："你们公司谁在负责与新闻界联系？"这位总裁说："我们公司没有人负责此事，公司有不成文规定，不与新闻界来往，我看见记者心里就烦。"这种拒记者于千里之外的态度，当然会受到记者们的指责和批评。所以，与记者打交道，要以诚信当先，以礼相待，礼貌周全地回答记者们的提问，不摆官架子，不疏远记者，也不过于亲近记者，保持适当的距离。总之，凡事有"度"，对新闻记者，尤其要掌握好这个"度"。

（2）不和新闻界争论。新闻舆论的作用是巨大的，很多企业领导都有这样的感慨：新闻记者得罪不起。这话并不说明企业领导的软弱，而是说在一些非重大事情上尽可能减少与新闻记者的矛盾和摩擦，少与新闻界争论。因为这对企业并没什么好处，如果你与新闻界发生争执，日益尖锐，若在新闻媒介曝光，只会加剧相互之间的不信任。投身于新闻事业的人同其他行业一样，有君子，也有小人；有勇士，也有懦夫；有的才华出众、处事公正，但也有品性不佳者。了解了这点，组织领导和公关人员就能以宽容的态度，心平气和地对待某些记者的质问和挑衅等，而不是针锋相对和他们去争论。

（3）准备充分，对答如流。新闻传播讲究效率，记者的时间也相当宝贵。所以，在接受记者的采访前，组织领导或公关人员事先要有充足的准备和计划，这样在采访的过程中，才能做到中心明确，条理清楚，有条不紊地回答记者的提问。还可以帮助记者，引导他们正确地组织报道。记者最反感的是，在谈话过程中，一会儿说这个情况不清楚，一会儿让张三查查材料，让李四翻翻档案，白白浪费许多时间，这样的组织领导会给记者留下不良的印象。

160　　　中央电视台《焦点访谈》节目曾报道，当记者就某个问题询问辽宁省×市×镇领导时，这位领导支支吾吾："我不知道，你不是难为我吗，我不可能知道那么多。"当记者问及："作为一个镇领导，连起码的法规条文都不清楚，怎样开展工作呢？"这位领导回答："稀里糊涂呗。"就是这么一位"稀里糊涂"的领导，经过电视曝光，被停职反省了。

这是领导的失职，也是对新闻媒介的不恭，假如组织领导和公关人员掌握的情况较全面，而且反应迅速、机敏，便不会出现上述情况。相反，则能对答如流，应付自如。

第二章

演讲口才

口才是演讲成功的基石

　　口才，指的是口头表达的才能，它是人们智慧、能力和素养的一种综合反映。口语则是说话时使用的语言，说得具体一点，口语，就是口头交际使用的主要诉诸听觉并借助各种辅助手段的人类有声语言。从口才的角度而言，我们并不研究那些断续、零碎、粗糙的简略的口语，而侧重研究那些连续、规范、经过整理的标准口语，即经过过滤的优质口语。因为经过过滤的优质口语，它既保持了口语的特质，又接近于书面语，是规范化的口语。在演讲过程中，口语表达的才能——口才，是促进演讲成功的基石。这种"基石"作用的发挥又集中体现在口语表达自身固有的许多特性之中。

独特演讲风格的形成

　　一个人演讲的成功虽然与他的文化素养有密切关系，但更与他的演讲风格密不可分。你的演讲可能没有多少文采，但你一旦形成了独特的演讲风格，就会打动成千上万的听众，使他们为你欢呼、为你喝彩。

形成演讲风格最简单的方法就是就地取材，它贴近听众，自然会使听众感到亲切。如李鹏在南非的演讲《谱写中非友谊的新篇章》的开场白：

"中国人民一直关注南非的发展进程。中国的少年儿童从小学教科书中就熟悉了'好望角'这个名字。人们自然经常把这个具有独特景观并在世界航海史上发挥过重要纽带作用的地方，同素有"彩虹之国"美称的南非联系在一起……进入90年代以来，以曼德拉先生和其战友们为代表的南非政治家，以其非凡的政治胆略和智慧，克服重重困难，实现了国内种族和民族的和解，建立了新南非……姆贝基先生当选总统以来，对内继续贯彻'重建和发展计划'；对外奉行独立自主的全方位的外交政策，倡导'非洲复兴思想'，积极扩大国际交往，在国际事务特别是非洲事务中发挥着重要的影响和作用。"

这个开场白以眼前的"好望角"景观、"建立新南非"的业绩和他们的领导人曼德拉、姆贝基为话题，当地的听众对谈到的景观、事业和人物都非常熟悉，自然会使人感到非常亲切。形成演讲风格的第二个来源是演讲者幽默、风趣的语言。以诙谐、幽默的语言开场，会使现场的气氛轻松和谐，能激发听众的兴趣，令人难以忘怀。例如周恩来《把知识经验留给后代》的开场白：

"这是个别开生面的会，只请了年满60岁的政协委员参加。陈毅和彭真两位副主席例外，他们是"候补老人"。我也只到今年才敢召开这个会，因为今年刚过60岁。陈毅同志喜欢用《秋江》里的一句台词，说过了六十又是个新花甲。老道理新解，很好。"

这个开场白既抓住老年人的心理特点，使与会者感到亲切，又使听众感兴趣，难忘演讲的内容。

创新的演讲法

· · · · · · · · · · · · · · · · · · · ·

众人在同一时间、同一场合进行演讲（如演讲比赛、竞职演讲、即兴发言等），由于受时间、地点、气氛及相同主题的制约，很容易发生"千人一腔"的"撞车"现象。在此情形下，要想取胜，就需要有一种"大路拥挤走小路，小路人多爬山坡"的创新精神。因为心理学研究表明，新异的事物刺激度强，而"喜新厌旧"又是人们与生俱来的正常倾向，因此，能否推陈出新就成了演讲成败的关键。那么，同一场合演讲时怎样才能推陈出新呢？

首先，演讲者应根据现场情况采取随机应变、避"长"扬"短"的一种战术。这种方法既快捷又方便，用得恰当，往往可以收到以少胜多之功效。

为了庆祝陶行知铜像落成，王校长精心准备了一篇漂亮的稿子。举行揭幕仪式那天，天气寒冷，大会刚进行了不久，会场上便响起了踏脚取暖声。可事先安排好的发言还得一个个进行下去。当轮到王校长发言时，天上还飘起了雪花，于是，他改弦更张，把稿子往口袋里一放，只讲了一句话："同学们，在此，我只想用陶行知的自立立人之歌中的话鼓励大家，那就是：'滴自己的汗，吃自己的饭，自己的事自己干。靠人，靠天，靠祖上，不算是好汉。'他的话音刚落，台下传来经久不息的掌声。会后，人们都称赞他是讲得最棒的一个发言者。

其次，可通过一个崭新的概念来划定你的听众，让他们对这个概念进行自我认定。演讲者对听众的称呼，看起来是个很简单很平常的事，但如果称呼得体适宜又新颖别致，则会对演讲者与听众之间的心灵沟通起到微妙的桥梁作用。

在某学校举行的纪念"五四青年节"即兴演讲比赛中，李燕就曾以此先声夺人。在她演讲之前已有七名同学进行了演讲，他们的称呼大多是"老师们、同学们"，李燕如果还用这个称呼，是很难引起听众注意的。于是她采用了别人没有用过的称呼语："未来的工程师、会计师、厂长、经理们，大家好！"（学校设有机械、铸造、会计、管理等专业）这一符合校情又富有新意、充满深情的声音，霎时像巨大磁石吸引了听众，说话声没有了，一千双眼睛都集中到她的身上，从而为她的演讲创设了良好的情境，定下了成功的基调。

最后，以新奇的开端取胜。好的开端是成功的一半。在别人的开场已经很新的情况下，自己就要考虑出"奇"制胜。在天津某大学图书馆的会议室里，1959届专修班的同学正在聚会，发言者个个都是讲话高手，缅怀过去妙语连珠，抒发感情动人心弦。轮到王教授讲话时，他想到了分别40年的变化，想到有的同学已经去世，于是就改换了一个切入点。他感慨万千地说："人在痛苦和欢乐的时候，总要想起亲人。此时此刻，大家一定和我一样，思念着我们班的每位同学。我提议，让我们暂时收敛欢乐的心情，为几位离我们而去的同学默哀，以寄托我们的缅怀之情（同学们立刻都静了下来，低头致意）；然后再让我们举杯向未能到会的同学们表示真挚的问候和美好的祝福！"（大家都举起了酒杯）他用奇特的开头讲大家之所想，一下子就引起了听众的共鸣，所有同学都被他这新奇的开场白折服了。

初学演讲容易出现的问题

(1) 题目欠恰当

一般说来，好的演讲题目具有两个作用：一是概括反映内容，使听众知道你讲什么；二是鲜明响亮，能引起听众对演讲的兴趣。我参加了某中学为纪念"一二·九"运动 65 周年举办的演讲比赛，我对参赛选手拟定的的标题进行分析，发现有不少选手拟定的标题不够恰当。如《历史的回声》、《悠悠民族魂》、《青春，你好》、《国魂》等，虽然算得上简洁明快，却不能概括反映全篇内容，也不能充分地表意含情。特别是《青春，你好》这个标题，倒像是诗歌或散文的标题。如果把这个标题改为《把青春献给祖国》也许会更好些。

(2) 联系现实少

这次演讲赛是为了纪念"一二·九"运动 65 周年而举办的，在演讲时，当然少不了讲"一二·九"运动这段历史。但讲史不是目的，也不是重点，讲史是为了"明今"，是为了说明在当代仍应牢记历史以及怎样弘扬爱国主义这一永恒的时代主题。但是不少选手却本末倒置，对"一二·九"运动的过程大讲特讲，而联系当今现实，特别是青年学生这一群体的实际却很少；还有的只是泛泛地说要爱国，但对青年学生如何爱国却讲得不多不透。

(3) 缺少演讲语言的风格

演讲语言的特点是以叙述语体为基调，综合各种语言体裁而形成的具有声音感、动作感的口语化语言，这就决定了演讲语言的风格应是朴实的。而在这次演讲中，不少选手却没有保持演讲语言应有的风格，而是向散文语言、诗歌语言靠拢。其中《历史的回声》这篇演讲的选手表现得特别明显。他似乎不是在演讲，倒像是朗诵散文诗，"动情"有余，而"晓理"不足。究其原因，大概是这些选手缺乏对演讲语言风格的了解。

(4) 语速处理不当

所谓语速就是指发声的速度，或快或慢，或缓或急。语速在演讲中也是很重要的。演讲者要根据演讲内容、表达感情和现场情绪的需要，该快则快，该慢则慢。然而，不少选手的语速处理不当，或是过于平稳，给人一种平铺直叙之感，或是该快不快，该慢不慢。较为明显的是在结尾发出号召时，有的选手仍是那样不紧不慢，让人感到结尾乏力，缺乏气势，与"演讲结尾如撞钟"的要求大相径庭。

(5) 态势语处理不好

演讲，有演有讲，"讲"为主，"演"为辅。尽管"演"是辅助"讲"的，但其作用不可小觑。"演"主要包括表情、眼神、手势等。在这次演讲赛中，可以说绝大多数选手在态势语，特别是手势方面处理得不好，有的把手插进衣袋里，有的双手下垂，有的一只手摆来摆去，有的自始至终没有使用一个手势，有的也只是在结尾时振臂一呼等等。这都在一定程度上影响了演讲效果，使演讲缺少一种年轻人特有的活力。究其原因，大概是参赛选手在准备演讲时，没有把态势语问题考虑在内，只是写好演讲稿，一背了事使然吧！

(6) 对演讲稿的写作缺乏了解

作为命题演讲基础的演讲稿，在演讲中占有十分重要的地位。一般来说，只有演讲稿写得好，命题演讲才有可能效果好。从这次演讲来看，有的选手还不知道怎样写演讲稿。有的在结构安排上欠妥当，有的写成散文诗，有的像是在讲故事。其中，有一位选手一上台就说："我今天演讲的题目是《珍惜生命》。我们要爱国，就要珍惜生命。因为我们只有活着，才能爱国。那么，我们该怎样珍惜生命呢？请听我给你们讲个故事吧！"接着他就对美国作家杰克·伦敦的小说《人与狼的搏斗》大讲特讲起来。待讲完这个故事之后，他说："我们就该学一学这位淘金者生存的勇气。"然后就结束了演讲。这反映了某些选手对于如何写演讲稿还缺乏必要的了解。

演讲是一门科学、一门艺术，需要认真地学习，不仅要学理论，而且要练技能，否则仅凭过去的习惯和认识或想当然，是不能做好演讲的。

如何使演讲更精彩

(1) 开个好头

名人说过的话是永远具有影响力的。所以，适当的引用一句名人说过的话，实在是演说开端的好方法。后面一段，便是讨论事业成功的演说的开端：

著名心理学家郝巴德说："全世界都愿意赠金钱和名誉为最优奖品，只赠给一件事，那就是创造力。创造力是什么？简单说来，就是毋须人家指示而能够做出极确当的事。"

这段演说辞的开头是有几个特点值得称道的，他在第一句话就引起了听众的好奇心，使听众愿意听下去，再多知道一些。演说者如果在说完"只赠给一件事"的后面，能够十分技巧的把话略为停顿一下，那更会使人迫不及待的要问"世界上最优等的奖品赠给谁？快说，也许我们以为不然。"他的第二句话立刻使我们引进了题目的中心。第三句是问话，更可以引起听众的思索，而且使听众愿意来共同讨论。第四句给创造力下了一个定义……接着演说者举了一件有趣的事实，来证明创造力的可贵。

(2) 专注一个主题

一般人通常总是一心挂几头，心里有多种意见、想法和观点。演讲时须设法让听众心无旁骛。你应只讨论一个主题，例如慈善互助会的前途，或者家长教师联谊会为什么要增加预算。只提出能解释并支持的见解的论点，加以引申，不要谈不重要或多余的细节。

假想你自己是个探矿者，正带着一匹驮马在山里踏勘。如果马只驮少量工具，你就可以多勘察许多地方，甚至找到金矿。相反，你把太多东西放在马背上，很快就把它压垮，你到头来便一无所获。

(3) 小心选择用词

记住，你所用的字句必须简单易明，大家一听就听得清楚，也一听就明白其意义。

有很多字词听来很近似，例如你在讲台上说"稻子"，20米外的观众也许会以为你说"刀子"。你可以把讲辞朗诵给家人或朋友听，请他们一听不清就打断你。如果他们有某个字听不清，而你觉得这个字应保留，就应加一句补充，使人容易明白，例如："那大兵从田里抓起一把稻子。"

(4) 以情打动听众

许多政客老是吩咐他们的讲稿撰写人说："我要真正能感动人，我要有很多像音乐和诗般能感人心脾的东西。"大企业的总经理也如此："把我的讲稿写得充满感情，有浓厚的哀伤气氛。"如今许多人都以为，能令听众泪下才算是好的演讲。

演讲稿的撰写

撰写演讲稿主要有以下几个着眼点。

（1）看准对象，明确对谁而讲。演讲是面对公众的谈话，而公众又是多样的，他们有不同的兴趣与要求。如果不看对象，谈话就没有针对性，就引不起听众的兴趣，自然也就谈不上什么好效果。

（2）考虑讲话的场合。"到什么山唱什么歌"，这是人们说话做事的经验总结。我们在写作演讲稿时，也应予以足够的重视。所谓场合，也就是一定的时间、地点和现实情况的总称。从演讲活动来看，它就是讲话的时间、环境（包括讲话的场合和社会背景）和听众对象。场合，对人们的讲话总是起制约作用的，它左右着话题的选择、结构的组织、语言的运用、音量的大小、称呼的使用等等。有人曾到监狱给犯人作报告，觉得称"犯人们"过于刺激，称"朋友们"又不切实际，左思右想后采用了这样的称呼："触犯了国家法律的青年朋友们"。这个称呼在这儿就很得体。

（3）中心明确。演讲者谈论的问题应是明确的，否则没有办法选择材料，结果只能是材料的堆砌，说明不了任何问题。

（4）力求具体实在。听众讨厌假、大、空的话，喜欢具体、实在、真诚的演讲。具体，才能生动形象；实在，才能令人信服；真诚，才能以诚感人。演讲稿中应当含有丰富的例证。如果讲话中缺乏事例，或者事例失之真实，讲话就会索然无味，失去听众。

（5）讲究用语。演讲稿的语言运用，一要采用口语，二要讲究修辞。演讲是给人听的，要人听的，自然要先让人听得懂，这样才能叫人喜欢。而口语通俗易懂，活泼顺畅，富有人情味和美感，合乎人们的听觉习惯，这也是演讲语言最主要的特征。

讲究用语，除了特别强调运用口语外，还需要对口语作必要的加工提炼，去其粗俗、啰嗦的毛病，使之更加正确、规范。为了达到这一目的，在保持语言口语化的前提之下，应适当采用一些修辞手法，如比喻、排比、对比、反复等等。

（6）合理安排结构。一篇演讲稿的构成，通常包含开头、中间、结尾三个部分。安排结构，既要有整体的考虑，又要逐个部分具体研究。整体上，演讲稿应当反映演讲的条理，突出演讲的中心，显示演讲的节奏，使通篇有一种协调和谐感。

开头，包括称呼和引子。演讲者根据不同意图，有不同的开头方法。有时需要开宗明义，直指讲题，以适应听众一般的心理要求，使听众有必要的思想准备；有时只把问题提出来，以启发听众一起思考、讨论，增强他们的参与感，引发他们听讲的兴趣；有时着重渲染一下气氛，以形成通篇讲话的情感基调。

中间，也就是演讲稿的躯干。这一部分主要目的在于解决问题，说服听众。怎么写？除了要注意"对象"、"场合"、"中心"、"具体"等要求外，还要参照论说文的写法，采用递进式、分列式、比较式等结构法开展议论。当然，文章的写法多种多样，如分列中可包含着递进，递进中又可包含着比较。只要有利于说理，有利于听众接受，你就可以运用。

结尾，也称之为结束语。"编筐编篓，贵在收口。"演讲稿结尾的好坏，同样具有这种影响力。演讲稿的结尾，观点应切实明确，干脆有力。结尾常常有以下三种写法。

①概括总结。对全文论述要点进行归纳总结，有重申、强调自己的观点和加深听众印象的作用，写作时一定要照应全文。

②表明态度。如闻一多先生《最后一次演讲》的结尾："我们不怕死，我们有牺牲精神，我们随时像李先生一样，前脚跨入大门，后脚就不准备跨出大门了。"这种结语常常能震撼听众的心灵，有很大的感染力。

③提出希望和要求。这种结语常常能使听众在接受演讲者的观点之后，明确自己以后该做什么和如何去做。如周恩来《在鲁迅逝世十周年纪念会上的演说》的结语："……我们要有所恨，有所怒，有所爱，有所为。……人民的世纪到了，所以应该像他一样努力奋斗，团结一致，为人民服务而死。鲁迅

和闻一多，都是我们的榜样。"

此外，还有用富有哲理的格言警句或者诗歌来作结语的。

演讲前的心理调整

演讲前的心理调整，目的在于培养登台演讲的自信心。调整心理状态有三个步骤：一要熟悉讲稿；二要做好讲演练习；三要克服紧张情绪。

熟悉讲稿，并非像人们想象的那样死记硬背。逐字逐句地记诵总是弊多利少，甚至可能导致演讲失败。一心只背讲稿，老想着下一句是什么，紧张时就会"卡壳"。即便能从头背到尾，整个过程也会平淡无奇，因为演讲者根本没有心力照顾现场。

其实，通过认真、反复的思考去把握演讲的内容和讲稿的结构，才是最适当有效的方法。首先想想自己要讲的涉及几方面的问题，哪个问题是中心，演讲稿中先说什么，后说什么，哪里详，哪里略，心中要有讲稿的大体框架。其次，想想临场的情况，作些必要的设想。比如，现场发生了出乎意料的情况应该怎样应变，怎样一上台就控制场面，吸引听众。有经验的演讲者，常常要设计一个或几个开场白，供临场选用。

熟悉讲稿，认真思考，把演讲的准备工作推进了一步，紧接着便是讲练。许多著名演讲家都重视讲练。闻一多先生年轻的时候，登台演讲前，常常一个人开声练讲。

讲练也应有适当的方式方法。根据个人的情况，或不同的目的要求，不同的条件，可以自己一人单独预讲，也可以让几位朋友或有讲演经验的人当听众，请他们帮助你，指导你进行讲练。讲练过程，有的人重"讲"，有的人重"态势"，有的人把重点放在培养感情上面……

在完成写好讲稿、熟悉讲稿、适当讲练等准备工作的基础上，还得打一次心理上的攻坚——去除登台前焦虑紧张的情绪。这种紧张情绪大多数人都会有，而且也是一种正常的反应。但这种压力如果太强大，如果得不到缓解，势必严重威胁演讲的成功。

克服这种心理压力的有效方法如下。

（1）要有取得成功的强烈欲望，要想到自己肯定能成功。"情绪是控制情绪本身的重要手段"，我们应该用冷静乐观、无所畏惧一类"处方"来"医治"焦虑不安。这类处方中，"欲望"、"信念"、"优势"这三味"药"很重要。欲望就是要取得成功的意念。信念就是笃信自己要讲的思想观点是正确的，所用的材料是真实生动的。优势就是多想想自己独具的有利因素。

（2）不要太多关注个人得失。英国著名作家萧伯纳谈到自己如何从一个胆怯的人变成成功的演说家时说："我是以自己学会溜冰的方法来做的——我固执地一个劲地让自己出丑，直至我可以习以为常。"

（3）借助松弛法。如可以不断地告诉自己"放松，放松……"；或者活动活动身子，以缓解因紧张而僵硬的身体；或者深深吸气，再均匀而缓慢地吐出。

174

演讲艺术语言的借鉴

演讲中有时需要穿插朗读一些诗歌、散文和小说等文艺作品。这时演讲者如果能适当借用艺术语言中的一些特殊技巧，则能使演讲达到更好的效果。但必须注意要防止过于做作，否则会弄巧成拙。因为这毕竟不是在演戏，也不是在表演口技。一般可以弱化使用这些艺术语言的特殊技巧，只要能起到象征性的传神作用即可。

艺术语言常用的技巧有下面 8 种。

(1) 笑语

笑语是指用带笑的语气念出某些词语，它常用表示喜爱、欢乐、有趣和嘲讽的感情。

(2) 气声

气声是指压低嗓门，用带有气流的语气念出某些词语，它常用来表示紧张、惊异、自言自语和心理活动等感情。

(3) 泣诉

泣诉是指用带哭声的语气念出某些词语，它常用来表示悲伤和痛苦的感情。

(4) 颤音

颤音是指用颤抖的语气念出某些词语，它常用来表示害怕、悲愤和激动等感情。

(5) 拖腔

拖腔是指用拉长声调的方法来念某些词语，它常用来表示领悟、暗示、追忆和强调等感情。

(6) 顿音

顿音是指用断断续续的语调念出某些词语，它常用来表示惊慌和紧张等感情。

(7) 模拟

176

模拟是指模仿某种声音的方法，来念出某些词语或不同类型人物的语言。需要注意两点：

第一，对于各种物体呼声的模拟不可过分逼真。例如，对于鸡鸣马嘶、松声、喊声、爆炸声等，只要达到传神的目的即可。

第二，对于各种类型人物的语言，只需从语调和语速方面去加以区别，别的因素则无需过多去考虑。例如，一般朗读忠厚老实的人、心理迟钝的人、老人、病危的人等的说话，速度要慢一些；朗读聪明机警的人、年轻人、小孩、狡诈的人等说话声音要尖一些；朗读男人、忠厚老实人等的说话，声音要粗一些。

(8) 语音的弹性

语音的弹性是指声音对于所表达的流动着的、变化着思想感情的适应力，它能加强口语的感染力，给人以美的享受。语音弹性美的获得，要靠扎实的语音基本功训练，也要靠对演讲内容透彻的理解与感受。

语音的变化与控制源于感情的变化与控制，这样就形成了语音的弹性。情、声两个方面，情为主，声为辅，它们相辅相成。感情本身是流动的、变化的，这是由人的认识的无限性决定的。如果以一种固定的感情代替演讲的特定感情，就是感情的僵化，这种感情的僵化必然会导致语音的僵化、刻板，失去应有的弹性。我们应该坚持"以情托声"的原则，使语音富于弹性化，准确的表达演讲的思想内容。

语音的弹性色彩从对比中体现出来，语音的弹性训练也离不开对比的方法。下面通过对比来介绍几种语音弹性的要求。

①明与暗：表达开朗明快的感情，语音要明朗；表达悲哀、抑郁的感情，语音要阴暗。

②实与虚：实声是平时讲话的基本声音；而表现紧张、惊异、自言自语和心理活动时，压低嗓门，用带有气流的语音讲话，这就是虚声。

③刚与柔：表达激昂慷慨的感情，语音要刚强；表达温柔、亲切的感情，语音要柔和。

④粗与细：表达豪放的感情或性格粗犷者的话语，语音要粗厚；表达细腻的感情或性格纤细者的话语，语音要细薄。

⑤厚与薄：表达严肃、郑重的气氛，语音要厚实；表达轻松愉快的气氛，语音薄脆。

⑥前与后：模仿女人和小孩的语气，舌头向前抵；模仿男人和老人的语气，舌根向后缩。

⑦松与紧：表达激动、振奋的情绪，口腔应该紧张些；表达舒缓、松懈的口气，口腔应该松弛些。

⑧连与断：一般情况下，我们要求演讲吐字流畅，或如大江东去，或似潺潺流水；在情绪异常激动时，吐字要会断断续续，这种断是必要的，有助于感情的表现。

演讲者应具备的心理素质

演讲主体应该具备如下一些心理素质：

（1）要有自信心。自信心是一个演讲主体必须具备的心理素质。自信心强的演讲主体，不但能对听众产生较强的感染力，形成一种权威感，从而在演讲过程中处于"领导"地位，而且，更重要的在于能够有力地克服演讲中的一些消极心理。一般地说，自信心的强弱与演讲效果的好坏成正比例关系。

（2）要有热情。唐代诗人白居易在《与元九书》中说："感人心者，莫先乎情。"没有热情的演讲是无法感动听众的。一个生性冷淡、消极、厌世的人是不宜从事演讲活动的，即使是去演讲，也不会打动人。因此，演讲主体应该注意平时的自我修养，演讲时要尽量做到精神饱满、热情洋溢。因为，热情不但表现演讲主体对自己的理想、观点和主张的坚定信念，而且还能使听众产生共鸣，产生激情。

（3）要有应变能力。一个优秀的演讲主体在整个演讲过程中要善于应付千变万化的情况，能适应各式各样的环境。这就要求演讲主体思路敏捷，技能掌握全面，做到突发事件中不慌乱。

（4）要有豁达大度的性格。豁达大度的演讲主体往往容易与听众交融，建立良好的关系，使演讲获得成功。即使在听众发生骚动的情况下，也能泰然处之，化被动为主动。

演讲主体优秀心理素质的具备，离不开先天的禀赋。但是，更重要的是后天的学习和刻苦的锻炼。美国的梯姆·弗莱德里克斯一出生就患有先天愚型症。然而，他凭借着自己不懈的努力，不但成为一名自食其力的人，而且成为一个热心鼓励人们理解和关心残疾人的演说家。当今成功的演讲家中，有许多曾是被人认为"无演讲天才"、"不是搞演讲的材料"的人。

演讲者要克服的消极心理

演讲主体的消极心理是指演讲过程中呈现的演讲主体身上的某些不利于演讲活动开展的心理状态。常见的消极心理有以下几种。

（1）怯场心理。生理心理学认为，紧张是环境刺激与机体能力不平衡的结果，是机体不能适应环境的"情绪应激"行为。怯场常出现如下的生理反应：心率加快、血压升高、口干舌燥、双手出汗、喉头发紧、声音发颤、两腿发抖、头痛目眩等。"怯场"是演讲主体最大的敌人，因为怯场能使你精心准备的一切化为乌有，呈现在听众面前的只有一副尴尬相。"怯场"几乎是所有的演讲主体都要经历的，连大人物也不例外。美国前总统林肯是位非常有声望的演讲家。他承认自己演讲时，"也有一种畏惧、惶恐和忙乱"；古罗马最著名的演学说家西塞罗说："演讲一开始我就觉得面色苍白，四肢和整个心灵都有颤抖"；英国前首相丘吉尔是位老练机智的演讲家，他最初开口演讲时"心窝里似乎塞着一个几寸厚的冰疙瘩"。这些实例都表明怯场心理是演讲主体普遍存在的心理状态。

怯场心理产生的原因除了有生理方面的因素外，与演讲主体临场的心理因素也有直接的关系。具体分析有如下几种原因。

①陌生感引起的紧张。心理学的研究证明，大脑神经受到环境、事物的刺激，就会产生一种紧张消极抑制。演讲主体面对无数双眼睛，就会产生一种"孤独感"、"危机感"，并造成一种紧张的情绪，觉得周围一切都在为难自己。脑中出现一片空白。

②高期望值引起的紧张。登上讲台的演讲主体，一般来说，都是力争成功的，甚至想一鸣惊人。他们总是想使自己的演讲在每个细节上都很"完美"，但事实上这是不可能的。于是当演讲稍有不当的时候，他们的情绪就会一落千丈，甚至出现紧张的怯场心理。

③惧强感引起的紧张。演讲主体的惧强心理主要反映在两个方面：一是惧怕听众的水平超出自己，或者担心听众对自己的态度不够友好，于是顾虑重重，以致影响了演讲的正常发挥；二是怕在同行面前出丑，特别是当自己的演讲准备不够充分时，更是心情发慌，以致四肢和心灵都在颤抖。

分析了形成紧张怯场的原因，我们就可以对症下药，采取一些具体的方法来消除紧张。

首先，演讲主体应树立充分的自信。英国伟大的科学家法拉第不仅是电学的创始人之一，还是一个杰出的演讲家。他的精彩演讲常倾倒他的崇拜者。有人向他请教如何假定听众的水平，他直截了当地回答说："他们一无所知。"事实上，听众不可能"一无所知"，但有了这样一种自信，演讲主体不再为自己演讲内容和技巧担心，尽可能发挥出自己的最高水平。所以，"他们一无所知"成了演讲界的一句名言。另外，临场之际，多想想自己成功的事情，并迈着坚定的步伐走上讲台，精神饱满地说出第一句话，也会增强自信心。

其次，演讲主体要做好演讲的充分准备。充分的准备是建立信心的基础，也是消除紧张情绪的具体措施。这包括平时的准备和演讲前的准备。平时的准备即主动地寻找锻炼的机会。如尽量多在公开场合讲话或表演，使自己逐步习惯于作公开场合的讲话；也可主动地进行社交活动，接触各种各样的人，熟悉各式各样的社交场合，锻炼自己的能力和胆量。演讲前的准备，包括有一份几经推敲的演讲稿，做好开讲前的实战演习，了解听众与环境等等。常言说，有备无患，演讲同样也是如此。

最后，演讲主体要学会意念控制和注意转移。这就要求演讲主体能自主地控制和调节精神状态，尽量地把自己注意力引向其他事物，以便冲淡或忘记紧张情绪。如在自己演讲前先集中精力听别人演讲，暗暗地挑剔别人的漏洞；到了演讲现场有意识地坐在朋友、熟人身边；或者用提问的方式沟通与听众的心理；还可以利用道具吸引听众的注意力等等，这些都可以缓解紧张心理。

（2）害怕遗忘心理。害怕在演讲过程中忘词，这也是演讲主体的一种消极心理，在初学演讲时尤为多见。这种心理加重了演讲主体的负担，影响演讲能力的正常发挥。演讲主体往往还会产生越是怕遗忘越是容易遗忘的反常现象。害怕遗忘心理的产生，其原因有多种。如情绪紧张，准备不足，机械记忆，精神不集中等，克服这种心理现象的主要方法是改进记忆演讲稿的方法。凡是演讲中出现"卡壳"、忘词的人，其记忆方法，十有八九是死记硬背，机械地记忆。这种记忆方法，没有明白演讲中心，也不研究文字所表达的内涵，只是生吞活剥，照背照讲，一句话甚至几个字想不起来，演讲就无法进行下去。所以，演讲主体在记忆演讲稿时不应采取死记硬背的识记方法，而要靠意义识记，即在理解的基础上进行识记。美国前总统尼克松从政 40 多年，演讲无数次，从来不用提词机，奥秘就在于他对演讲稿的深入理解。每次重要演讲，他都要先花上一两个星期的时间阅读与自己的内容有关的书报杂志，并和下属、友人交换意见，全面了解和掌握有关的知识。然后再用几天时间提炼主题，至少写上三遍提纲，梳理好自己的思路，于是整篇讲稿就活灵活现印在他的脑中，演讲中一般不会出现"卡壳"。此外，演讲时演讲主体精神要集中，要避免各种干扰，全神贯注，努力增强演讲的记忆效果。

（3）"感情阻断"心理。是指演讲主体在演讲过程中不自觉地形成一种很强的"我是演讲者，你们是听众"的心理阻隔状态。这种心理状态，往往使演讲主体"忘记"听众的存在，甚至将自己置于听众的对立面，只注意自我活动，而忽视了与听众的感情交流。

"感情阻断"心理对演讲极为不利，必须努力加以克服。诚然，演讲的基本形式是演讲主体讲，听众听，演讲主体是整个演讲活动的主导者。然而，演讲活动主体和受体又必须双方沟通、相互作用才能收到实效。演讲主体既要"目中无人"，又要"心中有人"，时时刻刻不忘面前的听众。有经验的演讲主体总是千方百计地设法使自己所发出的信息撞击听众的心灵，能引起听众感情的共鸣。演讲主体只有将"感情阻断"变成感情交流，才能将自己的思想感情传播给听众，才能收到演讲的最佳效果。

演讲者要掌握听众的感知规律

感知是人的感觉和知觉的概称，是指客观事物直接作用于人的感觉器官而在人的头脑中的反映。感觉是人脑对客观事物的个别属性的反映，知觉则是人脑对客观事物的整体反映。感知是认识的开端，也是获得演讲成功的先导。

听众的感知规律是听众的感知程度与演讲效果成正比。演讲主体给予听众的感知信号越强烈，听众留下的印象与记忆就越深刻；反之则肤浅。因此，演讲主体应该努力研究和运用听众的感知规律，以提高演讲的效果。运用感知规律进行演讲，应做到下面几点。

（1）加强对比，以突出演讲主体，提高听众的感知效果。实践告诉我们，人的感觉器官在接受不同的刺激时感知会产生相应的变化。"万绿丛中一点红"，红显得比平常更鲜艳夺目；关闭高音喇叭，会感到特别的寂静；吃完苦药喝白开水，会感到有甜味……这就是对比的效应，根据这一效应原理，我们在演讲中应尽量增设各种反差，突出演讲主体，给听众以强烈印象，从而提高感知效果。譬如，演讲主体衣着色泽与讲台背景底色的反差，可刺激听众的视觉；演讲主体开场白的新颖独特，可刺激听众的听觉等，这些都可以引起听众的关注。

（2）联系听众已有的知识经验，加深听众对感知现象的理解。人们在感知客观事物时，总是依靠已有的知识和经验来帮助理解和判断。演讲是语言的艺术，听众的感知也总是借助语言来实现的。演讲主体选用语言愈是接近听众的社会生活和工作实际，愈是通俗易懂，愈为群众所领会，听众感知效果就愈为明显。因此，演讲主体的演讲内容的深浅要适合听众水平，注意应用听众原有的知识与经验去浅化道理，并且尽量追求语言的色彩感、音乐感、节奏感，以独特的具有魅力的语言去打动听众。

(3) 调动听众的各个感觉器官，强化听众的感知效果。感知是多种分析器官协同活动的结果，把一个事物的各种属性分别作用于人们不同的感觉器官，使听众各种分析器官参加活动，如眼看、手摸、耳听、口尝等。人的大脑皮层便会产生多通道的暂时神经关系，加强感知的效果。譬如，在演讲中辅以展示实物、放映录像等，这些都可以增强听众的感知度，提高演讲的效果。

(4) 提高听众的积极性，形成听众感知的自觉性。一个人对知觉事物有明确的目的、浓厚的兴趣和积极的态度，对感知的效果有直接地影响。凡是听众有需要，有兴趣的，他的感知活动就自觉、活跃。反之，则漫不经心，留不下感知的深刻印象。所以演讲主体要极力提高听众的兴趣，以真挚、热情、尊重的称呼打动听众；以演讲主体的风度给听众留下良好的"第一印象"等，促使听众积极自觉地去接受演讲主体输出的信息。

演讲者如何引起听众的注意

注意是意识对一定受体的指向和集中，由于演讲是一种复杂的心理活动过程，在这个过程中，主体和受体只有集中精力，专心致志，才能达到预期的效果。倘若演讲主体不能将听众的注意力吸引到演讲中来，那么听众对演讲的内容和技巧既没有感知，也不会产生积极思维，更留不下深刻的印象，演讲便会以失败而告终。要引起听众的注意，应做到下面几点。

（1）诱发和转移听众的无意注意。注意根据有无目的可分为有意注意和无意注意。有意注意往往是由无意注意引起的。譬如，听众对某个演讲兴趣并不是很浓，没有一种有意识的欣赏目的，然而无意间发现会标题醒目引人，或者演讲主体的某句话突然使他感兴趣，于是思想一下子便集中到演讲上来，并开始认真地听讲。根据这条规律，我们应当千方百计地诱发听众的无意注意，并使之转移到有意注意上来。引人的题目、离奇的故事、精辟的措辞、动人的声音等都是优秀演讲主体吸引听众无意注意的有效方法。

（2）促进听众的有意注意。有意注意是一种自觉的、有目的、需要有一定意志努力的注意。任何演讲主体都不能满足于引起听众的无意注意。心理学认为，如果老是相同的或者类似的信息成分进入听众意识的话，那么，大脑皮层的某些生理机能的规律会使注意暂时地自动中断。因此演讲主体在演讲的开头就要使用各种方法来引起和加强听众的有意注意。

影响听众注意集中的原因大致有四种：一是演讲内容重复，分量较少，缺少思想性、知识性、趣味性，没有吸引力；二是演讲时间较长，又缺乏新意，听众产生心理疲惫；三是演讲平淡乏味，听众思维进入抑制状态；四是外界其他刺激的干扰，分散了听众的注意。心理学的实验表明，人的注意集中只能保持短时间的稳定性，如果 15 分钟后没有新的刺激作用，注意就会分散转移。因此，演讲必须适时而有效地吸引与控制听众的注意。常运用的方法有以下几种。

①注视法——通过眼神交流，提醒个别注意力不集中的人，使对方在注目下惊觉，回到听讲中去。

②提问法——提出与演讲有关又有趣的问题，引起听众思考，使分散的注意又集中起来。

③转移法——穿插一个小故事、小幽默，使听众的精神在短暂调剂后再回到正题。

④赞赏法——表扬注意力集中、听讲认真的听众，使其他听众在榜样的感染下，增强自己的注意力。

演讲者如何增强听众的记忆

记忆是以识记、保持和再现方式对人的经验的反映。从信息加工观点看，记忆就是对输入信息的编码、储存和提取的过程。人不能没有记忆。乌申斯基曾形象地比喻说，如果没有记忆，就活像一个没有把货车捆扎结实的车夫，他只顾往前赶，头也不回，赶回家看时只剩下一辆空车。

所以，演讲者不能仅仅满足演讲现场中瞬间效应，而要认真地研究如何增强听众的记忆，即如何使听众有效地保持听讲的内容，其方法如下。

（1）首映效应。听众对第一印象特别敏感，特别深刻。第一印象的好坏决定了听众接下来听讲的兴趣、感知、理解和接受程度的大小。由此，我们不仅要以一个独特新颖的开头吸引听众，而且可以将演讲的核心观点放在开首亮相，给听众留下深刻的印象。

（2）近映效应。最后留给听众的信息印象也较深刻，这是后摄抑制的缘故。据此，演讲者要在画龙点睛之处突出演讲的重点和主题，给听众的记忆打上烙印，使听众对演讲内容保持较长时间。

（3）首尾效应。人们在记忆一系列材料时，前面对后面有干扰（前摄抑制），后面对前面也有干扰（后摄抑制），中间部分由于同时受前、后的影响，所以最容易遗忘。所以演讲主体需要注意两点：第一，不要将重要内容、核心观点放在中间；第二，倘若中间内容重要，需采取重复的方法，使听众反复识记，以巩固识记的效果。

（4）形象效应：具体的形象具有熟悉性、情感性，容易引起注意、联想，同时也不易遗忘。演讲者除了可使用一些实物和图片来加深听众的印象，还要注意少用种概念（指量广质浅的概念，如生产资料、生活资料、日用品等），多用属概念（指量少质深的概念，如插秧机、猪肉、茶杯等），以便给听众留下具体形象的印象。

形象素材的显示，还会引起听众充分的想象，从而可推动有意的记忆。譬如向听众介绍原子弹爆炸的情形和威力时，可以具体描述：原子弹爆炸时产生蘑菇形的烟雾直冲云霄；产生比普通爆炸强烈得多的声、光、热；伴有比强台风更猛烈的冲击波，其杀伤力特别大；美国 1945 年在日本广岛投下一颗原子弹使大批房屋倒塌，41 万人遭伤害，19 万人死亡。有了这样的具体素材，听众通过自己头脑的重新组合、分析，便可以想象出原子弹爆炸时那排山倒海的气势，并在记忆中留下难以磨灭的印象。

演讲者如何提高听众的兴趣

兴趣，是指对某种事物一种积极的认识倾向与情绪状态。根据兴趣的内容可分为物质的兴趣、社会的兴趣和精神的兴趣三种；根据兴趣的效能可分为消极兴趣和积极兴趣两种；根据兴趣的性质可分为直接兴趣和间接兴趣两种。当我们聆听一场出色的演讲时，就会在社会的兴趣、精神的兴趣方面获得满足，也能对演讲产生直接兴趣（对演讲过程本身的兴趣）和间接兴趣（对演讲结果的兴趣，包括知识视野的开拓，高尚情操的熏陶，演讲才能的提高等）。直接兴趣与间接兴趣结合起来，可以充分调动人的积极性与创造性，促进我们了解社会、掌握知识、发展智力，使我们为掌握感兴趣的受体而见诸行动，这就是带有稳定性的积极兴趣。

在演讲中我们怎样提高听众的兴趣呢？应从下面三个方面考虑。

（1）演讲题材的针对性。一个有经验的演讲者在演讲前一

定要作一番调查研究，尤其要了解听众对象是以哪个阶层的人为主的，文化程度如何，年龄结构如何等等，这样，才能了然于胸，有的放矢。

我们来分析一下爱国名将张学良在 1936 年 12 月 16 日的演讲吧。这一天是震惊中外的西安事变后的第四天，西安人民很想知道事变真相，于是张学良在西安革命公园召集万人民众大会，他面对市民讲述了这次事变的原委，表明"后谏"的目的不是要地盘，而是"替诸位打前锋"、"立于抗日战线的第一线"。由于他演讲的内容是老百姓所急切想知道的，演讲题材针对性强，语言朴实无华，受到了民众的热烈欢呼。

（2）演讲阐述的深刻性。听众感兴趣的演讲，总离不开"情"、"理"二字。成功的演讲能使人热血沸腾，达到演讲者的感情和听众的感情双向交流、互为影响的境地，一种发人深省、振聋发聩的效果，这就要靠理的阐发，理的升华。

有位演讲者阐述教育与民族振兴的关系，他首先概述了日本创造的经济奇迹，这个小小的岛国在第二次世界大战失败后，面对的是废墟、资源贫乏、人口密集和人均国民收入 20 个美元的现状。可是，这个小小的岛国在 1963 年赶上了英国，1964 年赶上了法国，1979 年又超过了前苏联，大有与世界经济大国——美国并驾齐驱之势，秘诀在哪里？

我国素以地大物博自居、自豪，可是和美、德、日比较我们至今脱不了"穷国"的帽子，穷在何处？

通过对比，提出了要深究的两个问题。演讲者引述了一些同志的天真的想法：买几套自动生产线，买几座大型钢厂，买几台高级电子计算机，现代化不就来了吗？演讲者认为这些做法是需要的，但不是切中肯綮的。他十分巧妙地引用了一句话，当有人问及一位著名的飞机设计师：什么机种是过时的？这位设计师的回答是：凡是天上飞的都是过时的。接着，演讲者又叙述了 1957 年第一颗人造卫星上天时，美国朝野震惊，他们从根本上找出原因，终于使阿波罗与联盟号在太空中平分秋色；如今，从卡拉维纳尔角腾空中而起的航天飞机又独占了鳌头。

演讲至此，很自然地回答了上面两个问题——日本的秘诀在于对知识坚持不懈的追求，把教育当成民族振兴的最主要手段。我们穷就穷在没有重视教育，没有重视通过教育加强对人的智力资源的开发。今天，为了迎接新技术革命的挑战，为了适应飞速发展的时代，必须重视教育，加强智力投资，我国的真正振兴、崛起，就在此一举了。

这样的阐述有理有据，由浅入深，是足以吸引听众的。

（3）演讲语言的幽默性。莎士比亚说过"幽默和风趣是智慧的闪现"。西塞罗也说过"笑话和幽默令人愉快，往往还是极为有用的。"在演讲中适当地发挥幽默的力量是很必要的。它可以帮助你消除和听众之间的紧张感、巧妙地解除窘境、委婉地表达自己的意见、善意地说服别人。

有许多人常在演讲开始时使用幽默，借以打开沉闷的局面，缩小演讲者与听众之间的距离。一个美国青年的开场白，运用了幽默的艺术："朋友们，我把自己出卖了一下，我叫德克，不过，我并不是德克萨斯州的人。"这风趣的开场白，一下子使他和听众融合在一起了。

演讲过程中使用幽默，更能使你的演讲情趣盎然，引人入胜。爱迪生在向公众讲述他小时候被列车管理员拽聋了耳朵，不无幽默地说："我真的谢谢那位先生，他终于使我清静下来，不用堵住耳朵搞实验了。"

演讲的兴趣性，来自内容的针对性、深刻性和语言的幽默性，平时在训练时，应注意培养这方面的能力，使演讲成为吸引听众心灵的磁石。

演讲者如何激发听众的情感

情感是指人的喜、怒、哀、乐等心理表现。情感是在社会实践中，在认识世界和改造世界的过程中产生和发展的。情感的表现，是伴随个人的立场、观点和生活经历而转移的。情感分肯定性情感和否定性情感，它们对于人的活动既可能有积极作用，也可能有消极的影响。肯定性的情感，能提高认识活动的积极性效果。如"信其所亲"就是如此，当然，如果偏爱某些事物，也会使我们对它的认识产生片面性。否定性的情感，对人的认识活动产生消极影响。反之，怒和恨又可以推动人更深刻地认识事物。所以，我们在演讲的时候，就应该"动之以情"，使听众与演讲者在情感上产生共鸣，爱演讲者的所爱，憎演讲者的所憎。

演讲口才中的逻辑规律

(1) 同一律

同一律是指在同一思维过程中，每一个思想自身总是保持同一的。所谓同一思维过程，即在同一时间、同一关系，对同一对象的思维过程。

任何正确的思想都是合乎同一律的。演讲中要遵守同一律，即要求人们在同一思维过程中，不论是使用概念，还是使用判断，都必须保持确定的内容，不能随意改变。只有这样，才能使演讲思路清晰，内容确定，使听众能够接受和把握。如果违反同一律，随意更换概念和判断的含义，就会使演讲陷入混乱，失去严密性和科学性。

所谓概念保持同一，就是同一思维过程中，必须保持概念内容不变，原来在某种意义上使用某个概念，就应该一直按照这个含义使用这一概念，不能随意改其含义，也不能混淆不同概念。违反这一要求，就要犯"混淆概念"或"偷换概念"的逻辑错误。

在演讲中出现混淆概念或偷换概念的逻辑错误，常常是由于在同一思维过程中，使用两个相同的语词表达两个不同的概念或把两个语言形式相近的概念混淆起来而造成的。例如、"群众是真正的英雄"、"我是群众"、"所以，我是英雄"。这里前后两个"群众"是相同的语词，却不是相同的概念，前者是集合概念，后者是非集合概念，含义是不同的。由于混淆概念，违反同一律，造成推理错误。又如"四人帮"一伙，故意把"经验"和"经验主义"这两个完全不同的概念等同起来，别有用心地把一大批有经验的老干部污蔑为"经验主义者。"

所谓判断必须保持同一，是指在运用判断进行推理、论证问题时，判断必须保持确定的意义，不能用另外的判断来代替它。违反这一要求，就要犯"转移论题"或"偷换论题"的逻辑错误。

转移论题又叫离题、跑题。演讲都要围绕论题展开论述，始终回答同一个问题,不能用另外的"题"来顶替所要讨论的"题"。演讲如果东拉西扯,漫无中心,或偷梁换柱,歪曲论题,使演讲的主题发生变化,那就要犯"转移论题"或"偷换论题"的逻辑错误。例如,无政府主义者曾经故意把马克思主义的一个重要论点——"人们的经济地位决定人们的意识"歪曲为"吃饭决定思想体系"。这就是故意偷换论题。

总之,"偷换概念"、"偷换论题"和"混淆概念"、"转移论题",从逻辑上讲没有区别,都是违反同一律关于概念、判断必须保持同一的要求。只是我们在揭露这种错误时,将无意之中违反这一要求的错误叫"混淆或转移",而将故意违反这一要求的诡辩叫"偷换"。

(2) 矛盾律

矛盾律又叫不矛盾律,是指在同一思维过程中,两个互相矛盾或互相反对的判断不能同真,必有一假。它要求人们在同一思维过程中,对此有矛盾关系或反对关系的判断,不能承认它们都是真的,如果承认一个是真的,必须承认另一个是假的。遵守这一规律就可以避免自相矛盾的错误,保持思维与语言的一致,保证思维与表达首尾一贯。如果违反矛盾律,在同一思维过程中,对一个对象既不能对问题作出科学的分析,更不能得出正确的结论。

演讲中违反矛盾律的逻辑错误,往往出现在对程度、范围、状态、存在、动作、性质、时间的判断中。例如:"在我们祖国悠久的历史上,历来是一个统一的国家,而分裂总是短暂的。"在同一思维过程,"出现分裂"与"历来统一"这一互相矛盾的判断同时被断定为真,就出现了自相矛盾的错误。

演讲中应用矛盾律是有条件的,指的是有同一思维过程中。如果在不同的时间、不同的条件下，对某一事物做出两个互相反对或互相矛盾的判断，就可能都是真的。例如"在战略上蔑视敌人，在战术上要重视敌人。"在这里"蔑视"和"重视"是针对事物的不同方面说的，没有违背矛盾律。又如"有的人死了，他还活着；有的人活着，他已经死了。"这是一种积极的修辞手法，并无逻辑矛盾。所以，判断是否自相矛盾，要从思维的角度看，而不要只看语言形式。

作为逻辑规律，矛盾排除的是思想的自相矛盾，而不排除客观事物本身包含的矛盾。在演讲中应用矛盾律揭露逻辑矛盾，一定要划清逻辑矛盾和客观事物固有矛盾的界限。前者只存在于人们的思维和表达中，后者则在客观世界中无时不有，无处不在。

(3) 排中律

排中律是使思维及语言表达具有明确性的一条规律。它是指在同一思维过程中，两个互相矛盾的判断不能同假，必有一真。它要求人们在同一思维或议论过程，必须在互相矛盾的两个判断中肯定一个，而不能两个都否定，也不能含糊其辞。遵守排中律，可以保证思维的明确性。如果违反排中律，承认两个互相矛盾的判断都为假或含含糊糊，骑墙居中，就会犯"模棱两不可"的逻辑错误，造成思维混乱。

排中律要求演讲要旗帜鲜明。演讲中常见的违反排中律的表现是，对事物无所断定或貌似有所确定，实则根本无所断定。例如："有人说《红高粱》是部优秀影片，有人说《红高粱》不是一部优秀影片，这两种观点我都不赞成。"这段话对两个互相矛盾的判断同时给以否定，貌似斩钉截铁，旗帜鲜明，实际上是根本无所断定。

在演讲中，要注意把矛盾律和排中律的适用范围区别开来。排中律只适用于两个矛盾的判断之间，而矛盾律既适用于两个互相矛盾的判断之间，也适用于两个互相反对的判断之间。例如，1972 年 5 月 12 日，基辛格就即将开始的美苏首脑会谈答记者问时，《纽约时报》记者提出发布会谈情况的"程序性问题"时说："到时，你是打算点点滴滴的宣布呢？还是来个倾盆大雨，成批地发表协定呢？"以思维敏捷著称的基辛格立即发现对方提出的是一个复杂问题，要他在"倾盆大雨"和"点点滴滴"这两个互相反对的判断之间承认一个是真的。他略为停顿一下，接着一字一字地说："我打算点点滴滴地发表成批声明。"在此，基辛格巧妙地运用两个互相反对的判断不适用排中律的逻辑知识，作出一个富有幽默感的回答，赢得了与会记者的一片笑声。

(4) 充足理由律

充足理由律是使思维和语言表达具有论证性的一条规律。它是指在同一思维和论证过程，一个思想被确定为真，总是有充足理由的。它要求人们在任何一个论证中，都必须为自己的诊断提供充足的理由。常言说，"要言之有理，持之以故"，实际上这就是充足理由律的要求。遵守充足理由律，演讲才能具有论证性的说服力。如毛泽东同志 1942 年 2 月 8 日在延安干部会议上作的题为《反对党八股》的演讲中，列出了党八股的八条罪状，而且对每一条罪状都进行充分的论证，很有说服力。请看其中一段话。

"党八股的第三条罪状是：无的放矢，不看对象。早几年，在延安城墙上，曾经看见过这样一个标语：'工人农民联合起来争取抗日胜利。'这个标语的意思并不坏，……'人'字呢？

在右边加了三撇。这位同志是古代文人学士的学生是无疑的了。可是他却要写在抗日时期延安这地方的墙壁上，就有些莫名其妙了。大概他的意思不要老百姓看，否则就很难得到解释。共产党员如果真想做宣传，就要看对象，就要想一想自己的文章、演说、写字是给什么人看，给什么人听的，否则就等于下决心不要人看，不要人听。"

在这段话中，"无的放矢，不看对象"是论断，也就是观点。下面就用事实和道理来论证这个观点，做到了言之有据，言之有理，令听众心悦诚服。

演讲中应用充足理由律的要求是：用作理由的判断必须真实；理由与推断之间要有必然的逻辑联系，能从理由必然地推出所要论证的论题。违反充足理由律，就要犯"虚假理由"或"推不出"的逻辑错误。

"虚假理由"是指用来论证推断的那些判断是假的或是不能成立的。"推不出"是指在论证过程中，尽管用作理由的判断也是真的，但与推断之间没有必然的逻辑联系，不能用它必然地推出所要论证的判断（论题）。

在印度电影《流浪者》中，法官判定扎卡一定是贼，其理由一不是以事实为依据，二是不以法律为准绳，而是以"贼的儿子一定是贼"为由。显然，这理由是虚假的，因而所作的判定、论证是不能成立的。

又如，有人的论证"火星上有生物"时说："因为火星上有许多条件和地球是相同的，那它们都围绕太阳自转，温度都不过高不过低，都有大气层包围，都有水。地球上有生物，足见火星上也有生物。"这个推断中的理由尽管都是真的，但这些理由只能推出"火星上可能有生物"的结论，而不能必然地推出"火星上有生物"的结论。论证者在此犯了"推不出"的逻辑错误。

　　同一律、矛盾律、排中律中保证思维确定性的规律，但各自的角度不同，侧重面不同。同一律从正面表述一个思想的自身同一；矛盾律和排中律是从反面对同一律进一步的表述；而充足理由律是对逻辑规律的总结性运用。我们在演讲中，不仅要做到不违反逻辑规律，而且要主动地揭露违反逻辑规律的错误，使演讲具有严密的逻辑性和雄辩的说服力。

演讲口才中的证明

　　（1）证明的概念。

　　所谓证明，就是立论。通俗点讲，就是设法正确论述自己的观点，说明它是正确的。从逻辑学的角度讲，证明是根据已知的一个或一系列真实判断来确定某一判断的真实性的思维形式，是演讲过程中经常使用的十分重要的思维形式。

　　证明可分为实践证明和逻辑证明两种。所谓实践证明，是指通过人的变革物质世界的积极活动，来检验一个思想与它所反映的事物是否一致；所谓逻辑证明是指借助于一些真实性已经确定的判断，再借助推理来确定另一个判断的真实性。

　　任何证明都是由论题、论据和论证方式三部分组成的。

　　①论题。就是需要通过证明确定其真实性的那个判断。我们演讲，目的在于表明自己的观点、主张，即表明赞成什么，反对什么。演讲中被证明的观点和主张就叫做论题。在语言教

学中叫做论点。

②论据。就是用来确定其真实性的那些依据，也就是演讲和所陈述的事实和道理。用作论据的材料，可以是已经证实的事实或数据，可以是经过实践证明的经典性言论，也可以是科学上的某些公理、原理和生活中尽人皆知的常理等等。在演讲中，论据的运用并不是愈多愈好，而应是以是否能说明论题的真实性为启用的标准，关键是选择得准确、典型、恰当，这样的论据才可信有力。

③论证方式。就是揭示论据和论题之间具有怎样的逻辑联系，也就是用论据来证实论题的过程。演讲者如果有了一个正确、鲜明的观点，又有了许多足以使人信服的事实和理论作依据，但假如没有一个恰当的从论据到论题的推演过程，仍然不能算是好的讲演，只能是观点和材料的大掺和。所以，一个完整的证明，必须是一个从论据到论题的推演过程，这个推演过程就是论证方式，论证总是借助于一个或一些推演形式来实现的。所以，也可以说，论证方式就是贯穿在整个证明过程中的各种推理形式的总和。

(2) 证明的种类。

根据证明不同的推理形式，证明可以分两类：演绎证明和归纳证明。

①演绎证明。是运用演绎推理所作的证明，即用一般原理来证明特殊事实的一种证明。在这种证明中，论据主要是一般性原理，论题是关于某种特殊事实的论断。

②归纳证明。是借助于归纳推理进行的证明，即用某种典型的关于特殊事实的判断来证明一般原理的一种证明。

根据证明的不同方法，证明又可分为直接证明和间接证明。

①直接证明。是从论据的真实直接推出论题的真实的一种证明方法。

例如，毛泽东在《关于正确处理人民内部矛盾的问题》中说："马克思主义是一种科学的真理，它是不怕批评的。"这就是用省略三段论的形式来进行的直接证明。其完整的形式是——论题：马克思主义是不怕批评的。

论据：马克思主义是一种科学真理，而所有的科学真理都是不怕批评的。

直接证明也可借助于演绎推理、归纳推理形式来进行。例如，前文所举演绎证明、归纳证明的实例都属于直接证明。

②间接证明。是通过证明反论题（与论题矛盾的判断）的虚假性，进而断定原论题的真实性的论证。间接证明的方法主要有两种：选言证法和反证法。

一是选言证法。将论题作为选言推理前提的一个选言支，运用否定肯定式确定其他选言支为假，从而确定论题为真的一种间接证明法。

在抗日战争时期，共产党领导的抗日根据地遭遇到极大的困难，面临着"散"和"斗"的抉择，毛泽东在一次干部动员大会上作了出色的演讲："饿死呢，解散呢，还是自己动手……"，"饿死是没有一个人赞成的，解散也是没有一个人赞成，还是自己动手吧——这就是我们的回答。"毛泽东的这段演讲就是运用选言证法，提出了"自己动手"的鲜明观点，并给以证明，给千万军民指明了前进的方向。

二是反证法。它是通过确定与论题相矛盾的反论题的虚假，然后根据排中律，由假推真，来证明论题的真实性的一种方法。

反证法的过程如下：

提出要证明的论题即原论题 A。

在悼念被国民党特务暗杀的李公朴先生的大会上，面对着混进会场嬉笑扰乱的特务分子，闻一多先生满腔悲愤，拍案而起，作了举世闻名的《最后一次演讲》，闻一多先生在讲演中怒斥道：

"特务们，你们想想，你们还有几天，你们完了，快完了？你们以为打伤几个，杀死几个，就可以了事，就可以把人民吓倒了吗？其实广大的人民是打不尽的，杀不完的，要是这样就可以的话，世界上早没有人了……"

闻一多先生的严词痛斥，迫使在场的特务不得不抱头鼠窜，这段演讲之所以具有如此强大的威慑力，原因之一就是闻一多先生在这篇即席讲演中运用了一个完整的反证法间接证明。这一证明的过程是这样的：

论题 A：广大的人民是打不尽杀不完的。

假设反论题非 A：广大的人民是打得尽杀得完的；

证明反论题假：如果广大的人民是打得尽杀得完的，那么世界上早没有人了；而事实上不是早没有人，所以广大人民打得尽杀得完这一论题是不能成立的。

根据排中律：否定非 A，则肯定 A；

所以，广大人民是打不尽杀不完的。

在演讲中，常常会运用反证法，反证法运用得好，说服力是很强的。但必须注意，运用反证法，反论题与原论题必须是矛盾关系，而不能是反对关系，因为具有反对关系的两个判断可以同时为假。

在实际思维过程中，作一个具体的论证，常常把以上四种证明方法结合起来使用，往往既运用演绎证明，又运用归纳证明，既运用直接证明，又运用间接证明。

（3）证明的规则。

论题必须明确。有些演讲者，一开讲便口若悬河，声势逼人，可是听了半天却不清楚他究竟说明什么问题，宣传什么道理，这样的演讲当然注定要失败的，其主要原因便是没有明确的论题。

论题是整个论证的"鹄的"。在演讲前，演讲者首先要在头脑中把论题明确下来，有了明确的论题，还必须用明确的语言把它表达出来。为避免歧义，在表达论题时，应尽量选用意义明确的语词，对于论题中关键性的概念在必要时还应加以扼要的界定说明。总之，论题是什么，自己要清楚、明白，对听众也应交代清楚明白。

论题在论证过程中应保持同一。在一个论证中，论题只能有一个，并且在整个论证过程中保持不变。

当演讲者阐述一个比较复杂的问题时，往往要提出许多论据，从各方面进行论证，这时切莫离开原论题，犯"转移论题"或"偷换论题"的逻辑错误。

论据必须是真实的，无可怀疑的。证明的过程是用论据的真实性来确定论题的真实性的过程，如果论据是不真实的（虚假的或其真实性有待证明的判断），那就无法用来论证论题的真实性。

我们演讲的目的，就是宣传自己的观点和主张。这就要求我们通过摆事实，讲道理来证明自己的观点和主张的正确，如果作为论据的那些事实或道理不是真实的，或其真实性尚待证明，那么，演讲者凭什么让人信服呢？

论据的真实性不能依靠论题的真实性来证明。如果论据的真实性要用论题来证明，那就是用一个真实性尚待证明的判断（论题）去证明另一个判断（论据）的真实性，就会犯"循环论证"的错误。

论据必须是论证论题的充足理由，论证过程必须合乎推理的原则。一篇演讲有了论题和论据，并不等于就是正确的，还要看论据能否推出论题。

演讲口才中的反驳

（1）反驳的概念：反驳是用已知为真的判断来确定某一判断的虚假性或某个论证不能成立的思维过程。

我们在证明一个论题的真实性时，常常是和批判虚假的论题相联系的。正如毛泽东指出的正确的东西总是在同错误的东西作斗争的过程中发展起来的。真的、善的、美的东西总是在同假的、恶的、丑的东西相比较而存在，相斗争而发展的。当我们证明了一个论题的真实，我们通常把这种证明自己论题的真实称为证明，而把证明对方论题的虚假称为反驳。所以，反驳也是一种证明。在演讲稿中常称证明为"立论"，称反驳为"驳论"。

（2）反驳的方法：反驳是驳斥别人论题的一种方法。而证明总是由论题、论据和论证方式组成的。因此，反驳也可从三个方面着手，即反驳论题，反驳论据和反驳论证方式。

①反驳论题和反驳论据：反驳论题就是证明对方的论题是虚假的，反驳论据就是证明对方论据是虚假的。反驳对方的论题和论据常用两种方法。

直接反驳。这种反驳方法是用事实或道理直接推翻对方的论题或论据。事实胜于雄辩，直接引用事实来反驳对方的论据和论题，是最常用也是最有力的反驳方法。

间接反驳。这种反驳方法是通过证明被反驳论题（或推理）是反论题的真实，然后根据矛盾律，证明对方的论题（或论据）是虚假的。例如，有这样一段演讲词：

"有的同志说：'实践固然是检验真理的标准，但马克思主义也应是检验真理的标准。'这种说法是不正确的。如同任何真理都不能由自己证明一样，马克思主义也不能自己证明自己；同时它也不能作检验别的真理的标准。例如，现代自然科学中许多原理是否是真理，难道不需要通过科学实践而由马克思主义的某一原理就可以证明的吗？难道可以用辩证的唯物主义的原理来判断高能物理学关于某种基本粒子的性质的判断和遗传工程学关于遗传密码的假设吗？如果马克思主义是检验真理的标准，那么阶级斗争、生产斗争和科学实验对于真理的检验就成了多余的了，人们无需参加实践一样可以证明真理，这岂不是把马克思主义认识论的基础也抽掉了。"

这里"马克思主义不能自己证明自己"、"马克思主义也不能作为检验别的真理的标准"和"马克思主义也应是检验真理的标准"是矛盾关系，根据矛盾律二者不能同真的理论，证明了前者真，也就证明了后者假，这就是间接反驳。

另一种间接反驳是用归谬法反驳论题。这种反驳的方法是：先由对方的论题推出一个结论来，而这个结论是与事理相违背的，是荒谬的，从而证明论题是错误的，不能成立。有这么一则笑话：

药剂师走进邻居一个书商铺子里，从书架上拿出一本书问书商："这本书有趣吗？""不知道，没读过。"书商回答，

"你怎么能卖你自己未读过的书呢?"药剂师反问,机灵的书商反唇相讥:"难道你把你药房内的药都尝一遍吗?"药剂师顿时哑口无言。

书商采用的就是归谬反驳,其反驳的步骤是这样的,先假定药剂师的话是对的,即一个书商不能卖连自己都没读过的书,并把这一论断当作充分条件假言判断的前件,由此引出后件;那么同理,一个药剂师也不能出售连自己都没有尝过的药。由于后件的荒谬是一目了然的,于是运用充分条件假言推理的否定后件式,推出前件的荒谬,于是药剂师的谬误充分暴露,从而被驳斥。

由于反驳论题和反驳论据都是为了证明它们(论题、论据)是假的,所以我们将反驳它们的方法放在一起论述,但二者在反驳中的作用是不一样的。因为驳倒了对方的论据,并不等于驳倒了对方的论题;驳倒了对方的论据,只能说明对方的论题没有得到论证。所以说,在反驳中,只反驳对方的论据是不够的,如果把反驳论题和反驳论据结合起来,那么反驳就会更加有力。

②反驳论证方式:就是证明对方的论据和论题之间没有必然的逻辑联系,由知识论据推不出论题来,即揭露对方证明中犯有"推不出"的逻辑错误。

例如,毛泽东在《论联合政府》中的"'破坏抗战,危害国家'是谁?"这一节里,指出:"真凭实据地破坏了中国人民的抗战和危害了中国人民的国家的,难道不是国民党政府吗?……但是国民党人却说:'共产党破坏抗战,危害国家'。唯一的证据,就是共产党联合了各界人民创造的英勇抗日的中国解放区。"显而易见,这个证据(即论据)和"共产党破坏抗战,危害国家"这个虚假论题两者之间毫无联系。这里,毛泽东同志运用揭露国民党所提出的论据和论题之间犯有"推不出"的逻辑错误，对国民党谬论进行有力的反驳。

以上介绍了反驳的两种方法，实际上这些方法往往是互相补充、互相结合使用的。

演讲口才中的修辞

（1）比喻

比喻就是打比方，通过具体的、浅显的、熟知的事物去说服或描写抽象的、深奥的、生疏的事物，使所谈的事物道理形象、生动，并富有感染力。如某人家孩子很顽皮，一天到晚爬上爬下，手脚不停，孩子的妈妈对别人说："我那个孩子太顽皮了，活像个猴子。"这里的"活像个猴子"就是比喻。因为"顽皮"是个抽象概念，孩子的妈妈怕听者难以理解意会，于是就利用猴子和她的孩子都生性活泼好动这一相似点，用猴子来比喻她的孩子。由于听话的见过猴子，所以就能想象得出她孩子顽皮的样子。上面的例子中，"猴子"这一喻体对听话人来说，是具体的、浅显的、熟知的，所以产生了很好的效果。

口语中的比喻有以下两种。

①人们想要说明一个比较抽象的概念或事物时，常常用一两句话来比喻。

如某厂领导春节期间去退休职工家拜年，关切地询问他们的生活情况，一个退休老工人说："改革开放这些年，我们百姓的日子可真是芝麻开花节节高，一年一个样啊！"芝麻开花节节高"这句话是个比喻，它形象地说明了老百姓的日子一年比一年好的事实，如果不用这个比喻，而说成"日子越过越好"也可以，但效果就差一些。

②人们想要说明一个复杂的问题或深刻的道理时，常常用一段话或一个故事来比喻。

如钱伟长教授在谈到教育工作、基础研究与经济、工业的关系时，讲了一个小故事：有个蠢人就餐，吃了三个馒头才饱，忽然恍然大悟，认为前两个馒头都无用，是第三个馒头使他饱的。此后就餐不先吃，等别人吃到第三个馒头时才吃，天长日久，自然患了营养不良症。钱教授用这个蠢人自作聪明的故事，说明了不重视教育和基础研究，经济和工业发展就会由于"营养不良"而"贫血"的道理。由于用了比喻，就既深入浅出，又诙谐幽默，令人忍俊不禁，心服口服。

(2) 夸张

"夸张"是对客观事物故意地作言过其实的渲染，因而它的感情色彩更强烈，运用得当表达的效果也会更好。例如，当你描绘某人又矮又瘦时，说他像根"干豆角"；当你向医生诉说你的病情时，你说你发高烧，全身像"炭火"一样发烫。果真人矮瘦得像干豆角吗？果真全身有炭火那样高的温度吗？显然是言过其实的。但这种言过其实不仅形象地表现了客观事物的情况，而且说话者自己的感染色彩也明显地表现出来了。听者对这样的语言是不可能不深受感染的。

合理地运用夸张技巧，一是便于揭示事物的本质；二是能加强谈话的感染力；三是能启发听众的想象力。正因为夸张技巧便于揭示事物的本质，听者才明知是言过其实却不以为是虚假的。前例中说某人矮瘦得像根"干豆角"，若不用夸张，直言其体重、身高多少，固然也能给听者一个数量级上的印象，但比起用"干豆角"这个具体形象的事物来描述，其感染力是大不相同的。它能使听者联想到干豆角的情状，并把这种情状与某人的矮瘦联系在一起进行想象。听者好奇，说话有诱发其好奇感，丰富其联想，也就当然能收到良好的效果。所以古人的分析也不是没有道理："俗人好奇，不奇言不用也。故誉人不增其美，则闻者不快其意；毁人不益其恶，则听者不惬于心。闻一增以为十，见百益以为千。"

当然，夸张虽然可以言过其实，但不是浮夸，不能哗众取宠，更不能无中生有，信口开河。它必须以客观事实为基础，必须反映客观事物的本质特征。它之所以言过其实而又不虚假，其奥妙就在于它突出了事物的某一部分性质，不似真实而又胜似真实。

另外，运用夸张技巧时要注意分寸，要让听者知道你在夸张而不是写实；不要单纯为了猎奇而强行夸张，如在汇报情况、介绍经验等场合就不能随意运用夸张。

(3) 排比和对偶

演讲中，运用排比和对偶的修辞方法，可以增强话语的节奏感和语势，如果能恰当地运用一些排比或对偶的句子，能大大地增强说话的力度。我们来看看马丁·路德·金于1963年8月28日在美国首都华盛顿黑人集会上发表的演说。

"这就是我们的希望。这就是我带回南方的信念。怀着这个信念，我们能够把绝望的大山凿成希望的磐石。

怀着这个信念，我们能够将我国种族不和的喧嚣变为一曲友爱的乐章。怀着这个信念，我们能够一同工作，一同祈祷，一同奋斗，一同入狱，一同为争取自由而斗争，因为我们知道我们终将获得自由。"

这样的排比句式，如江河奔腾，气势磅礴。既淋漓尽致地表达了演讲者的思想和感情，又增强了语言的韵律美和节奏感。这就是排比修辞技法在口语表达中的独特作用和奇妙效果。

对偶的句子也一样。对偶句内容凝练集中，结构整齐匀称，便于口语表达和记忆，人们是比较喜欢的。最著名的如毛泽东讲的"墙上芦苇，头重脚轻根底浅；山间竹笋，嘴尖皮厚腹中空"，"关心群众生活，注意工作方法"等，都是地道而上乘的对偶句，意深而语精，已长久地流传在人们的口头上。

使用排比和对偶，要求说话者具备丰富而深刻的思想，要对所讲的内容非常熟悉，要有较高的语言组织能力和概括能力。不然，勉强搜罗起来的排比或对偶，就会显出拼凑的痕迹，就会因为缺乏内在的联系而难以一气贯之。

(4) 设问

演讲者为了强调自己的某一观点，或者为了启发人们的思考，或者为了抓住对方的注意力，故意先提出一个问题，然后自己作出回答，这种无疑而问，自问自答的修辞方式就是设问。例如：

某公司经理从厅里开会回来，立即召开中层干部会议，传达会议精神。经理问："这次去厅里开会，会上给厅里几家大企业按资产、效益排了一下队，大家猜猜看，我们公司排第几位？"一个设问句，引起了与会者的浓厚兴趣，大家交头接耳，议论纷纷，然后又不约而同把目光集中到经理身上。经理说："我们公司排在倒数第二位。"与会干部面露惊讶之色，有人心理即刻产生了紧迫感。

(5) 反问

又叫反诘，是用疑问的形式表达肯定的意思，但它比一般的肯定感情更强烈，更具有说服力。

反问与设问不同的是，提出问题之后，既不要对方回答，也不用自己回答，是只问不答，因为答案已包含在问话之中了。比如，某厂厂长在全厂职工代表大会上谈到增产节约、增收节支问题时说："由于管理混乱而造成的惊人的浪费，难道还要继续下去吗？"这句话包含的意思是这样浪费再也不能继续下去了，由于用的是反问句，语气相当强烈，表示的态度相当坚决。

使用设问和反问要注意恰到好处。发问太多那样就会形成另一种形式的"单调"。好的问句不在多而在于用得巧妙。

（6）引证

就是在说话时引用别人的观点、语句等来证明或强化自己的意思，使所讲内容更加清楚、明白、正确。在说话、作报告或演讲时，如果准确、恰当地引用一些名人的言论或普遍流行的观点、传说以及典故、格言、谚语、成语等，会使所讲内容更加清楚明白，多姿多彩，令人信服。请看范曾演讲时的一段话：

"我在艺术上也经历过苦闷的时节，我总是每一阶段订出一个努力的方向，因为我知道艺术的生命在于不断地创造；当我'上下求索'的时候，我就是在寻找克服困难、继续前进的道路。有时确有'山重水复疑无路'的感觉，这时切莫悲观切莫松劲，胜利往往在最后的坚持。当我在某一领域有所突破的时候，那就是'柳暗花明又一村'的境界来临了。"

这段话，两处引用古典诗词中的名句，简捷明快地说明问题，并使讲话活泼生动，引人深思。

（7）转述

从口语表达的角度讲转述就是把别人的话加以变化，形成自己的话说出来。当我们需要引用某一个已经成熟的观点或需要介绍某一部著作的内容时，就要用到这种方法。例如曲啸的演讲：

"我记得杜勒斯临死前曾说过，他要用管乐吹垮共产党的第三代，改变我们前进的路标。我说，杜勒斯先生，你的预言落空了。"

前边提到杜勒斯的话，就是用转述的方法。转述是我们平时运用得很多，效果也是很好的一种方式，甚至可以这样说，离开转述，很难形成自己的观点或组织起一篇讲话。因为转述不仅是一个修辞的技巧，而且也有启发思想，丰富谈资的作用。

(8) 反复

是指为了增强语言表达的效果，让同一语言重复地出现。演讲时使用反复能渲染感情，突出要点。反复分两种，一种是隔离反复，另一种是连续反复。隔离反复，如《美国的奴隶制》中写道：

"……我们需要的不是光，而是火；不是毛毛雨，而是大雷雨。我们需要暴风雨、需要旋风、需要地震。"

间隔使用了两个"不是……，而是……"，起了强调作用，表达了演讲者鲜明而强烈的感情。连续反复，如马相伯在第七次国难广播中这样开头："诸位，时间不早了，醒一醒！醒一醒！"这两个"醒一醒"是连续反复，渲染了中华民族濒临危亡的紧迫感，催人奋起。

(9) 层递

它是指在语言表达中根据不同内容的不同组织层次，有顺序地一层一层地表达意思。或由少到多，或由轻到重，或由小到大，或由远到近。其效果是层层推进，步步相连。如《美国的奴隶制》中写道："美国背叛了过去，背叛了现在，并且庄严地发誓要背叛未来。"这种层递手法的运用对于加强语气、强化感情、刺激听众起了巨大作用。

（10）文白

谈话、演讲应以"白话"即现代口语为主，但有时为了特殊的用意和表达效果，也不防在白话中偶用一些文言词句，即所谓"文白夹杂"。范曾的演讲《扬起生命的风帆》就多处引用了文言词句，我们看其中的几句：

"新时代全面发展的人才，还应该身心健康，开朗乐观，生机勃勃……老实说，我不太欣赏年仅弱冠而老气横秋的所谓少年老成；我更不欣赏唯唯诺诺、优柔寡断的谦谦君子。"

"弱冠"、"谦谦君子"等都是文言词汇，它们和"白话"掺杂在一起，明确地表达了思想，而且给人一种文雅、简练的感觉，效果是不错的。

在口语表达中，使用文言不宜过多，所运用的文言语句最好是能使大多数人听懂的、理解的、常见的或普遍流行而有固定意义的词汇，这样才能起到表情达意而又生波澜的作用。

（11）降用

就是在口语表达时出于某种需要，故意把一些分量"重"的词语降作一般词语来用。这种技法有助于突出事物的特点，能使语言产生诙谐幽默的效果。毛泽东说过这样一段说：

"拿洗脸作比方，我们每天都要洗脸，许多人不只洗一次，洗完之后还要拿镜子照一照，要调查研究一番，生怕有什么不妥当的地方。你们看，这是何等地有责任心呀！我们写文章做演说只要像洗脸这样负责，就差不多了。"

把"调查研究"这样重要严肃的事情降用在"洗脸"要"照镜子"这样司空见惯的小事上来，通俗、亲切，使语言变得幽默风趣，且使人受到启迪。运用"降用"应对所谈内容十分熟悉，全面把握而又要富于想象和联想，在对所谈的问题还未彻底弄通的情况，最好不要轻易"降用"。

演讲中的语言运用

（1）语言运用准确

语言是人类最重要的交际工具。语音是语言的物质外壳。语言的交际功能是通过代表一定意义的声音来实现的。语音只有结合为词语才能表达意义，这种代表一定意义的声音就是语音。可见，只有当声音和人类思维（逻辑思维、形象思维）结合起来形成思想的直接表现，或者说成为思维的物质外壳时，才是语音。所以语音本质上是社会现象，但它还有自身的生理基础，并且具有一系列的物理属性。了解自己语言的语音系统，准确地把握发音是十分必要的。这就要求演讲者掌握好音节和声韵谐调、音变和变调、吐字和归音等方面的知识和技巧。下面谈谈方言的运用。

方言是全民语言的分支，是全民语言的地位变体，是某一地区的人们所使用的语言。汉语有八个方言区。演讲当然应该用普通话，因为普通话是我们民族共同语，推广普通话也是演讲人员义不容辞的责任。

那么，在演讲中能不能运用方言呢？

在说这个问题前，先要有一个认识，即普通话是以北方方言为基础的，同时也从其他方言中吸收了大量的词汇，如吴方言中的"成功"、"亭子间"、"老板"、"瘪三"等等都已被吸收进了普通话。毛泽东同志在《反对党八股》的演讲中说："主要的和首先的任务，是把那些又长又臭的懒婆娘的裹脚，赶快扔到垃圾桶里去。"其中"婆娘"、"垃圾桶"原先都是方言词，毛主席用得非常贴切、形象，可见进入普通话的方言词是经过规范化的词语，理所当然的可以使用。至于没有进入规范圈的方言词语，在演讲中就不能随意使用，如表示极好的意思，上海话说"顶脱勒"，北京土话说"没台了"或"盖了帽了"，像这样的方言词语一般不应该在演讲中出现。

一般来说，正式场合演讲都要说普通话，如果面对来自五湖四海的听众，就更要用普通话演讲了。但是推广普通话并不是要消灭方言，在特殊的情况下用方言演讲也是必要的。例如在南方比较偏僻的农村里，文化程度低的中年农民，可能听不懂普通话，以这些人为宣传对象的演讲，为了取得良好的效果，可以而且应该用他们听得懂的方言。孙中山先生在美国檀香山演说，听众多为广东华侨，他有时也用广东方言来说，这样使听众更强烈的感受到乡音的亲切。

有时候出于沟通感情的需要，在演讲时偶尔插用方言，外地同志来上海演讲，讲完一个精彩段落，听众热情鼓掌，他用上海方言说："谢谢侬！"好像这一句话使他成了半个上海人一样亲切起来。

有时候偶尔插一句方言，是出于语言幽默的需要。有人以《勤俭节约的原则是永久牌的》为题发表演说，讲到不但要勤俭治国，也要勤俭治家时，插进一句上海方言说："迪格人邪气把家啦"，使站台下听众会心地笑起来。

总之，为了提高演讲的效果，在受众（听众）允许的情况下，也可以使用方言。

(2) 说话要流利

说话流利是演讲成功的必要条件之一。它是指演讲者用语吐字流畅明快，连贯自然，犹如淙淙的溪流一样，不凝滞，不受阻，顺畅自如。要达到这一点，可以从三个方面做起。

①语流通畅。人们在演讲时，发出一连串的音素或音节，形成语流。这种语流是我们听到的有声语言，演讲者语流通畅，演讲"琅琅上口"，才能使听众"盈盈入耳"。

演讲要做到语流通畅，就应该避免以下情况：

a.不能结结巴巴，丢三掉四。演讲时语句序列的安排，在结构上要合乎语法规则，在语义上要符合逻辑事理，在语法上要遵照约定俗成的语言习惯。否则就会造成序列不妥的毛病。

b.尽量不用长句。所谓长句是指形体长、词语多、结构复杂的句子。这种句子在政治、科技的书面语中出现较多。演讲语言运用长句，不但讲起来费劲，而且听者也很累，不能让人一听就了解意义重点所在。

②语法规范。演讲语言的规范化是指"以现代白话文的语法为规范。"

语法不是语言学家主观规定的，而是从具体的语言现象里归纳总结出现的，因此它有不容置疑的权威性。演讲不应该使用冷僻词语，更不能生造词语，否则，受众就无法听懂。所以，演讲语言一定要符合语法规范。语法规范也是语言流利的必要条件。

③语词通俗。演讲必须考虑要让人听懂。懂，才能拥有群众。否则，既空耗了演讲人的心血，又浪费了听众的时间。要想让人听懂，演讲者就必须做到语词通俗易懂。具体地讲，应

该做到口语化，少用书面语；现代化，少用古语；大众化，少用专业术语。

为了做到语词通俗，还可采用比喻、借代、谚语、歇后语等修辞手法，以达到最佳表达效果。语言流利并不单单是语句问题，还涉及到思维的问题，一个演讲者逻辑思维混乱，他所用的语言，也肯定是混乱的。车尔尼雪夫斯基说过，思维不清，则语言不明，表达上的不确切和含混，只能说明思维混乱。此外，演讲时感情表达应有波澜起伏，但不能是三弯两折，跳跃太大，否则语言的通畅也受影响。还有演讲语言的语段之间的关系上要下工夫，使前后浑然一体，符合语法结构和逻辑关系。语流容易受阻的地方，往往是语段与语段的连接部分，从表达技巧的角度来看，注意疏通连续部分，就可以使整个演讲语言流利通畅。

(3) 语气运用

语气是说话的口气。演讲的语气是指演讲者口语中体现的立场、态度、政治倾向、个性特色以及思想感情起伏变化的语音形式，是思想感情、词句篇章和语音形式的结合体，是语言行进过程中的动态形式。有了恰当的语气，才能使讲出的一连串的声音符号，生动地反映出演讲者的立场、态度和此时此地的心境、情绪；有了恰当的语气，才能使演讲具有形象色彩、感染色彩、理性色彩、语体色彩、风格色彩；有了恰当的语气，才能提高语言的魅力，才能调动听众的情绪，从而引起感情上的共鸣，更好地接受演讲的思想。有些演讲之所以不受欢迎，其重要原因之一，是由于演讲者不善于使用语气，从他们口中吐出的词句，好像是一串串机械的僵硬的声音，没有血肉，没有色彩，没有生机，反映不出演讲者对听众、对生活、对演讲内容应有的真诚的态度和炽热的感情，因而就很难拨动人们的心弦。

语气是一个综合性的概念和综合性的表达技巧，也是高级的表达技巧。因此，全面认识和把握演讲中的语气至关重要。对于演讲的语气，应着重把握以下几点。

①语气的综合性。语气是思想感情、词句篇章、语音形式三者的综合。思想感情既要由词句篇章来负载，又必须通过语调、语势等语音形式来传达。因此，在口头表达中，语音形式就是思想感情、词句篇章的体现。但在演讲中，演讲者有时不能够使语言形式恰当地反映出思想感情和词句篇章的特色，或者有情无声，或者有声无情，这就会影响演讲的效果，因此，要通过练习努力达到三者的协调。在语气的声音形式中既有声调问题，也有句调或语调问题，还有语势的问题。声调指的是每个音节的四声，句调或语调原则上指的是以单句或复句为单位并体现一定语气的语音形式，而语势则是指在段落或篇章中体现出来的语调发展的趋向和态势。这些就是语气的综合形式。

语气的综合性，还表现在需要各种口语表达技巧的配合使用。恰当的语气首先要服从内容和语句表达方式的需要，还要把咬字、吐词、重音、轻声、停顿连续、节奏等技巧配合协调起来，进行综合性处理，使之产生整体效应。

②语气的多样性。语气的多样性是语言丰富性的反映，也是人们语言能力强的一种表现。对演讲来说，只有语言能力强的人才能以丰富多样的语气恰当地表达丰富的思想感情和复杂的内容，使两者彼此协调、和谐一致。而语言能力弱的人，则容易造成两者有脱节，使表达显得贫乏、机械。

由于语气的多样性和丰富性，语气的分类方法也比较多。

216

从演讲者与听众的关系来看，有上下关系与平行关系，还有亲疏关系，爱憎关系等等。对于不同的上下关系，就有上对下、下对上或平行语气。由于亲疏、爱憎关系的不同，表现在语气的差异也很大。这些往往又是演讲语气的基调。有些人由于缺乏交际的意识，说话的语气、口吻不对，这也是演讲不得体的一种重要原因。

从语言运用的基本单位语句来看，有陈述句、疑问句、感叹句、祈使句四个大类，因而也就有陈述、疑问、感叹、祈使语气，表现在语调上有平直调、上扬调、变曲调、下降调等基本类型。当然这四种语调并不能反映各种语句的复杂性，也并不总是和上述四种句型形成互相对应的规律，其中交错的情况很多，这只是一种基本的简便的分类方法。

从语言的语法结构关系、逻辑关系、修辞现象来看，语气分类也很多。例如在表述具有并列关系、顺承关系、解说关系、选择关系、递进关系、转折关系、条件关系、假设关系、因果关系、目的关系等思想内容时，语气就会有平转急缓，张弛高低的差异。对经过修辞的语言，又有修辞的不同美感色彩的分类。

从演讲的表达方式来看，有叙述、描写、抒情、议论、说服等不同语气。

从演讲的心境和语言的思想感情内容来分，有爱与憎、悲与喜、忧与惧、怒与和、惊与定、崇敬与鄙视、热情与冷漠、需要与舍弃、急切与平缓等很多一般具有朴素形态的语气形式。心理学认为，情感还有高级的形态。即美感、道德感、理智感。因此，语气也就还有体现这类高级情感的形态。上述这些情感形态的语音形式应如何表现，则需要凭借演讲者各自的情感体验与演讲经验来实现。

③语气的行进性和交错性。一篇演讲稿，固然具有某种相对稳定的基本语气形态，但在演讲过程中，具体的语气又要随着演讲内容的发展而发展，依着演讲的情绪的变化而变化。这样，演讲中的具体语气也就必然呈现出交错状态。例如闻一多《最后一次演讲》整篇的基调是愤怒、激越的，但其中既渗透着对敌人的刻骨仇恨和轻蔑，又饱含对李公仆先生及其家属的强烈的挚爱，还有对正直青年的期望，对未来光明的期待和追求。这是与复杂情感相适应的行进的交错的语气形式。

(4) 把握声情结合技巧

演讲是一种充满感情的语言表达艺术。声情并茂，是它的感染力所在，如何把握"声"与"情"的结合，也是演讲的重要技巧。这里所说的"声"不只是指字间的声调，而是指附加在语音上的一种色彩，包括音量控制、轻重、起伏、顿挫、舒缓、沉实、清脆、宽厚、高昂等韵律手段。具有感情的语音附加色彩，一般可分为三种类型：艺术型、学者型、平易型。艺术型是指演讲者语音条件好，形体训练有素，在语音色彩方面可达到收发自如的境界，音量、强度、韵律与感情共鸣，有较高的艺术效果，显示出艺术家的风度。学者型则不太注意语音的艺术色彩，而讲究字音清晰和音度平衡，沉实舒缓，音量得当，能表现演讲内容的学术严肃性，具有学者的风度。平易型以个人语音的自然本色为基调，演讲如同谈天一样平易亲切，在语音处理时，没有特别的夸张，也不去故意地抑制，从音量控制到韵律的调节，完全与自然语言一致，显示出平易的色彩。

有的演讲者以为，放大音量就能表现出鲜明的感情。也有的人以为咬字吐音模仿舞台独白可以突出感情，这些都是片面的，实际上反而损害了真实情感的表达。

演讲中有声语言的运用技巧

演讲首先是一种听觉艺术。有声语言，是演讲者与听众交流信息最主要的工具和最重要的渠道。

经验证明，众多演讲者在研究演讲术的时候，常常把精力放在声音——有声语言的表达技巧上，这是很有道理的。

(1) 用声的技巧

用声的技巧，主要是解决发声和保护嗓音两个问题。

关于发声，要做到：

①发音准确，吐词清楚。我们所说的发音准确、吐词清楚，都以普通话为规范。平时要多听，听中央人民广播电台的广播，听话剧，听电影演员的对白等。平时还要多说多练，加强各种发音器官的操练，尤以舌头、唇齿、口腔、口型的操练为重。

②音量音高，恰当适度。有经验的演讲者都会明白，音量的大声及音调的高低是否恰当适度，影响着表情达意的准确程度，左右着听众的听觉感受、精神状态，甚至关系到整个演讲的成败。缺乏经验的演讲者在这方面往往认识不足，有人气如牛，声如雷；又有人有气力，声音出不来；还有人忽而大声，忽而小声，一下提高声调，一下压低嗓音，让人弄不清他的用意。调整音量音高一般有以下原则：a.视听众人数和会场环境

而定。b.以情带声，什么样的思想感情，用什么样的音量音高。c.配合停顿、重音、节奏等表达技巧。d.使用真声，不用假声。在演讲中，可采用如下方法保持嗓音：

①借助共鸣，放大与美化声音。要使声音清亮、圆润、美好、耐听，就必须借助于共鸣腔的作用，以减轻声带的负担，保持优美的音色。共鸣腔有喉腔、咽腔、口腔、鼻腔、胸腔等等，要正确运用共鸣腔，需长期认真的锻炼。

②发挥多种表达技巧的作用，使声音有劳有逸。比如，使用手势、眼神帮着说话；正确地运用停顿；变化语调节奏，省气省声。

③喝水润喉。长时间的演讲报告会，一般都会口干舌燥，声音发紧。这时喝喝水，可以缓解这种情况。喝水时应注意不要过烫、过冷、过量。

(2) 使用停顿与重音的技巧

在讲话过程中，应该有停有顿、有轻有重，这些在演讲中都是有讲究的。

停顿在讲话过程中的作用：一是保证语言清楚，不使听众发生误会；二是突出重点，加深印象；三是给听众思考的时间；四是显示演讲节奏；五是调整会场秩序，活跃气氛。

处理停顿的方法主要有：

①语法停顿。即根据一句话的语法结构安排停顿。分清主、谓、宾，是短句而语意确定的一口气说完后停顿；是长句的，不宜一口气说出，应在说出主语之后略停顿，再往下说，应以明确语意为前提；以句子成分为依据，只要是说出的语意比较明白的地方，便可酌情停顿。

②逻辑停顿。应以语法停顿为基础，按照语言的逻辑关

系，配合重音的运用，从讲话者的意图，以及当时的情绪出发，确定停顿和停顿的时间。

③心理停顿。以讲者与听者的心理活动为依据。例如林肯，他往往在说出重要意思之前突然收住声音，用眼睛扫视他的听众，待到惊奇的听众都静静地注视着他时，他才接着说出他的意思。

重音，有突出强调的意思。说重音，一般的方法，多是加重气力，放大声音，将需要强调、突出的意思和感情说出。比如，表达感情重音时，若是表达一种兴奋、活泼、明快的情绪，可提高声音，加重气力，把话说得响亮有力；若是表示一种肃穆、悲哀、阴郁的情绪，则压抑气息，用幽沉、含有一定力度的低音去表达。

(3) 变化语调，处理节奏的技巧

语调，就是说声音或高或低、或升或降、或曲或直的抑扬起伏变化。节奏，是一定数量的音节，按着说话声音高低、强弱、快慢和顿歇之间的关系，作有规律的交替和反复，从而形成强弱、快慢、紧张或松弛的变化。二者都是有声语言重要的表达技巧，他们和停顿、重音配合运用，不但可以把话说得清楚明白，还可以把话说得更富有感情色彩，整个演讲可能因此而收到"声情并茂"的效果。

语调，除了上升调、下降调、平直调和弯曲调外，说话中还有一种口气语调。上升调，声音处理上是由低至高，一般用来表示惊讶、反问、设问、鼓动、命令等。下降调，声音处理上由高至低，常用来表示自信、祈使和话语结束等。平直调，声音处理上比较平稳，从头至尾几乎一般高低，少变化，常用来说明、解释，或表示庄重、严肃、冷漠等情绪。弯曲调，声

音前升后降中间高，或先降后升两头高，多用来表示感叹、讽刺、愤慨、思索、幽默、意在言外等等。口气语调，指的是说话的口吻或口气，这种语调表现着说话人的态度感情。

对于节奏，具体的处理方法主要有：

①重要的内容，节奏可慢而有力；有趣的内容，节奏可活泼轻快些；批判性的内容，可采用急促、有力、多变的节奏以增加气氛、力量；抒发怀念、热爱的感情和赞颂性内容，节奏可由轻、缓而至重、快，或由重、快而至轻、缓的变化。

②对年轻人讲话，节奏一般宜轻快、强劲。因为青年人思维活跃，反应敏捷，心理上追求一种"劲"的美；对老年人讲话，节奏应当比较舒缓、轻松一些，如果节奏太快，他们会感到神经十分紧张，难以适应。

语调、节奏的处理，应当灵活多变，忌讳单调重复。一旦单调重复，演讲很可能变成摇篮曲或催眠曲，听着叫人昏昏欲睡。

222

演讲中无声语言的运用技巧

演讲是一种听觉艺术，也是一种视觉艺术。在演讲过程中，一方面，听众用耳朵听话，也用眼睛"听话"；另一方面，演讲者为了更好地表达自己的思想感情，在诉诸听众听觉的同时，也要诉诸听众视觉，因为言有不尽意之时，一些微妙的思想感情，有时难为语言所尽传。这时，用一颦一笑，一个眼色，一个手势来表示，方便而活泼得多，甚至可能收到"此时无声胜有声"的理想效果。有经验的演讲者，总是把诉诸听觉和诉诸视觉的手段有机、巧妙地结合起来，让听众于耳闻目睹中更好地接受自己的观点。

无声语言是演讲的又一重要艺术技巧。这种技巧，归纳起来，主要有：建立良好的第一印象；让眼睛说话；使用态势和听众交流；用笑声密切和听众的关系；适当采用辅助性工具增加说服力和形象性。

(1) 以风采吸引人

心理学中有一个"首因效应"，也就是说一个人给别人的第一印象，常常影响别人的感情、兴趣与注意力，影响着别人是否愿意同他作进一步的交流。因此，演讲者不可不重视他给听众的第一印象，第一印象是演讲者与听众沟通的第一座桥梁和最早的无声交流。

为了让听众第一眼就有一个良好的印象，演讲者首先应该讲究个人风采。风采是一个人外在穿着打扮与内在精神气质的综合指数。这个问题牵涉到个人的审美观。爱美之心人皆有之，可是什么是美，怎样才算美，人们的看法就不尽相同。张三认为新鲜奇异就美，这样才能赶时髦；李四认为自然朴实就是美，这样才现实庄重。在现实生活中，人们可能对穿着、发型、眼镜的要求五花八门，但从演讲的特定要求上说，是有一定标准的。这标准就是穿着整洁、舒适、色彩协调，而且适合自己的体型、肤色、身份、年龄与场合；头发长短适中，经过梳理，发型不怪异；眼镜不异样，能与脸型配合协调，有助于形象美，给人一种舒服的感觉。这是演讲者自爱和尊重听众的具体体现，也是增强自信心、获得听众信任的必然要求。演讲者的穿着打扮还能够衬托出演讲者的精神气质。演讲者的精神气质除了穿着打扮外，更体现在其临场精神状态上。一位演讲者，当他出现在听众面前的时候，是充满活力，自信从容，还是无精打采，胆小心慌，都有力地左右着听众的第一印象。

(2) 让眼睛"说话"

眼睛是"心灵的窗户"，眼神的奇妙变化倾诉着一个人微妙的心曲，它是会"说话"的。在演讲中，让眼睛说话，就需要注意以下几点。

①以明亮有神、热情友善、充满智慧的眼神，向听众表明你的坦诚、灵活、自信和修养，获得良好的第一印象。

②用眼神的变化表达自己内在的丰富感情。比如，讲到兴奋的时候，睁大眼睛，让它散发出兴奋的光芒；讲到哀伤处，眼皮下垂，或让眼睛呆滞一会儿，以渲染哀伤的情绪；讲到愤怒时，瞪大眼睛，怒视前方，让其充满着逼人的神色……总之，什么样的思想感情，就应当配以什么样的眼神。

③三种视线交替使用。三种视线指环顾的、专注的、模糊的。环顾的视线，可以照顾全场，关心每一位听众，增强听众的"参与感"，表明演讲者是同所有听众交谈；专注的视线，就如同进行"典型调查"，把准听众的心理，可以用来启发引导听众，或者赞扬、鼓励听众，或者制止个别听众的骚动，调整、控制会场；模糊不清的视线，可以向听众表明演讲者在认真思考，加强话语的价值，也可以借此作为视线变化的过渡，稳定自己激动的情绪，同时向听众表明自己有较好的经验与修养。

(3) 使用态势语

用态势来传情达意，被称为"态势语"、"身体语言"或

"形体语言"。这种语言的意义、感情由演讲者的姿态、手势、面部表情以及形体动作的活动变化产生，能通过听众的视觉感受而被理解。

使用态势语与听众交流，需注意以下几点。

①要精练确切，与话语配合默契。这一点强调的是态势语必须恰当地传情达意，要以少胜多，不使人眼花缭乱，同时应与有声语言相配合。闻一多在《最后一次的演讲》中，随着愤怒斥责反动派暗杀李公朴先生的话语，他攥紧拳头捶击桌子，这个动作十分精炼，且与话语配合默契，有力地突出了闻先生的思想感情。

②要自然活泼。罗丹说过："不要扮鬼脸，做怪样来吸引群众。要朴素，要率真！"在演讲中，态势语应是自然的，同时又是活泼多变的。

③要坚持自己的个性。态势语的表现，同演讲者的性格、气质紧密相关。一个开朗、爽直麻利、说话干事十分快速的人，他的表情动作尤其是手势动作，一般表现为急速、频繁、果断；一个比较内向的人，他的态势表情往往又表现为动作缓慢，手的活动范围小且少变化。在运用态势语进行交流的时候，应注意保持自己的个性特征，显示自己的风格，不要一味去模仿什么演说大家，否则会不伦不类，惹人讥笑。

(4) 用笑声感染听众

笑，本属态势表情一类，但考虑到笑在演讲过程中的非同寻常的作用，把它单独列出来探讨。笑是一种很好的交际，是交流的工具。在日常生活中，熟人相逢，点头微笑，表示打招呼；在社交场合，谈话双方会意一笑，表明彼此感情的沟通；对不值一答的问题，往往一笑置之；在演讲活动中，笑不但可以传递信息，而且对人们的心理情绪具有影响力，从而密切演讲者与听众的关系，帮助演讲者取得成功。

让笑在演讲中真正起作用，演讲者应注意哪些方面呢？

首先，笑意要明确。有的人不管会场的气氛是否提供了笑的条件，也不问自己是否有必要笑，只顾自己傻笑，结果弄得听讲的人莫名其妙。

其次，要善于创造笑的材料。笑是主体与客体结合的产物，只有可笑的客观事物，没有可笑的主观情绪，笑是迸发出来的。

再次，要讲究方法。笑的方法多种多样，而且制造笑的方法因人而异。例如，模仿表演他人的说话声调或行为举止；在批评某种错误的时候，恰如其分地利用夸张、幽默与讽刺描述可笑的事物时，利用其本身的自相矛盾等等。

226

演讲应变与控场技巧

演讲者要想取得良好的演说效果，还应善于在场上察言观色，以便把握住听众的心理变化、兴趣要求，及时修正补充自己的演说内容。实际上，这就是应变与控场能力。

一个成功的演讲者需要哪些应变与控场能力呢？

(1) 控制感情，掌握分寸

当发现意外情况时，要镇静，要有好的心理素质，能控制感情，掌握分寸。不要在讲台上惊慌失措，不要因急躁而冲动行事。赫鲁晓夫 1959 年在联合国大会上的一次演讲中，场内发生喧闹，赫鲁晓夫被激怒了，情不自禁地脱下自己的一只皮鞋，用鞋跟敲打讲台，想以此制止喧闹。然而，这不但没收到预想的效果，反而暴露了他缺乏涵养、不能制怒的性格弱点。

(2) 从容回答问题

演讲时，常有听众提些较尖锐的问题，欲"将你一军"，这时候该怎么办呢？要学会从容地回答听众提出的问题，特别是那些乍看起来十分棘手的问题。有的人采取压制的方法，发火批评，喊"别吵了，安静下来"，这样只会使自己陷入窘境。有的人不这样，而是采用以诚相待、妙语解脱的办法，变被动为主动。有一次刘吉给学生作报告，接到一个条子，问："有人认为思想工作者是五官科——摆官架子，口腔科——耍嘴皮子，小儿科——骗小孩子，你认为恰如其分吗？"又问："你怎样对待你的顶头上司？"这两个问题都颇有锋芒。刘吉妙语解答，对第一个问题回答说："今天的思想工作者，我认为是理疗科——以理服人，潜移默化，增进健康。"对第二个问题回答说："三不主义——不阿谀奉承，不溜须拍马，也不背后说领导坏话。"

(3) 巧妙穿插，活跃气氛

如果会场沉闷，要有巧妙穿插、活跃气氛的技巧。演讲者使用穿插的方法，除了把事理说得更形象、更深刻外，还可调整现场气氛，增加听众兴趣。比如，讲个笑话，讲个故事，谈点趣闻，唱支歌儿等等。

穿插也要注意，穿插进来的内容一定要同话题有关，能够起说明、交代、补充的作用；穿插的内容务必适度，不可过多过滥，造成喧宾夺主，中心旁移；衔接务必自然顺当，切不可让人觉得勉强或节外生枝。

(4) 将错就错，灵活处理

要想在演讲中不说错一句话是相当困难的。如果说错了，在这种情况下最忌讳两点，一是搔头挠耳；二是冷场过久。有人观察得出这样的结论：在演说过程中冷场 15 秒以上，听众席中就会有零星笑声；冷场 30 秒以上，就有少数听众的笑声；冷场时间再长一点，听众就会普遍不耐烦了。

演说过程中，如果是漏了个别字句的小错误，只要无伤大雅，不予更改为好。如果是讲了一段之后突然忘了下一段该说什么，那该怎么办？卡耐基介绍了几种方法，我们可以借鉴一下：

228

①就地换掉话题，用上段结尾中的句子来发挥。

②向听众提出问题。

③如果实在是大脑一片空白，就应该临时编一段较完整的结束语，有礼貌地结束。

第四章 辩论口才

什么是辩论

什么是辩论？辩论的内涵到底是什么？这是我们首先必须弄清楚的问题。

关于辩论的含义，古今往来的理解、阐释不尽相同。在我国古代，辩论被称之为"辩"，一般解释为"说"（shuì）。《墨子·经说上》指出："辩，争彼也；辩胜，当也。"意思是说，辩论就是人们相互之间的争论，谁正确，谁就获胜。《墨子·经说下》作了进一步的说明："俱无胜，是不辩也。辩也者，或谓之是，或谓之非；当者，胜也。"意思是说，如果没有是与非的区别，双方分不出胜负，那就无所谓辩论；之所以有辩论，就是因为有的人认为正确，有的人认为错误；辩论的结果应该是正确的意见获得胜利。这里的"当"，按我们今天的理解，就是要符合客观事实、客观真理，也就是个人的认识要与客观事物、事理的发展变化规律相一致。如能这样，就可获胜；否则，就会失败。东汉许慎在《说文解字》中对"辩"字作了这样的解释："辩，治也；治者，理也，俗多与辨不别。辩者，判也，从言，在辩之间。"这里的"治"，实为判断的意思；这里的"理"，实为领会、理解的意思，"辩"和"辨"是没有区别的，都有辨别、辨识、辨白、辨明、辨析的意思。这里的"辩"，是"相讼"的意思，也就是相互间争辩是非。由此可知，"辩"字最初的含义只是评判争论双方的是非而已。至于"论"字，古今释义大致相同，都包含有议论、论述、论理、论证、论争、论断等意思。

在古希腊，辩论被称之为"辩证法"，这个"辩证法"不是我们所理解的通常意义上的"辩证法"，指的不是关于事物矛盾的运动、发展、变化的一般规律的哲学学说，而是"讨论"、"切磋"的意思。他们视"辩证法"为一种"交谈的艺术"，认为辩证（即"辩证法"）就是在相互交谈的过程中发现对方言谈中自相矛盾的破绽，通过揭露和克服矛盾而战胜对方，达到匡正谬误、传播真理的目的。因此，在当时，许多古希腊学者都把辩论当作学术争鸣、传播知识、传播本人学术思想的一种重要手段。

在今天，辩论的内涵有所发展，但在本质上与古代没有根本的区别。如《现代汉语词典》（修订本）对"辩论"的定义是："彼此用一定的理由来说明自己对事物或问题的见解，揭露对方的矛盾，以便最后得到正确的认识或共同的意见。"《汉语小词典》对《辩论》的定义是："根据事实和道理同别人进行争论，弄清是非或真假。"汤必扬所著《通往雄家之路——辩论学导论》对"辩论"的释义是："辩论是对同一对象，相互对立的思想进行论争的过程，是批驳谬误、探求真理的过程。其表现形式为立论者和驳论者围绕同一论题展开辩论。"陈准、周建设在其所著《实用论辩论艺术》中对"辩论"的释义是："论辩包括论和辩。论，指论理，即依据一定的需要和原则分析和说明事理；辩，指辩驳，通常是指论辩者依据一定的理由来驳斥某种观点。论辩是论和辩的统一，只论不辩不是论辩。"赵传栋所著《论辩原理》对"论辩"的释义是："论辩，又称辩论，是指代表不同思想观点的各方彼此间利用一定的理由来说明自己的观点是正确的，揭露对方的观点是错误的这么一种言语交锋的过程。简而言之，论辩就是不同思想观点之间的语言交锋。"李元授、李鹏所著《辩论学》对"辩论"的释义是："辩论，就是用语言辩明是非、探求道理的行为。"

上述的种种见解，各有其精辟之处，给我们以很多的启发。综合上述各方面的看法，根据辩论的实质并结合当前辩论的实际情况，我们对"辩论"的认识和界定是：辩论，或称论辩，是指观点对立的双方或多方，围绕同一个辩题运用言语进行针锋相对的论争，力求证明自己观点的正确，指出对方观点的谬误，以达到说服对方的目的。辩论的过程，也就是批驳谬误、探求真理的过程。我们对"辩论"的认识和界定，主要包含了以下几层意思：

其一，辩论所运用的媒介是言语。言语指的是对特定语言的具体运用。言语可分为口语（口头语言）和笔语（书面语言）两种形态。在辩论时，可采用其中的任何一种，也可以两种同时采用，以一种为主，另一种为辅。在日常生活、学习和工作中，最常见的是运用口语进行辩论。

其二，辩论不能只有一方，还必须有对立的一方或多方。如果只有主体一方，那是辩论不起来的，也没有争辩的必要。

其三，辩论各方必须有同一个争辩的对象，即辩题。倘若没有同一样的辩题，你说东，他说西，各说各的事，各谈各的理，彼此毫无关系，那又怎能辩论得起来呢？

其四，辩论各方不仅要有共同的辩题，而且必须相互观点对立，即在看法上有明显的分歧，才能构成辩论。观点对立是辩论的前提。如果彼此观点相近或相同，那就没有必要进行辩论。

其五，辩论是一个过程，它由若干阶段串连起来构成为某一辩题的辩论整体，孤立的一句话、一段话或某一个判断、推理，不能称之为辩论。任何辩论都包括准备、开始、展开、终结四个阶段，缺少任何一个阶段都不是完整的辩论。

其六，辩论的根本目的是区别真伪、明辨是非，批驳谬误、揭示真理。辩论的过程就是一个使谬误得到揭露、批驳，使真理得到阐明、昭彰的过程。辩论与诡辩的区别就在这里：辩论是为了发扬真理，而诡辩则是无理狡辩，总是为谬误进行辩护。

为了正确理解辩论的含义，有必要对与其相关的一些概念进行阐释和辨析。这些概念主要有：

（1）论辩：论辩与辩论的内涵基本相同，可以互换使用。论辩与辩论都是由辩驳——"辩"与说理——"论"两个部分组成。所不同的是，论辩是以"立"即说理——"论"为主，"辩"为"论"服务，旨在更深透地说明道理，强化"论"的效果；辩论则以"破"即辩驳为主，"论"为辩驳作铺垫，破中求立，强化"辩"的效果。另外，论辩有时专指一类文体，指"以说理论辩为主的论说文，举凡哲学论文、政治论文、文论、史论等都属此类"。

（2）争辩：指争论、辩论，同时还包含有辩白、辩解、辩诬、辩正的意思。

（3）争论：指观点对立的各方各持己见，互不相让，进行辩论。在这里，着重突出了一个"争"字。

（4）雄辩：指雄健有力、气势强劲、具有强大的逻辑力量、令人信服的辩论。

（5）巧辩：指运用巧妙的策略和方法、技巧进行辩论，以取得最佳的辩论效果。

（6）强辩：指强词夺理，把本来没有理的事硬说成有理。

（7）诡辩：在外表上、形式上好像是运用了正确的辩论手法，实际上只不过是乔装打扮，以假乱真，似是而非，是不符合客观事实，也不合乎逻辑的，为的是达到混淆是非、颠倒黑白的目的。诡辩与强辩的区别在于，诡辩是以假充真，而强辩是公开说假。

（8）狡辩：指狡黠诡谲的强辩，与"诡辩"的内涵大体相同。

辩论的特点

（1）针锋相对

在辩论中，各方的观点是有明确分歧的，甚至是截然对立的。没有观点的分歧和对立就没有辩论。参辩者为了维护自身的利益，或为了昭彰真理，就坚持基本立场不动摇，据实、据理、据情地表明自己的态度，阐明自己的观点，千方百计证明并迫使对方承认自己观点的正确性；而且还要针锋相对地批驳对方的立场、态度和观点，指出其内容的偏颇、无理、错误、荒谬，诘难对方，迫使对方不得不转变立场和态度，放弃原有的观点。特别是在原则问题上，尤应立场坚定，旗帜鲜明，措辞斩钉截铁，十分明确，切不可含混不清，转弯抹角，以致造成歧义，达不到预期的目的。针锋相对，这是辩论与其他言语表达形式最本质的区别之所在。例如，法庭辩论中罪与无罪、故意与非故意之争；全国人大会上通过法案时可行与不可行之争；决策辩论中优与劣之争；学术辩论中真与伪之争；社会论理辩论中美与丑、善与恶之争等，都是针锋相对的，显示出了鲜明的对立性。

例如，1931年10月，王若飞被敌人捕捉入狱。敌法院首次开庭，一个姓靳的法官劈头就问王若飞参加共产党有什么犯罪事实。王若飞轻蔑地望望靳法官，问道："你身为法官，可懂得法律？""我是问你犯罪的事实。"靳法官重复道。王若飞逼问靳法官："我先问你，什么叫犯罪？""犯罪，就是你触犯了《危害民国紧急治罪法》。"靳法官说。"什么民国？是骑在人民头上作威作福的一批强盗！所谓'紧急治罪法'，无非是保护帝国主义、大地主、大资产阶级的法律！试问制定这种法律的时候，有哪一个工人、哪一个农民、哪一个其他劳动者参加过？你们执行这种法律，只能说明它是帝国主义、买办阶级、封建势力的工具，是它们忠顺的奴仆而已！"王若飞义正词严的答辩，弄得伪法院院长和靳法官面红耳赤，好半天说不上话来。靳法官只好强词夺理地说："不管你这些歪理，反正你有罪！""我有什么罪？犯的是反对你们祸国殃民的罪行的'罪'！是反对你们投敌卖国的罪行的'罪'！犯的是反对你们专制独裁、剥削人民、欺压人民、贪赃枉法的罪行的'罪'！如果你们真是英雄好汉，如果你们还有一丝一毫的天理良心，咱们就到大庭广众中去，让群众评一评理，是共产党犯罪，还是你们犯了十恶不赦的滔天大罪！""你这样的目无法纪，我们不让你到街上去煽惑群众！"王若飞说："原来你们的法律是见不得人的！"王若飞驳得伪法官张口结舌，期期艾艾地讲不下去，只好宣布退庭。在敌人的法庭上，王若飞对敌人的"审判"针锋相对地进行辩论，揭露和驳斥了敌人的诬蔑，宣传了共产党的主张，把法庭当成了战场。

(2) 出言迅速

辩论与写文章大不一样，在实际辩论中，参辩者没有充分思考、准备的时间，而是临场发挥，唇枪舌剑，你来我往，发语——反馈——再发语都十分快捷。辩论，不管是实用辩论还是赛场辩论，辩论各方都处于同一个辩论现场，彼此面对面相处，双方发语的间隔时间极其短暂，这就要求参辩者思维敏捷，对对方提出的观点或问题迅速作出反应，针锋相对地予以反驳。也就是说，必须"趁热打铁"，有针对性地展开自己的论点，扩大争辩的战果；并能准确抓住对方言辞中的"把柄"，以"迅雷不及掩耳之势"，给予对方以有力的反击。如果反应迟钝，发语迟缓，就会使自己处于劣势。如果长时间不发语，对方和旁观者就认为你已经被对方驳倒，无话可说；或者你已被迫同意了对方的观点，用沉默来表态。

例如，1964年4月10日，陈毅副总理兼外长率中国代表团到印度尼西亚首都雅加达，参加第二次亚非会议筹备会。这次由22个国家代表参加的筹备会，一开始就在是否邀请苏联参加第二次亚非会议的问题上发生了分歧，展开了激烈的争论。印度代表团团长辛格发言，主张邀请苏联参加，理由是苏联有很大一部分领土在亚洲，是一个亚洲国家。陈毅当即站起来批驳，他说："苏联是一个传统的欧洲国家，这是小学生都知道的地理常识问题。苏联自己也从未以一个亚洲国家自居，在联合国中它也从未参加过亚非集团的活动，那么，为什么偏偏在这时候提出这样一个不成问题的问题，给预备会造成争执和分歧呢？"有人说，中国的观点，是因为与苏联的关系不好。陈毅副总理指出："中国在同苏联的关系好的时候，同样认为苏联是欧洲国家。蒙古同中国虽然关系不好，但中国却一贯支持蒙古参加亚非会议，因为它在地理概念上确属亚洲国家。中国反对邀请苏联，是为了维护万隆精神，维护亚非会议原则，如果屈服于某些大国的压力而放弃原则，将使我们亚非会议蒙受耻辱。有人说，苏联在亚洲有一大片领土，因此，它可以算亚洲国家。那么，我要问：'美国在檀香山也有领土，它是否也可以算作是亚洲国家呢？'"陈毅针对印度外长辛格和其他一些人的看法，迅速作出反馈，慷慨发言，脱口而出，予以反驳，说理透彻，论据充分，使会场气氛顿时变了，很多国家的代表纷纷站起来讲话，支持中国的意见。从这个事例中，足见辩论发语快捷的特点。而要发语快捷，参辩者必须思维敏捷，反应灵敏，精力集中，有的放矢，才能稳操胜券。

(3) 逻辑严谨

　　一位哲人曾说过这样一句名言："雄辩是熊熊烈火燃烧的逻辑。"在辩论中，辩论各方要经过几个、十几个乃至几十个回合的言辞交锋，才能分出胜负。这就要求参辩者在事先对辩题作全面、深入的考虑，把握问题的核心和关键处，遵循形式逻辑和辩证逻辑思维的规律去分析、研究、认识和论证问题，对"讲什么"、"怎样讲"、"如何安排材料"、"如何突出主题"、"达到什么目的"等问题有精心的构思，建构起一个严密的逻辑框架，即完整的理论体系。在辩论中强调逻辑严密，一方面要善于创造性地运用这一锐利的武器，与对方进行言语交锋，短兵相接，"刺刀见红"，寻找他的纰漏，抓住他的破绽，揭露对方立论的不能成立，论据的虚假、荒谬，论证方法的违背逻辑法则，难以自圆其说，将对方置于无还手的境地；另一方面，自己一定要思路清晰，立论正确，论据典型精当，论证周全有力，阐述合乎逻辑，战术机动灵活，使己方坚如磐石，不给对方以可乘之机，真正做到无隙可击。如果缺乏严密的逻辑性，顾此失彼，前后矛盾，说理不周，漏洞百出，被对方牵着鼻子走，就会使自己陷入窘境，不仅无还手之力，甚至无招架之功，终遭溃败。

(4) 有"辩"有"论"

辩论所运用的主要表达方式是议论。所谓议论，就是摆事实，讲道理，辨是非，定违从。即辩论主体通过事实材料或逻辑推理来阐明自己的观点，批驳与之对立的观点，表明自己赞成什么或反对什么、肯定什么或否定什么的一种表达方式。议论有两种形式：一种以"立"为主，正面阐明和论证自己的主张和观点的正确性，是为立论；一种以"破"为主，揭露、批判对方主张和观点的荒谬性，是为驳论。辩论将这两种形式融为一体，有"立"有"破"，即有"论"有"辩"。辩论辩论，有"辩"有"论"，或先"辩"后"论"，或先"论"后"辩"，或"辩"中有"论"，或"论"中有"辩"，总之，"辩"和"论"（即"破"和"立"）是紧密地联系在一起的。本来，"辩"和"论"是对立的统一，是一个问题的两个方面。你要充分阐明和论证自己的主张和观点正确，就有必要揭露、批驳对方的主张和观点的错误、荒谬；反之，你要彻底批倒对方，也有必要鲜明地提出和论证自己的主张和观点的正确。也就是说，要有"辩"有"论"，"辩"和"论"要有机地结合，只有"辩"或只有"论"都是难以达到目的的。在实际辩论中，"辩"或"论"往往各有所侧重。

238

辩论的构成

(1) 辩论主体

辩论主体也叫参辩者，即辩论行为的施行者。辩论与演讲、授课、作报告等不同，不是由一人为主在台上讲，其他的人在台下听。辩论是观点分歧或对立的双方或多方的言语交锋，所以辩论的参与者，必然是在两方或两方以上，就人数而言，至少是在两人或两人以上。在这一点上，辩论与谈判是完全相同的。如果没有各方利益或观点的分歧、对立，就构成不了谈判或辩论。所以，谈判或辩论行为的主体不是单个的，而是复合的。

当然，在辩论过程中，尤其是在表演辩论（即辩论赛）中，参辩者（即辩论主体）所处的地位是不一样的，大体上可分为立论者和驳论者相互对立的两方或多方。立论者指在辩论中主动提出论点或辩论立场的人，在整个辩论过程中，以阐明自己的观点、维护自己的立场为主，千方百计为自己辩护。驳论者与立论者处于针锋相对的对峙地位，就是对立论者的观点、立场进行反驳的人。在表演辩论中，通常称呼立论者为"正方"，驳论者为"反方"，它们都是在赛前指定的。而在实际辩论中，有时立论者与驳论者的角色定位不一定十分明显，还经常发生角色转换的情况。即立论者为阐明自己的观点，坚持自己的立场，必然要对不同的观点、立场提出质疑、诘难，而驳论者在批驳对方观点、立场的同时，必然要提出自己的观点，表明自己的立场，而成为新的立论者。因此，辩论参与者虽可分为立论者和驳论者，但各方在辩论中所担负的角色不一定是"从一而终"的。

有的口才学研究者认为还包括了"自辩"，即指主体对不同事物、事理的不同看法在自己头脑里进行争辩，这是一种内在的无声的辩论。我们不同意这种想法。因为，辩论是一种言语交锋的行为过程，离开了言语这个媒介，就无所谓"辩"或"论"。因此，这种依靠"内部语言"而进行的"内辩"，只能称之为"思考"、"思索"、"思量"、"思辨"、"思虑"、"思谋"、"思想斗争"，是不能称之为辩论的。辩论是一种"谋之于心，形之于外"的行为。"谋之于心"是主体的思维，是对辩论内容的构思，是观点和立场确立、显现的过程，虽然它与辩论有着密切的关系，但它终究不是辩论行为本身。辩论是"行之于外"的，即要借助于"外部语言"，通过主体的口语或笔语而加以具体实施的。"自辩"只"谋之于心"，而没有"形之于外"，不是主体实施的行为，故不能将其视为真正的辩论（有的人将它称为"辩论"，只不过是使用这个词的比喻意义而已）。如上所述，辩论主体不可能是单个的，只能是复合的。

在辩论的实践行为中，辩论参与者即辩论主体，始终处于最重要、最关键的地位，是辩论构成要素中最积极、最活跃的因素。一切辩论行为，都必须由参辩者来具体实施。没有辩论参与者，也就没有了辩论行为的一切。辩论是口才的艺术，是主体素质、修养、智能、言语的综合体现，它积淀了主体的政治觉悟、理论水平、品德修养、学识才情、生活积累、智能结构、表达能力等。所以，辩论参与者的"内在精神本质"直接决定了辩论的水平，直接影响到辩论的质量和效果。总之，辩论最终的成败得失，关键在于辩论的参与者，而不是其他的原因。

(2) 辩论主题

或称辩论客体，即辩论行为实施的对象，也就是辩论各方争辩的中心问题，整个辩论都围绕它展开，进行和具体实施。如果在辩论中没有共同的辩题，你说你的，他说他的，所说的问题毫不相干，那就构成不了辩论的实质性内容，实际上也就等于取消了辩论。

有的口才学研究者认为辩论客体指的是参与辩论的对手，这是不对的。因为辩论各方都是辩论实践行为的参与者，都以观点或立场上歧异对方为对手，双方或多方的对手共同构成一个完整的辩论行为过程，所以他们都是辩论行为的施行者，都是辩论主体，都是辩论主体构成的单个成员。辩论客体指的是辩论参与者的辩率行为共同指向的争辩焦点，要解决的中心问题，也就是辩题。这辩题必须是同一的，只是辩论各方所持的立场、观点是有明显分歧的，甚至是对立的，这才有辩论的可能和必要，辩论才能真正开展起来。

不管是哪种形式的辩论，都必须紧紧围绕着辩题，这是辩论得以展开的前提。辩题可以是即兴提出的，也可以是事前约定的；可以是由自己主动确定的，也可以是由他人指定的……但不管怎样，在整个辩论过程中，辩题应一以贯之，始终保持不变。当然，除了表演辩论外，在实际辩论中，当一个辩题争辩完，有可能又转入另一个辩题的争辩，对于这种情况，我们将它看成是新的辩题争辩的开始，这与辩论始终应保持辩题同一并不矛盾。

(3) 辩论媒体

或称辩论载体，指的是辩论行为实施的媒介。辩论的媒介主要是通过语言，包括口语（口头语言）和笔语（书面语言）来实施的。离开了语言，离开了对特定语言的具体运用，即言语，离开了辩论赖以存在的媒介，那么，辩论就无法进行，实质上也就等于取消了辩论。

作为口才学中的主要类别之一——辩论口才学，它的主要媒介是自然有声语言，辅助媒介有副（类）语言和势态语言。

在有些口才学或辩论学著作中，还有辩论本体的提法。辩论本体除了辩论所依赖的物质媒体——自然有声语言外，还包括了辩论本身，即由自然有声语言物态化了的成果——辩论的"作品"、"文本"，也就是辩论实践行为过程所呈现出的实质性内容和最终的结论。由此可知，辩论本体的概念大于辩论媒体的概念，也就是说，辩论本体包括了辩论媒体在内，但它的内涵则比辩论媒体宽泛、丰富得多。

(4) 辩论受体

辩论受体，指的是辩论内容（成果）的接受者，即听辩论的人。关于辩论受体，有两种不同的理解：一是指在辩论行为实践过程中，因为辩论是双向或多向的口才表达活动，辩论各方既是辩论的主体，又是辩论的受体，也就是说，各方都以辩论的对方为受体；二是指在大多数情况下，辩论是一种开放的行为，也就是说，在辩论行为实践过程中，除了辩论行为的实施者外，还有一些并不参与辩论，却主动或被动地接受这一辩论行为及其成果的观众、听众（如果是以书面形式辩论，则指读者），通常将这些人称之为辩论受体。我们认为，这两种理解都对，但我们已将前者即辩论参与者（包括立论者和驳论者）归之于辩论主体，为了防止将问题复杂化，我们所指的辩论受体，就是出现在辩论现场，并不参加辩论的广大观众或听众（因为只讲辩论口才，所以不包括书面辩论的读者在内）。

诚然，在极特殊的情况下，辩论这一行为实践过程严格局限在辩论参与者的范围之内，没有一点开放的余地，辩论成为了完全封闭的行为。如某些保密性很强的政治辩论、军事辩论、外交谈判中的辩论、商贸谈判中的辩论等，在场的都是辩论参与者，那就没有辩论受体。但这种情况毕竟是不多的。

在通常的情况下，辩论大多是一种开放的社会实践活动，在辩证现场，除了辩论的参与者外，都是有辩论受体参加的；而在表演辩论中，辩论受体可以是几十人、几百人，如果通过电视转播，就成了上万、甚至几十万、几百万、几千万人。辩

论行为实践过程要实现它的美学价值，产生积极的社会效益，达到昭彰真理、批驳谬误、开发智力、提高素质、推动社会主义精神文明建设的目的，只有通过辩论受体的聆听、接受，才能由"可能性的存在"转化为"现实性的存在"，辩论也只有在这一"动力"过程中才真正获得生命的活力。辩论受体对辩论的内容并不只是被动地接受，或作纯客观、消极的反映，而是一种主动、积极、自觉的精神活动，在聆听、接受的过程中，对辩论内容进行能动的"再创造"和"再评价"，通过自己的接受、选择和反馈、批评，特别是通过辩论现场的情绪反应，反过来影响辩论参与者和辩论口才实践。因此，辩论主体必须加强对辩论受体的研究，切实了解和掌握辩论受体的心态，适应和满足他们的需求，使辩论主体与受体之间心曲相通，才能使自己的辩论口才实践获得最佳的社会效益。正因为

如此，完整的辩论行为系统过程必须包括辩论受体在内，而决不能将它排斥在辩论的构成要素之外。

辩论的目的

通过辩论，明确地指出别人的错误，从辩论的角度看，自然是好的战术。但从说服的角度，也就是从目的的角度讲，则未免显得太简单。最终结果未必是最好的结果。因为当你与别人辩论时，对方的情绪因素必须考虑在内，而且辩论愈激烈，则愈加可能情绪化，愈少冷静的理智力，求胜的心理会使人在辩论中逐渐丢弃命题的真实性，使辩论的内容服从于情绪的天性。正因如此，辩论的失败伴随着的往往是仇恨的感情，这也在情理之中。当别人在辩论中明显胜过了你，那么你肯定不会情绪高昂，而会有种羞辱感。这种感觉并且会通过你的语言、神色表达出来，双方可能因此不欢而散。

从另一角度而言，假如你在辩论中取胜了，你会兴高采烈，喜形于色，甚至可能趾高气扬起来。

从这里我们就有必要提出一个问题："辩论是为了什么?"

假如你发起或参与辩论，是为了维护真理，分出正误是非，那么，不管结果怎样，都应用缜密的逻辑去得出结论。

假如你发起或参与辩论，是为攻击某人，或并无攻击特定的人物之意，仅仅是为了以此显示自己出众的才能，那么，不管结果怎样，都会被人反感到极点。

所以，辩论之前，应该明确自己的目的。应该清楚，只有为了证明一种观点的正确与否或其他是非问题才值得辩论，为辩论而辩论是毫无益处的。当然，如果双方约定：假设一个命题展开模拟辩论，以达到提高逻辑思维能力及口头表达能力，自当另一回事。从这里也可看到，归根到底不能把辩论本身视为目的的全部或一部分，而仅仅视为手段。

要运用好辩论这一手段，就必须具备起码的逻辑知识。

最简单也最为典型的逻辑过程是三段论法。

A 是 B，B 是 C，故 A 是 C。

三段论法中有三段，亦称之为三命题。第一命题称为大前提，第二命题称为小前提，第三命题称为结论。假如你认为前二个命题准确无误，那么对于结论也就不用存有疑虑。

三段论法可运用于任何一门学科里去。在数学中，4+2=6，3+3=6，所以 4+2=3+3。

在自然界，象有长鼻，非洲大象是象类中的一种，所以非洲大象也有长鼻。

三段论法只要运用准确，是不可能出错误的。而在日常生活中，人们常把它运用得不得法，才导致漏洞百出。例如，"雷特先生是个秃顶"，"约翰先生是个秃顶"，所以"雷特先生是约翰先生"。错误很明显，世界上有很多秃顶，他们仅是其中之一，因而雷特先生与秃顶这个概念是不能相互包含的。根据这种错误前提进行的推理，自然就近乎愚蠢了。

这是一切错误发生的原因所在。在表面上，我们觉得这推论式十分标准，然而仔细审查一下，我们就会看出在大前提与小前提并不相同，因而造成了这个错误的结论。设想一下，把大前提换成"雷特先生是世界上唯一的秃顶"，那么，原先的结论就确凿无疑了。

三段论中有一种推论方法，称为演绎法。此法由一般的原则而推及特殊的事物。还有另一种方法，称为归纳法。归纳法与演绎法在推导过程中恰好是相反的。"一切我所听到或看到的乌鸦全是黑色的，所以天下乌鸦一样黑"。这一推论是用了归纳法，看不出什么毛病。然而一旦在某处有一种非黑色的鸦类被人们发现，这条结论便会被推翻。

尽管如此，归纳法给我们的结论，是常可被我们用作根据的，很多科学，都使用归纳法。因为它把一切所知的事实，都集合在一个题目下，注意它们之间的相似点，进而得出一条可运用的法则。

自然，你可在种种不同的方式中运用演绎法和归纳法进行推理。比如有时可以从原因推出结果，有时也可以从结果返回原因。"看这些孩子们都到街上来了，学校一定要放学了"。或者"我刚才看见哈利斯先生杀掉一只鸡，我想他一定邀请了客人来吃饭"。另有一种方法与上述推理方式不同，但为了达到辩论所要达到的目的，也被经常使用，有人称之为"间接辩论"。它更有些像辩论的战术，这一战术的特点在于不直接证明自己的正确，而是证明对方的错误，从而间接形成"他错误，我必正确"的结局。

其实，这的确只能称之为战术，而不能冠以推理的美称。因为有时可能双方都是错误的，而这一事实往往被人忽略掉，运用这一战术所能发挥的作用之一就是使人们容易忽略这种力量的事实。

尽管这样，辩论中采用这一战术而取胜的人却大有人在。常言道，最好的防御在于进攻。假如你的力量比较弱，你就须竭力攻击对方，使他站到防御的地位。在他竭力防御时，他会忽略去进攻你。

246

"××国士兵是世界上最优秀的士兵"。

"你所说的优秀究竟是什么意思?"

"他们是最聪明最勇敢的士兵。"

"那么,这两种品质就使他们成为最优秀的?"

"当然。"

"我希望你能将它解释一下。"

于是此人就会开始解释。在冗长的解释中,很容易涉及到许多不定的因素,这就给对方提供了攻击的机会。

要想取得辩论的胜利,并从而达到辩论所要达到的目的,关键还在于主动进攻。犹如绿茵场上,只有攻势足球才是最富生命力的。

要进攻,就必须反复强调自己的论点。事实上一个有力的辩论,与其说是一个起初的推理,还不如说是在于反复强调。在下列实例中便可以看到这一点。

"例如一茶匙药剂对你有益,那么三茶匙药剂对你也当然有利。"

"假如一个姐姐爱她一个不好的弟弟,那么她一定爱她那好弟弟。"

"假如一个人把小事都能做得很好,那么他对大事亦一定能做得很好。"

在这些结论中,没有一个是起初的,而且也说不出它们在某几种情形下究竟有什么错误。这些论点似乎在加强自己所说的话,而在口头辩论中常常是很有效的。

这里简单介绍了辩论中涉及的逻辑推理问题,目的在于引起人们对在辩论中运用逻辑武器的重视。而通过逻辑武器的正确运用,就能有效地抑制辩论中的情绪化色彩,从而更有利于通过正常的辩论达到说服他人的目的。

辩论的原则

生活充满着各种矛盾。先进与落后、开放与保守、真与假、善与恶、美与丑永远处在矛盾斗争之中，因而，人们在社会交往中，必然要展开辩论。实际生活中，积极的、健康的辩论，有助于推动人类文明进步与发展。但也有一些辩论，由于缺乏积极健康的格调，或违背辩论的一般性原则，从而走入歧途，使原来具有积极意义的辩论失去了应有的作用，成为吵闹、狡辩、诡辩的过程。为此，辩论需要遵循一定的原则和规范，以便引导辩论沿着健康的轨道发展，其一般性原则主要有以下几条。

(1) 真实性原则

辩论的过程是摆事实、讲道理，以理服人的过程。任何一个论点的成立，都要有事实的根据。列宁曾指出："如果从事实的全部总和、从事实的联系去掌握事实，那么，事实不仅是胜于雄辩的东西，而且是证据确凿的东西。"（《列宁全集》第23卷第279页）因此，辩论者必须尊重事实，按事实的本来面目叙述事实；既不可夸大，也不可缩小，更不能无中生有，捏造事实，主观臆推。只有论据真实，才能使自己的立论立于不败之地。生活的实践将驳倒一些论据虚假的论证。真实性原则不仅要求辩论者本人按事实说话，而且要承认对方所提供的事实，不可否认一切真实性的东西。如果辩论者只承认对自己有利的事实材料，对不利于自己的事实材料却加以否定，必将使辩论过程走上歧途，无法正常进行下去。因此，辩论双方都应遵守"以事实为据"的真实性原则，承认一切真实的，否认一切虚假的东西。这样，才能避免诡辩或狡辩的发生，使辩论成为探索真理的过程。

(2) 公平性原则

辩论是以理服人的过程，不是权力强制，权威压人的过程。为此，对于辩论者来说，人格上是平等的。在实际论辩中，我们常常见到"以人为据"或"诉诸权威"等情况，这都违反了公平性原则。他们所坚持的是一种"权力意志"或"权威意识"，而不是真理意识。人们常说的"真理面前人人平等"，就是讲，不论人的身份高低贵贱，长幼尊卑，人人都有发现真理、追求真理、运用真理和捍卫真理的权利。因此，辩论各方不论其身份、地位、声望、权力有多大的悬殊，都有平等申说的权利；只要一方的立论符合真理，他方就应对之诚心接受，并勇于承认自己的失败。辩论过程中人格的不平等，并不是新时代的产物，而是封建社会的遗物。如果离开公平性原则，其中一方失去自由辩论的权利，不被允许进行解释、说明、反驳，那么，剩下的只是"服从"，真正意义上的辩论则不存在了。伟大产生于平凡，真理恰恰出自于平等的论辩。公平性原则是每一个辩论者都要遵守的原则。

(3) 同一性原则

同一性原则是形式逻辑对辩论提出的规范性要求。它要求辩论者在立论、辩驳以及对自己的思想加以说明时，要具有确定性、一致性和明确性。这是任何辩论过程都必须遵守的最基本原则。如果辩论过程违背这一原则，就会产生逻辑破绽，其立论就可能为对方所驳倒。同一性原则首先要求辩论者在整个辩论中对自己所持的论题始终保持一致，所使用的全部概念也要前后保持一致，不可中途用另一个论题或概念替代原有的论题或概念。如果论题变了，则辩论的中心就发生了转移。比如，本来你想要说明"天是蓝的"，却在论证中一发不可收拾，从天扯到地，从地扯到河，从河扯到水，最后证明"水可以泡茶喝"。如此海阔天空，早忘了当初想要说明什么了。这会使原有论证变为另一个论证，而达不到辩论的目的。如果概念不保持同一，就会使双方的辩论缺乏对同一概念含义的理解，出现混乱。比如，你听说朋友的妻子怀孕了，碰到朋友时你问朋友："（你妻子）给你生了个啥？（男孩？女孩？）"他却不满地回答："（单位领导）只给我升了个办公室副主任。"如此扫兴，人们也就难以实现正常的交流了。所以，早在两千多年前的春秋战国时期，墨家就已提出"通意而后对"的原则，即双方对所使用的词或概念取得共同理解或解释后，再进行对答。可见，这是一条辩论过程中必须遵守的原则。其次，同一性原则还要求辩论者必须使所表述的思想自圆其说，不能自我否定，也就是说，不能既肯定某一思想，又否定这一思想。同时，在表达上也不能含糊其辞，左右摇摆。因为，两个矛盾关系的思想，不可能两者都真，也不可能都假，因而既不能同时肯定，也不能同时否定。"自相矛盾"不可，"模棱两可"同样也不行。如果出现这两方面的错误，就是违背同一性原则造成的。在此种情况下，辩论者的思维陷入混乱，使论证难以成立，辩论也不可能取得最终的成功。

（4）充足理由原则

任何辩论能否成立，均取决于论据或理由是否满足论点成立的需要。只有具备充足的理由或根据，才能使论证具有说服力，使辩论得以确证。因此，早在中国古代，辩论家就提出了"出故"的原则，认为"辞"得故而后成，"大故"有之必然，即论题只有提出充足的理由或根据后，才能成立。这是一条为千百次论辩实践证实了的原则。可以说，任何立论，如果没有充足的论据，谁都难以相信或接受。只知其然，而不知其所以然，不仅自己不能自圆其说，更不能使辩论达到"悟他"之目的。"我说是这样还能有错?"的辩论乃是无效辩论，难以正常进行下去。它只能使论辩过程变成强词夺理、主观臆断、信口雌黄的狡辩。可见，充足理由同样是一条必须遵守的原则。

辩论与口才

人们常将"能言"和"善辩"这两个词语连在一起使用，这足以说明辩论与口才有着不容分割的密切关系。所谓口才，简言之，就是口语表达的才能；具体地说，是指人们在各种口语交际活动中，根据特定的交际目的，切合特定的语境，准确、得体、恰切、有力、生动、巧妙地传情达意、沟通信息，以取得圆满交际效果的才能。口才既是一种能力，又是一门艺术。辩论是人们社会实践活动中日常言语交际和思想交锋的一种，是辩论主体运用口语才能、才艺、才智和才华的充分展示，是在辩论过程中创造性地运用口语的技能、技艺、技巧和技法。辩论之所以从一般的言语交际中分离并独立出来，是同辩论所要求的特定的言语方式、言语结构、言语规范和言语效果分不开的。这就是说，它对辩论主体的口才提出了更高的要求。可以说，辩论不仅是口才的艺术，而且是口才的精华。

古人说："人之所以为人者，言也。""上帝"给了我们一张嘴，除了用来吃东西以外，就是用来说话。语言是人类独有的一种社会现象，也是人类与其他动物的根本区别之一。只要是生理健全的人，人人都会说话。但会说话并不等于有口才。有良好口才的人，巧舌如簧，谈吐隽永，妙语如珠，幽默风趣。他的素质、修养、学识、才干通过口才充分地显现出来，在辩论中总能克"敌"制胜，立于不败之地。而没有口才的人，笨嘴笨舌，嗫嗫嚅嚅，话不得体，词不达意，好像是"茶壶里煮饺子，肚子里有货，嘴上倒不出来"，难以准确、恰当地表明自己的立场、主张和观点，甚至在自己的言语中漏洞百出，前后矛盾，这就给对方以可乘之机，使自己在辩论中处于下风，有理也就成了无理，最终导致溃败。

俗话说："话有三说，巧说为妙。"同样的一件事，采用不同的说话方式，效果是大不一样的。这就是"良言一句三冬暖，恶语伤人六月寒"，"一句话可以把人说笑，一句话也可以把人说跳"，"言语可以把活人打入坟墓，也可以把死人从坟墓里召唤出来"。辩论同样如此，你如果长于辞令，精于争辩，有杰出的口才，就容易说服对方，达到自己的目的；否则，拙于口才、"话不投机半句多"，那就很难打动别人的心灵，往往把事情办"砸"。先哲们说得好："巧言一席，强似雄兵百万。"这在中外的历史上，有无数的事实可以证明。

辩论的准备阶段

(1) 远期准备和近期准备

所谓辩论前的远期准备，指的是在辩论前为辩论所作的知识、技能、心理等方面的准备。这种准备一般是有意识、有目的的，在于平日的训练和积累，时间可长可短。概括地说，远期准备包括两个方面：一是读书，二是做人。

一个人要能滔滔不绝地说话并不难，但要在辩论中真正达到气质高雅、举止端庄、辞令精彩、谈吐风趣的境界，就须有深厚的文化底蕴作铺垫。深厚的文化底蕴主要从读书学习而来。一位颇得读书真味的饱学之士说过："三日不读书，便语言无味，面目可憎。"这句至理名言，很值得我们深思和借鉴。多读书对于写作的重要性，唐代伟大诗人杜甫的名句"读书破万卷，下笔如有神"，可谓表达得既确凿，又形象。其实，辩论又何尝不是如此呢！从辩论的交流思想、明辨是非、判断正误、探索真理这一社会功能来看，它也要辩论主体有丰富的知识储备。因为主体要证明自己的论点、巩固自己的阵地，固然需要广阔的视野，渊博的知识；而要反驳对方的论点，更需要旁征博引，信手拈来各种材料作为论据。"厚积而薄发"，"积之愈厚，发之愈佳"，深厚的文化修养正是反驳的力量之所在。试想，在与对方辩论时，对对方所列举的人、事、定理、数据和其他种种材料不熟悉，甚至闻所未闻，"两眼一抹黑"，那是根本无法与之展开辩论的。如果硬要乱辩一气，只会暴露出自己的无知和滑稽，成为人们的笑柄。辩论主体要获取较多的知识，具有较高的文化修养，绝非靠"临阵磨枪"来应急，得有一个长期的知识积累过程，即在平日多读有益的书。这类书一般可分为三大类：一是多读马列主义、毛泽东思想、邓小平理论的书以及党和国家领导人的文章，学习时事政策，提高理论水平、思想水平和政治水平；二是多读社会科学和自然科学方面基础知识的书，尤其是要读一点哲学、历史、文学方面的名著，使之内蕴深邃的思想，勃发智慧的力量，陶冶高尚的情操；三是多读言语应用学、口才学、辩论口才学等方面的专业书籍和讲述辩论技巧的著作，同时有选择地阅读那些记载、分析精彩辩论范例的集子，了解和掌握辩论的原理、特征、规律和技巧，琢磨成功辩论的构成要素，领悟在辩论中取胜的诀窍，用以指导自己今后的辩论实践。

再说做人。古语说："言为心声"、"自出机杼，成一家风骨。"鲁迅也强调指出："从喷泉里出来的都是水，从血管里出来的都是血。"能言善辩与主体的品德修养有着密切的关系。欲善雄辩，先修其身。很难设想一个灵魂卑劣、人格猥琐的人，能有为捍卫真理而辩论的雄心、敏捷善断的雄思和卓越出众的雄辩，在辩论中能够使得对方和听（观）众折服。王沪宁教授谈到复旦大学队在首届国际大专辩论会的胜利时认为："在新加坡的胜利……从辩手的素质来说，是读书的胜利，是人格的胜利……辩手的辩论实力从何而来？我们一直十分强调人格的力量。这不是一种纯理论的结论，而是我们在整个辩论中得到的最深刻的认识。参加辩论，准备辩论，赢得辩论，均是对人格的一种挑战，也是对人格的一种要求。"又说："说到人格的力度，我想它是由多种因素组合成的。辩论的人格力度也是一样，最有优势的辩论队伍是，一上场大家就被你们的风格所吸引、所折服，无形中散发出一种力量，一种气势，一种能量。当然，要做到这一点是难上加难的。人格的力度包括了以上各种要素，其中价值判断是关键，即对一个问题的基本信念是确立人格的核心。我们在三场辩论中，队员们均确定了自己基本的价值判断。尽管立场是抽签决定的，但是对一个不能选择的立场，我们还是必须确定我们的信念。"这是很有道理的。辩论主体的人格，包含了进步的世界观和价值观、崇高的信念、高尚的思想品德、不卑不亢的性格、高雅不俗的气质、优美风趣的谈吐和从容镇定的心理素质等方面的内容。辩论对人格提出的要求，远非辩论主体短时间内所能达到。超越自我、充实自我、完善自我需要长时间理论和实践的准备和修炼。

近期准备是指为参加某场具体辩论活动所作的各项准备工作。一般包括分析辩题、搜集论据、确定谋略、前期演练四个环节，现分述如下。

(1) 分析辩题

分析辩题，主要是辨清题意，找出观点对立各方分歧之所在。辨清题意就是把握住辩题的含义，要把辩题中的概念内涵和外延都搞清楚，同时还要了解辩题提出的背景，因为辩题提出的背景正是它所使用的概念的语境，它直接影响到这些概念的内涵和外延。例如，在1993年国际大专辩论会上，首场辩论赛正方是英国剑桥大学队，反方为中国复旦大学队，辩题是"温饱是不是谈道德的必要条件"。复旦大学队在准备阶段对辩题作了如下分析。

温饱：饱食暖衣，即吃得饱、穿得暖的生活。换一种说法，也就是没有衣食之困。我们大致可以将人们的生活或生存理解为以下三种状态：第一种是贫困，即勉强地能够维持生活和生存；第二种是温饱，表明生活和生存状态较好，已经脱离了挨冻受饿的境地；第三种是富裕，指一种充足而有剩余的优越的生活和生存状态。

道德：社会意识形态之一，是人们共同生活及其行为的准则和规范，由社会舆论和人的良知、良心来支撑。

谈：原是说讨论的意思，此处则应作提倡、宣扬来理解。

必要条件：其逻辑含义是"无之必不然，有之不必然。"

在对这些概念的内涵和外延有了清楚的认识之后，在这一基础上寻找出核心概念。所谓核心概念，即辩论双方对辩题争论的焦点之所在。如"温饱是不是谈道德的必要条件"这一辩题，其核心概念是"必要条件"，而"必要条件"这一概念包含着"无之必不然"这层意思。这样一来，作为正方的剑桥大学队就获得论证一个比较绝对化、极端化的命题：没有温饱绝对不能谈道德。

了解辩题提出的背景，可使辩论参与者准确地把握辩题的现实意义和历史意义，帮助辩论参与者从更高的层次去理解、把握辩题，以进一步确立自己的论点，反驳对方的论点。

分析辩题的归宿，是要使辩题变窄，找出双方论点真正的分歧之所在。对于辩题中双方观点一致的地方可以置之不顾，而使双方有重大分歧或对立的观点凸现出来，抓住要害，针锋相对地进行争论和辩驳，这样才能辩得热烈、辩得精彩。当然，如果辩题本身的内涵就很窄，这后一步的工作就可省略。

(2) 搜集论据

论据，指的是用来证明论点的依据，是说明论点的理由和材料。分析辩题，确定对辩题的见解、形成自己的论点时，已经掌握了一定的论据。然而，为了更好地阐明和论证己方的论点，使之在辩论中争取主动，应付自如，得心应手，左右逢源，就有必要搜集充分的论据。刘勰在《文心雕龙·事类》中说："据事以类义，援古以证今"、"明理引乎成辞、征义举乎人事"，强调阐明道理应当引用别人的现成言论，说明某一意义也要援引有关的事例。这的确是经验之谈，可以作为论据材料的，大致有两个方面：理论论据和事实论据。前者指马列主义、毛泽东思想、邓小平理论的一般原理，党和国家的路线、方针、政策、法律和科学定律、原理、法则、以及以被证实的公理、假说和成语、俗语、格言、警句、谚语、歇后语等；后者指有代表性的人证、物证、事实、典型事例、历史资料、统计数字等。

搜集论据的基本要求是：与论点有本质联系的、必要的、真实的、典型的、新颖的。

①与论点有着本质联系的：是指这些论据的内涵和论点的内涵有着本质上的一致性，并能充分证明论点，能很好地说明论点的意义。只有具备了这一要求，才能构成论据。否则，这些论据的材料再好、再真实、再生动，对所要证明的某一论点没有本质上的逻辑联系，那也是毫无用处的。

②必要的：指阐明、论证己方论点和揭露、批驳对方论点是非常重要的、必不可少的论据材料。缺少了这些论据，就不能充分地阐明、论证己方的论点，或者就不能给对方的论点以致命地打击，将它彻底驳倒。

③真实的：真实是论据的生命。它是能否支撑论点、保证论点能否坚实地成立的问题，因为论据真实，论点才可靠；如果论据不真实，论点也就靠不住。因此，在辩论中所选用的论

据必须做到：完全真实可靠，确凿无疑，经得起实践和时间的检验。

④典型的：指富有鲜明特征、最有代表性、最能概括和揭示事物本质的论据材料。辩论时论据能否有力地阐明、论证己方的论点，揭露、批驳对方的论点，关键在于论据是否典型、精当。典型的论据不但有很强的说服力，而且能揭示事物的本质特征，具有小中见大、以少胜多、以一当十的功效。

⑤新颖的：指从不断前进的新生活中涌现出来的新人、新事、新情况、新成果、新经验、新数据、新方法、新思想的材料，还包括过去别人未曾引用的论据材料。在辩论中引用新颖的材料，不仅能给辩论带来新的生机和活力，而且还能令人耳目一新，印象深刻，引发听（观）众思想上的共鸣，从而收到出奇制胜的效果。

(3) 确定谋略

辩论是一种创造性的竞技活动，不但要"斗勇"，更要"斗智"。斗勇，是重在比谁的气势盛、能量大、意志坚定和信心十足；斗智，则重在比事先谋划周详，安排好攻守策略和整体配合技巧。

既然辩论是立场、态度、观点有着分歧甚至对立的各方就某一问题所作的是非正误之争，在言语交锋中就有"攻"有"守"。所谓"攻"，就是确定阐明、论证己方论点的方法和途径，揭露、批驳对方论点的方法和途径；所谓"守"，就是确定防守、抵御对方进攻的方法和途径。而要确定攻守策略，就必须做到"知己知彼"。《孙子兵法》说："知己知彼，百战不殆。"辩论和打仗是同理的。首先是要"知己"，即对己方的情况有全面和正确的认识：论点是否正确，论据是否可靠，论证是否严密，与辩论有关的材料是否准备充裕、耳熟能详，对己方辩论参与者的素质、性格、心理、辩论经验的估计等；其次是要"知彼"，即要充分地了解对方，不仅了解他们的观点、策略、优势、劣势等，而且对其参辩者的个人条件，诸如素质、学历、性格、心理、知识修养、兴趣爱好、生活经历、优缺点等，也要有较深入的了解。广义的"知彼"还包括对辩论时间、场所、听（观）众，尤其是对评委的文化层次、职业、年龄、性格、爱好及对辩题的倾向等的了解和掌握。只有切实了解和掌握了各方面的情况，才能因人、因题、因时、因地地综合考虑和设计出一种能应付各种情况的最佳辩论方案。

如果辩论各方是多人参加，或者是队式辩论赛，在确定谋略时，还要讲究整体配合，使参与辩论者是一个有机的整体，团结合作，协调作战。有的参辩者单兵作战能力强，个人辩论技巧相对说来较为娴熟，但如果不能与同伴在配合中发挥整体优势，单逞"匹夫之勇"，那是很难取得辩论的胜利。在这一点上，辩论与足球比赛是相同的：其水平的高低，在很大程度上是与整体配合的好坏所形成的团体实力密切相关。辩论强调整体配合，这就要求各方的所有成员在场上做到全攻全守，无论是揭露、批判对方的观点还是维护、辩解己方的观点，每个成员都要从全局出发，协调一致，默契配合，相辅相应，相得益彰。

(4) 前期演练

一些重大的辩论，尤其是表演辩论，演练的重要性和必要性是不言而喻的。因为预先确定的辩论方案是否可行，是不是最佳方案，只有通过演练才能判定；要达到深层次的"知己知彼"，也必须通过与"陪练"（假设的对立方）的对阵才能获得；参辩者心理素质的提高，辩论规程、规则、规律和方法的掌握，实战技巧的掌握，对辩题内容的熟悉，以及应对敏捷性的养成等，也都有赖于富有现场感的演练。

辩论前的演练是辩论获得胜利的重要条件和途径，这在表演辩论中尤为重要。

我国北大、复旦、南京大学代表队参加国际大专辩论赛之所以连连夺冠，与他们赛前的刻苦演练是分不开的。这里面凝聚了领队、指导老师和"陪练"的心血，是集体智慧的结晶。在前期演练中，应尽可能创造一种逼真的现场辩论气氛，要让练者完全进入辩论中所扮演的角色，严格按照该角色的立场、态度、观点、方法去思考和处理问题，以便在演练之中、之后发现各种问题，有针对性地采取各种有效的措施予以补救或纠正，使确定的辩论方案更加完善、成熟和符合实际，以争取辩论的胜利。

辩论的开始阶段

辩论的开始阶段，有如演戏拉开了帷幕，标志着辩论活动的正式开始。在这一阶段，主要是参加辩论的各方针对辩题表明己方的立场、态度和观点，提出己方的见解，亮出己方的论点。正是由于各方的立场、态度、观点有着明显的分歧甚至对立，才能引发出一场辩论。

俗话说："精彩的开头是成功的一半。"辩论的开始应力求做到"情信而辞巧"，起到"一锤定音"的作用。一是为内容定旨，即确定辩论内容的中心思想，使其像一根红线一样贯穿于辩论的整个过程；二是为情感定调，即为辩论的主观情感定下一个基调，使对方和听（观）众"披情以人久"；三是为语调定格，即做到声音高低适度，节奏快慢得当，切忌忽高忽低、突快突慢。高尔基曾经这样形象地比喻过："最难的是开头，也就是开头的第一句话。它好像是音乐里定调子一样，往往要费很大的功夫。"调子定高了，唱到半句就挑不上去了；调子定低了，又会把嗓子压得出不来声。调子定得准不准的依据是什么呢？就是全局，就是主旨。毛泽东在《革命战争的战略问题》一文中指出："没有全局在胸，是不会真的投下一着好棋子的。"主旨是在辩论时立论的基本观点和明确意图，是辩题的灵魂和生命，决定着辩论的质量高低、价值大小、作用强弱和影响好坏。因此，在辩论开始时，就要做到全局在胸，一切以主旨为依归。

在实际辩论中，如何提出己方的见解，亮出己方的论点，方法多种多样。有的开门见山，直接提出；有的先摆出对方的论点，树立靶子，在破中求立；有的将各方的论点同时摆出，正反对照；有的先举例证，引出己方的论点；有的创设话题，表明己方的观点，掌握辩论的方向等等，没有一定之规。必须根据辩论的实际情况，从辩论的目的、效果出发，选择提出己方见解、亮出己方论点的方法，参辩者可充分发挥自己的聪明才智，使辩论一开始就先声夺人，给人们留下美好的、鲜明的第一印象。

表演辩论没有实际辩论那么复杂，它要求一开始参辩双方必须直截了当地表明己方的立场，提出己方的见解，亮出己方的论点，使人们在辩论的开始阶段就能够清楚地了解双方的主要分歧和对立点在哪里，从而紧紧抓住评委和听（见）众的心，饶有兴趣地看双方如何辩下来。而不允许在开始时说一大堆与辩题无关的话，或东拉西扯，转一个大圈子，最后才落到辩题上来，徒然浪费大家的时间。

例如，1993年8月在新加坡举办的首届国际华语大专辩论会决赛场上，正方为台湾大学队，反方为复旦大学队，辩题是"人性是否本善"。辩论一开始，正方主辩吴淑燕，鲜明地亮出了他们的论点：

吴淑燕："大家好！哲学家康德主张，人不分聪明才智、贫富美丑都具有理性。孟子认为人性本善，所以进一步又加了一句，每个人都有恻隐之心。而佛家说，一心迷是真身，一心觉则是佛。正因为人性本善，所以人随时随地都可以放下屠刀、立地成佛。我方主张人性本善，就是主张人性的根源点是善的，有善端才会有善行。我方不否认在人类社会中存在有恶行，但是恶行的产生则是由外在环境所造成，所以恶是结果而不是原因。如果硬要说恶是因不是果，也就是说人性本恶，那么人世间根本不能产生真正的道德。虽然英国哲学家霍布斯极力主张在人性本恶的前提下人类可以形成道德。但是想想看，如果人性本恶，人类一切道德规范都是作为人类最大的利己手段。当道德成为手段时，道德还是道德吗？也就是说，人一旦违犯道德而不会受到处罚，人就不会遵守道德的约束了。深夜两点我走在道路中看到红灯，如果人性本恶我就会闯过去，因为不过是为了个人方便。便事实上并不会如此，仍然有许多人遵守交通规则。而根据人性本善的前提假设，霍布斯认为必须有一个绝对的、无所不在的权威监督每个人履行道德规约。如果人性本恶，没有一个人会心甘情愿地遵守道德规约，但是事实证明，人还是有善行、人还是有道德、还是有利他的行为的。如果人性本恶，那么我们只有两种选择：第一个是活在一个"老大哥"无时无刻不监督我们的世界当中；第二个是我们人类社会将是彼此不再相信。如果这样的话，我就会看到一个老太太跌倒了有人把她扶起来，人们则说他居心不良；而我们在辩论会中建立起来的友谊都是虚假的装腔作势。但是我们会发现，在人类历史社会当中，没有一个绝对权威的君主曾经产生过，但是舍己为人的事情在不断的发生。而在生活当中，为善不为人知的生徒小民更是比比皆是。泰丽莎修女的善行，大乘佛教中所说的"众生永远不得渡，则己终身不作佛"的慈悲宏愿，难道不正是人性本善的最佳引证吗？谢谢！"（掌声）

在正方主辩讲完以后，接着，反方主辩姜丰也亮出他们的论点，并对对方的论点提出了质疑和诘难：

姜丰："谢谢主席，大家好！我先要指出一点的是，康德并不是一个性善论者。康德也说过这样一句话："恶折磨我们的人，时而是因为人的本性，时而是因为人的残忍的自私性。"对方不要断章取义。另外对方所讲到的种种善行，那完全是后天的，又怎么能够说明我们命题当中的"本"呢？神话归神话，现实归现实。对方同学请你们摘下玫瑰色的眼睛看看这个现实的世界，就在你陈辞的这三分钟当中，这个世界又发生了多少战争、暴力、抢劫、强奸。如果人性真是善的话，那么这些罪恶行为到底从何而来呢？对方为什么在他们的陈辞当中，自如至终对这个问题避而不答呢？我方立场是：人性本恶。

第一，人性是由社会属性和自然属性组成的。自然属性指的就是无节制的本能和欲望，这是人的天性、是与生俱来的；而社会属性则是通过社会生活、社会教化所获得的，它是后天属性，我们说人性本恶当然指的是人性本来的、先天的就是恶的。

第二，提到善恶，正如一千个人心中会有一千个'哈姆雷特'，一千个人心目当中也许会有一千个善恶标准。但是，归根到底恶指的就是本能和欲望的无节制地扩张，而善则是对本能的合理节制。我们说人性本恶正是基于人的自然倾向的无限扩张的趋势。那个曹操不是说过：'宁可我负天下人，不可天下人负我'吗？那个路易十五不是也说过："在我死后哪怕洪水滔天。"还有一个英国男孩，他为了得到一辆自行车竟然卖掉自己三岁的妹妹。这些对方还能说人性本善吗？

第三，虽然人性本恶，但是我们这个世界并没有在人欲横流中毁灭掉，这是因为人有理性。人性要能通过后天教化加以改造，当人的自然倾向无限向外扩张的时候，如果社会属性按照同一方面推波助澜，那么人性就会更加堕落；相反，如果我们整个社会倡导扬善避恶，那么人性就有可能向善的方向发展，这一点也不正说明了儒家思想所倡导的修齐、治平、内圣、外王是何等重要吗？对方辩友，如果真的是人性本善的话，那么孔老夫子何必还诲人不倦呢？今天，对方辩友所犯的错误就在于以理想代替现实，以价值评判代替了事实评判。从感情上讲我们同所有善良的人一样也是希望人性是善的。但是历史、现实和理性都告诉我们：人性是恶的！这是一个事实，我们只有正视这个事实，才有可能扬善避恶。谢谢各位！"
（掌声）

俗话说："万事开头难"，辩论也是如此。然而，有的人认为表演辩论的高潮不在开始阶段，而在展开阶段，因而主张修改表演辩论比赛规则，建议取消开始阶段。我们认为，这种看法是片面的。因为：

其一，任何事物都有开始、发展、终结的过程，这是事物发展的一般规律，辩论也不例外。

264

其二，辩论的开始阶段，是给辩论找准"切入点"和"突破口"，又是定下基调之所在，对整个辩论起着领起的作用。

其三，辩论的展开阶段必须在明确了对方的论点、论据和论证方法的基础上才能进行。因为只有通过对方在开始阶段的陈词，才能掌握对方的立场、态度和相应的论点，以及支撑其论点的理论和事实根据；才能发现对方的薄弱环节，确定攻击的目标。同时，通过开始时双方陈词的比较，还可发现己方辩论方案的疏漏，准备好防守和辩护的措施。

其四，如果没有开始阶段双方辩词的铺垫，亮明各方的论点，那辩论就只能根据限定的立场，想象对方的论证依据和论证方法，作想当然的进攻和辩护，就会无的放矢，因而没有针对性，辩论也就不会有高度、深度和力度，效果自然不理想，观赏价值也不高了。

辩论的展开阶段

在展开阶段，主要是参辩各方紧紧围绕辩题展开辩论，全面铺开，进行辩护和辩驳。

所谓辩护，就是要掩护、袒护、维护、防护己方的论点。这可从两方面进行，一是"立"，即千方百计地证明己方的论点是正确的、可信的，是符合客观事物的本质和规律的；二是"破"，即千方百计地揭露、批驳对方的论点是错误的、荒谬的，不符合客观事实，是不能成立的。辩护，首先是立论要有理，即能如实地反映事物的全体、本质和内在联系，做到理当、理合、理直、理深、理透，防止理屈、理短、理亏、理浅、理乱；其次是立论要有据，因为论据是论点形成和存在的基础，论据确凿可靠，论点才站得住脚，论据才充分全面，论点才能有强大的说服力；再次，是推理和证明的方法要恰当，是富有逻辑性的论证，能揭示出论点和论据之间内在的逻辑关系，做到观点和材料的有机统一，这样的立论才有不可战胜的逻辑力量，同时，还要批驳对方对己方论点、论据和论证方法的攻击，指出这种攻击的"无理"、"背理"、"悖理"、"非理"、片面和荒谬。所以，在辩护中既有立论，又有驳论，有"立"有"破"，先"立"后"破"，"立"中有"破"。

所谓辩驳，就是要反驳、批驳、驳斥、驳倒对方的论点，指出对方的论点不正确、不合理、不全面、不符合客观事实，甚至是荒谬和有害的。辩驳的途径有反驳论点、反驳论据、反驳论证三种。反驳论点，就是针对对方的论点进行辩驳，指出它的错误性，彻底将它驳倒。辩论双方的分歧和对立主要是论点的分歧和对立，因此，论点是反驳的主要对象，是反驳的目的之所在。反驳论证，就是驳斥对方论点所依凭的事实和理由，指出它是片面的、虚假的、不符合实际的。错误的论点往往是建立在虚假的论据之上的。俗话说："皮之不存，毛将焉附？"因此，只要将论据驳倒了，其论点也就不攻自破。反驳论证，就是驳斥对方在论证过程中逻辑上所犯的错误，指出论据和论点之间没有必然的逻辑关系，因而从这样的论据中推导不出它所得出的结论。事实上，在辩驳对方的同时，也要不断地阐明和论证己方的论点。"破"和"立"是辩证的统一。所以，在辩驳中也是既有驳论，又有立论，有"破"有"立"，先"破"后"立"，"破"中求"立"。

266

《晏子使楚》是大家熟悉的历史故事。从这个故事中，我们可看到辩论的展开阶段的精彩场面。

春秋后期，齐国国君派晏子出使楚国。当时，虽然齐、楚都是大国，但楚国强大，为五霸之一，而齐国弱小，根本不能与楚国相匹敌。楚王依仗自己国势强大，想乘机侮辱晏子，显示一下楚国的威风。楚王得知晏子身材矮小，当晏子来时，叫人在城门旁边开了一个五尺高的洞，要求晏子从这个洞钻进去。晏子看了看，对接待的人说："这是个狗洞，不是城门。只有访问'狗国'，才从狗洞进去。我在这儿等一会儿，你们先去问个明白，楚国到底是个什么样的国家？"守城门的人立刻把晏子的话传给了楚王。楚王只好吩咐大开城门，把晏子迎接进来。晏子见了楚王，楚王瞅了他一眼，冷笑一声说："难道齐国没有人了吗？"晏子严肃地回答："这是什么话？我国首都临淄住满了人，大伙儿都把袖子举起来，就能够连成一片云；大伙儿都甩一把汗，就能够下阵雨；街上行人肩膀擦着肩膀，脚尖碰着脚跟。大王怎么说齐国没有人了呢？"楚王说："既然有这么多人，为什么打发你来呢？"晏子装着很为难的样子说："你这一问，我实在不好回答。撒个谎吧，怕犯了欺君之罪；说实话吧，又怕大王生气。"楚王说："实话实说，我不生气。"晏子拱了拱手说："敝国有个规矩，访问上等国家，就派上等的人去，访问下等的国家就派下等的人去。我最不中用，就派到这儿来了。"说着他故意笑了笑，楚王也只好赔着笑。晏子使楚期间，有一天，楚王正设酒席招待晏子。一会儿，有两个武士押着一个囚犯从堂下走过。楚王见了，问他们："那个囚犯犯了什么罪？他是哪里人？"武士回答说："犯了盗窃罪，是齐国人。"楚王笑嘻嘻地对着晏子说："齐国人怎么这样没出息，干这种事情。"楚国的大臣们听了，都得意洋洋地笑了，认为这可以使晏子难堪、丢脸。那知晏子面不改色，对楚王说："大王怎么不知道啊？淮南的柑桔又大又甜，可是这种桔树一种到淮北，就只能结又小又苦的枳，这不是因为水土的不同吗？同样道理，齐国人在齐国能安居乐业，好好劳动，一到楚国，就做起盗贼来了，也许是两国的水土不同吧。"楚王听了，只好赔不是说："我原来是想取笑大夫，没想到反倒让大夫取笑了。"从此，楚王十分尊重晏子，不敢再小看齐国。

在辩论中，辩论内容的展开，不论是横向结构还是纵向结构，各结构层次之间结合部的衔接，在表演辩论中各位辩手表示内容的前后衔接都是十分重要的。越是庞大的体系就显得更加重要，因为辩论的内容不管怎么复杂，都必须纳入辩论特定的时间顺序之内。时间的一维性，使得辩论内容的立体性发生形变。我们知道，辩论内容的结构层是无法凭借视觉加以把握的，而听觉对结构层次的把握又要受限于时间的一维性。根据对方和听（观）众把握结构层次的特点，必须在结构层次中具有明显的自然有声语言的衔接标志。这通常有两种形式：一是用大小的序号引导，表明结构层次的衔接关系；二是用连接词或连接句表现辩论内容的逻辑结构层次和相互承接的关系，以此起到串联思维的作用，使对方和听（观）众在头脑中形成清晰、完整的印象。

成功的辩论都离不开对辩论环境的控制。只有在辩论中始终占据主动，控制辩场气氛，主导辩论的方向，紧紧抓住对方和听（观）众的心，才能产生良好的辩论效果。对于时间较长的辩论有效的控场尤其重要。控场的主要方法有二：

一是通过新颖、精彩的辩论内容和摄人心魂的气势来吸引听（观）众；二是诱发听（观）众的参与心理，引起心灵上的共鸣，关注辩论的进行和结果。

表演辩论在展开阶段有其特殊性。在张霭珠所著《谋略之战——辩论赛的理论、筹划与运作》一书中，将表演辩论分成三个阶段：第一阶段：开始——陈词；第二阶段：展开——辩论；第三阶段：终结——总结陈词。并以"星岛模式"为例，将辩论赛的起承转合作了如下表述。

一辩的"起"：开宗明义，表明立场，阐明主要因果关系。

二辩的"承"：合理演绎，提供充分论据，理论引用得当，说理透彻。

三辩的"转"：由说理转入事实论证，从社会实践的角度对立场做更深入的剖析。

四辩的"合"：系统归纳，批驳对方的矛盾和失误，将辩题内涵升华，从价值判断高度总结本方立场，达到"一览众山小"的论辩高度。

这里所指的第二阶段和"承"、"转"两个环节，都属于辩论的展开阶段。

辩论的结束阶段

这是辩论最后得出结论的阶段，也是分清是非正误的阶段，也是辩论的落脚点和归宿。拿破仑曾经说过："决定战争胜败的关键，往往在于最后五分钟。"其实，任何事物争锋较量的关键，都取决于最后的那一小段时间，辩论当然也不例外。由此可见，终结阶段在整个辩论过程中，是最不可忽视的。

通常的情况是，各方辩论的结果，对辩题取得了正确的认识，或一方将另一方辩倒了，一方的论点可以将辩题解决了，辩论也就终止了。我们这里说的辩题得到了解决，是指辩题所涉及的内容取得了正确的认识，判明了是非、正误、优劣、善恶、美丑，在一定程度上掌握了真理。然而，在辩论实践中，辩论的终结阶段并非如此简单，大体上会出现三种情况：辩题得到解决，辩题部分得到解决，辩题没有得到解决。这三种情况的具体表现形式又是多种多样的。

第一种情况，辩题得到解决，具体表现形式有：

①分出胜负。即一方胜，另一方负。负方有主动、有被动之分。负方被动者，就是确为胜方所击败；负方主动者，则是负方信服胜方的论点，主动放弃自己的论点，自行承认失败。

②未分胜负。即辩论各方最后未分出谁胜谁负，但是辩题却得到了解决。如某些学术辩论，虽然参辩者各方的论点各持一端，但都有合理的成分，它们从不同的侧面论述了事物或事理的性质、特征和规律，都有可取的地方。将他们的认识归纳起来，取长补短，集思广益，就基本上能将辩题加以解决。

第二种情况，辩题部分地得到解决，具体表现形式有：

①分出胜负。胜方的论点并未完全解决辩题，它仅仅在辩题范围内部分地寻求到正确的认识。

②未分胜负。虽然参辩各方在各自的范围内，针对辩题展开辩论，在不同的侧面或在一定的程度上，取得了正确的认识，但将他们正确的论点集中起来，并未完全、彻底地解决辩题，只是部分地解决了辩题，或为今后解决辩题指明了正确的途径和方法。

③求同存异。参辩各方对辩题各持己见，旷日持久，终无结论。从各自的立场出发，都有合理的地方，谁也说服不了谁，就只能求同存异了。外交辩论大多属于这种情况。

第三种情况，辩题没有解决，这种情况的表现形式比较复杂：

①分出胜负。胜方并非论点正确，负方亦非论点错误。辩论各方以其辩论策略和技巧的优劣而分出胜负，即策略和技巧高明者获胜，策略和技巧欠缺者败北。虽然分出了胜负，但辩题并未得到解决。表演辩论多属此类情况。

②未分胜负。参辩各方论点都有错误，都不能解决辩题。各方都不能说服对方，分不出胜负，最后只好不了了之。日常辩论多属此类情况。

③求同存异。这其中的"同"，恰好不是正确的认识，虽然观点相同，当然无法真正解决辩题。这其中的"异"，却可能有真理的成分，又不为己方所坚持，也不为对方所接受。虽然辩论各方相互妥协，彼此让步，但对解决辩题没有什么益处。

④两败俱伤。这是一种特殊的不分胜负的辩论形式，如在有些政治辩论、商贸辩论中，辩论各方坚持各自的立场，互不相让，结果导致矛盾加深，解决问题更加艰难，从而给人以可乘之机，造成"鹬蚌相争，渔翁得利"两败俱伤的局面。

在表演辩论中，终结阶段也是非常重要的。这是因为辩论双方都要由辩手对己方的观点进行总结，进一步批驳对方的立场和论证中的问题，系统归纳己方的立论与依据，并在价值层面上予以升华；同时，还要由评判团代表予以评决和由辩论赛主席宣布辩论比赛结果。

以上所述辩论的过程分四个阶段，只是理论上的划分，而在实际辩论中，这四个阶段的划分并不十分明显。有时某些阶段可能交叉，甚至糅合在一起。在那些即兴辩论中，就更难区别这四个阶段的临界线了。我们之所以对辩论过程作如此的划分，目的在于使人们对辩论的进程有个理性的认识，从而有助于掌握辩论的基本步骤和一般规律、规矩、规则、规范和规程。

如何使对方哑口无言

所谓三十六计，走为上策。遭受攻击时，如果没有把握胜过对方，最好是赶紧撤退，以免使自己陷入僵局。当然，这是不得已时才采用的方法。

但是，撤退不是溃退，应该讲求技巧。

让对方哑口无言的诀窍，便是使对方陷入茫然，不知所措的状态中。因此，只要打断对方思考时的正常流程就行了。

最简单的方法，是在对方说话时，郑重其事地边点头边说："有道理"、"原来如此"、"然后呢?"、"最后怎样了?"

这样一来，大多数人都无法保持原有的冷静。不久，连自己在说些什么都会搞不清楚，因此音调都会逐渐降低。此时，你只要再进一步说："哎呀，你赶快说下去。"对方的整个思考节奏就会被全盘打乱。接着，你可抓住契机改变话题，换上你早已有准备的内容，你也就不怕对方了。

另外，可以使用抽象语言和难懂语言使对方陷入茫然。

当对方根据具体的事实，有条不紊地进行谈话时，如果你估计没有多大的胜算，不妨用语言打烟幕战。

例如当孩子要求增加零用钱时，你可以参考以下的说法。

孩子："因为……，所以我的零用钱根本不够花。"

母亲："唉，你不了解家里的情况。如今货币升值，你爸爸的公司大喊吃不消，或许奖金都会大幅度减少。再说，你有没有想过，学生时代本来就应该心思用在课本上，其他像服装或休闲活动等，必须符合自己的身份。我们不是有钱人家，你年纪也不小了，应该为家里想想啦！"

在这个例子里，是将零用钱这个具体的问题搁到了旁边，先提到国内经济状况和家中的情况，再扯到学生应有的做法。

像这样，以高度抽象的事实来加以说明，使具体的问题相形之下显得不重要了。因为这具体问题将会被"大问题"所淹没。

此外，也有以难解的语言，使对方一时陷入茫然中。这种方法尤其对自尊心特强的人或自卑感特重的人更为有效。其关键是使对方误以为某事只有他不知道，其他人早已详知。

在会谈中，经常有人会在汉语中夹杂一些英文词句，也有人喜欢引用名人的名言提高自己的说服力，如"康德说……"、"列夫·托尔斯泰说……"等等。这些做法都在于增加对方的心理压力，从而增加辩论取胜的概率。

因为当人的脑中呈现纠葛状态时，判断力往往会减弱。所谓的纠葛状态，就是指迷惑不定，不知如何是好的状态。

如果对方以"这问题必须赶快解决，请立即作决断"为由，不断地逼迫你时，你可以说："我知道这问题很紧急，但若考虑到事情的重要性，就不应该急于一时。欲速则不达，凡事还是慎重地进行较好。"

这么说的意思是，强迫对方重新思量紧急性和重要性这两项判断要素。

如果对方不能由此两项判断要素选择其一，难免会左思右想而迷惑不定，最后只好稍作退让，认为解决的时间拖得久一点，也未必是坏事。

"重要性"的定义范围很广。因此一开始便强调它，可使对方如坠入五里雾中。若对方反驳说："你所说的'重要性'，事实上，并不比我说的紧急性重要。"你也可以如此反击："这只不过是你考虑过多而已。关于这一点，或者大家都有各种意见，所以，还是慎重行事为宜。"

这里使用"大家"这一抽象语言，是为了增加效果。因为任何人都不知道"大家"究竟是指哪些人。

善用语言，也可使对方坠入茫然中。

274

"大致上众人的意见是一致的"。在此，"大致上"究竟是什么意见？这是善用语言，使对方觉得好像有所一致而同意的权宜之计。只要对方同意，以后再适当处理细节就行了。

当会议进行得不十分顺利，并有意见纷纭时，不妨说："我看，会议到此暂时中止……"这是使用语言的隐遁术。因为虽然会议尚未有结果，但与会者大都希望就此收场，以免无聊地拖下去。这时如果有人锲而不舍地说："等一等，在没有产生结论以前，应该继续讨论下去。"此人将会遭到大家无言的抗议与反感。

A："我不了解这项方案情况。"

B："既然已到了这种地步，以后做也顶多只是五十步和一百步的差异而已。结果都是一样的。"这是一种以语言打烟幕战的方法。俗话说，"五十步笑百步"，其实并无多大差别。

B所说的话乍听起来似乎颇有道理，也就是说，很容易让人忘了在现实生活中，五十步与百步的差异是非常大的。

技巧地使用含义不明的字句，也能产生极佳的效果。

上司："我希望你们自主地去实施计划。"

部属："这么说，我可以自行判断并放手去做了。"

上司："不错。但你要多主动地提出报告，汇报进展情况。"

部属："那么自主地实施是什么意思？主要是表现在哪些方面？"

上司："主要是说你们要好好地思考过后再做任何事情。"

部属："哦？"

在这个例子中，上司以"自主性"字眼使部属坠入五里雾中。虽然上司反复强调其部属"自主地"实施，但真正的意思是"你们要和我商量过后再去实施"。这一模糊的字眼取代了命令或说法，容易使人接受，使用这一字眼的目的仅限于此。

有时在辩论中笑也有独到的效果。当对方给你出了难题时，你可以反复笑着说："瞎说，别开玩笑！"由于你的表情显得既不在乎又自然，对方反而会开始担心，以为自己哪里真出错了。在这些时候，耐性是最重要的。

反击术的运用

当对方以一大篇道理来进攻时，采取反驳和反证的反击术，将十分有效。此时，己方观点即便有弱点软处可抓，但应该相信，对方也很可能有类似的软处和弱点。因此，只要刻意进攻对方的弱点并主张自己的逻辑，将是明智的。以下针对各种情况分别介绍各种反击术。

(1) 对方以大道理进攻时

如果你能否定对方的逻辑，大可加以反驳。当对方向你进攻时，他可能就是针对"辩论三要素"（事实—论据—结论）的弱点，分别加以否定。例如，针对事实而言，他会攻击"根据我们的调查发现，根本没有这种事实"。或者举出相反的事实，反而引起一场围绕事实的争论。

要在这种场合获胜，最重要的是，必须再度证明自己所举出的事实，以及否定对方所提相反的事实。这时的问题是，必须注意事实的正确性以及权威性。

如何证实这一切，关键在于要根据初步资料，即根据实际调查所获得的事实材料。

此外还可依据最具权威的专家所认定的事实。

对方进行反驳时的第一步骤可能如下："根据我们的调查，不仅没有此事实存在，而且真正的事实刚好和你所说的相反。"这时，你可向对方提出要求："请你们发表进行调查的人员情况、调查方法、分析方法以及结论。"接着，寻找对方暴露出来的弱点进行反击。弱点总是有的，调查结果绝不可能无懈可击。

这种反击法，仅限于确信己方的事实更正确时使用。

同样是以大道理来进攻，但对方有时会以忽视现实的"应有论"进行攻击。

例如，对方说："你们说，此产品卖不出去。但这是我们经过市场调查，花费不少苦心才开发出来的产品，怎么有卖不出去的道理？应该是可以顺利销售的。是不是你们营业部不努力？只要大家全力以赴，相信是有办法的。"

要反驳上述这段话相当困难，除了提出使对方不得不认同的新事实外，别无他法。例如，请具有权威的行家针对此商品的消费者意见进行调查，并且请对方参与，以免日后产生调查结果时，对方又会说："别人的调查，不可信赖。"

其次，要介绍攻击"论据"而加以反驳的情况。一般而言，整理的论据总有破绽存在，只要针对破绽就足够了。

例如，你主张："上班时间跑到咖啡厅去喝咖啡，违反公司的规定。"结果对方反驳说："知识分子所从事的是脑力工作，喝咖啡可使头脑更清醒，有助于思考工作方面的事，因此喝咖啡也等于是工作。"

对此，你应该如何反击对方的说法呢？

对方的论据是："只要在想工作方面的事，就等于是在工作。"若此论据正确无误，那么，就等于说下班回家后，仍然有很多人在工作。因此，你必须用公司的规定来反驳对方的论据。例如，不在自己的岗位上，为了喝咖啡跑到咖啡厅，显然已违反了公司的规定。不必在"工作定义"上与对方多费口舌。

还有，当对方提出这一论据时，除了上面反驳外，还可以用旁敲侧击的方式进行。例如，你可以要求对方："只要你拿出确实能证明他们一直在思考工作方面事情的证明，我就相信你。"要拿出这种铁一般的证明，是困难的。

这种侧击方式的优点在某个和尚的故事中也有所反映。有一天，几个人故意为难一位和尚，要求他抓住画在屏风上的老虎，这位和尚听后不慌不忙地说："你们从一边把老虎赶出来，我自然有办法抓住它。"

(2) 当对方转换逻辑时

我们有时能听到这样的话："他所说的话我很理解。可是看他说话时的那种神情，怎能让人接受？我就讨厌他说话的模样。"

这是将合理的逻辑，转换成感情逻辑的例子。

对于感情逻辑，必须以感情逻辑来应付。例如，当双方在进行交涉时，其中一方对另一方颇有反感，其理由是："既然他们有求于我们，好歹也应该客气一些，怎么一开口就说'你们必须协助我们!'简直莫名其妙。"

如果发现了这点，对方便应改变战术，放低姿态。

再看下面一段转换的情况。

夫："你平常不好好管教孩子，所以孩子才会这么差。"

妻："我整天忙着做家务，总不能有分身法吧?"

夫："我不是这个意思。我只是要你尽量多注意他的情况。"

妻："你是说，我还不够注意他?"

夫："不，我是说……"

妻："既然你这么说，我倒要问你，你认真地为孩子做过哪些事?"

夫："当然做过，但我和孩子在一起的时间很少……"

妻："那我还不是一样?"

夫："这……"

这段对话的主题原本是：孩子太差劲，应如何改善？结果却不是如此。由于提出话题的方式不对，因此才让妻子有机可乘，并摆出防御与反击的架势。最初，丈夫的主张是"妻子应多管教孩子"，最后却被妻子转成"丈夫也应为孩子多想想。"

那么，上述对话的结果可不可能改变呢。

有两个契机作为丈夫是应该把握住的。一是最初提出话题时，只希望对方对孩子负责的说法是欠妥的。二是当感到话题逐渐偏离主题时，就应暂停"进攻"，使对方恢复心理平衡状态时再设法进行下去。如当说到"我整天忙着做家务"时，丈夫应该立即停止进攻，采取缓冲语气说："的确，在忙家务时还要抽空管孩子，确实很难。那么，你认为什么时候去管比较适当呢?"这样一来，既不会伤害到妻子，又可激发其自发性，使她动脑筋提出建设性建议。

由此可知，对方想转换话题，主要是为了采取防御手段。因此在这个时候，你若采取锲而不舍的攻击方式，必败无疑。

在外交场合，当谈判或国际性会议陷入僵局时，常会有人严肃地说："再谈下去毫无意义可言，因此我们要求退席。我再说清楚一些，导致今天这种状况，你们要负全部的责任!"

这也是运用了逻辑转换。事实上，交涉陷入僵局，很难说是某一方的全部责任。一般而言，其中必有一方提出对方认为苛刻的要求，也必有另一方无法接受对方的要求，这样才会导致僵局。而通过这样的逻辑转换，责任便加到了某一方的头上。

(3) 如果对方攻击细节

这是吹毛求疵的作风。当A、B双方大致上获得协调、快接近结束的时候，A方却不厌其烦地吹毛求疵，使另一方觉得扫兴。然后A方乘机要修改B方原已确定的大原则，B方往往为顺利结束而接受对方的得寸进尺的要求。要对付这种方法，应该对其部分攻击不予理睬。除非对方所攻击的是你细节中的要害，否则便可反驳说："的确，这部分是有探讨的余地。不过，轻重缓急必须弄清楚，我们必须优先考虑大原则是否正确。"把讨论主题拉回到原则问题上来。

例如，一艘轮船在海上遇险。这时最主要的论点是"如何拯救所有的旅客和船员"，至于"遇难旅客的赔偿问题"、"救女性旅客登小艇时应注意礼貌问题"等，则是次要的问题。

(4) 当对方重视感觉时

一位上司对部下所提的建议表了这样的态："你的设想很周到，精神可嘉。但我觉得未必可行……"、"哪里应该修改呢?"、"我一下子也说不准几个环节有问题，反正总觉得它不太可行。"

这样的态度很难对付。因为你找不到反击的目标物，除了恭敬退场外，别无良策。当然，你不可小视上司的直觉，因为他毕竟经验丰富，比你更能意识到危险的存在。在此基础上，你可以不厌其烦地将稍作改动的建议方案提出，最后肯定会使建议符合上司的直觉。这未尝不是一个方案的完善过程。

一般人是比较习惯使用直觉的，这本身也是感情逻辑的范畴。此时，对方使用感情逻辑，你不应轻易退让。例如：

A："我请你办这件事。"

B："这件事很难办，太没把握了。"

A："困难在哪里呢?"

B："外部环境不利，且又有其他部门来阻挠。"

A："不要先下这样的结论。"

B："我感到这事办不成，所以不敢答应。"

此时，你应该让 B 具体提出他办不成的观点和根据。接着再告诉他，"你说这件事办不成? 好，现在我们一起来想使它办成的方法。"这样就堵住了 B 的退路，然后再向前推他一把，于是，"办不成"的观点很可能消失了。而"可能办得成"的依据却增加了许多。B 也就容易提起努力去办成的兴趣和干劲。

上述例子表明，当对方以重视感觉的逻辑拒绝你的要求时，你可用根据事实的逻辑，说道理让对方了解。最后别忘了说上一句："相信这样你一定能办成。

推翻对方观点的秘诀

如何推翻对方的说法并进而说服他呢？这需要战术。

（1）二等分式的战术

所谓二等分式，就是取两者之中庸的方式。当然，这并不是指绝对的中间值。例如，某厂要以 40 万元的价格，将整套设备出卖。这时，买卖双方的反应过程可能是：

①毫不留情地说："哪有这么贵的价格！"

②于是，卖方提议："减少 2 万元。"

③买方仍然抱怨："还是太高了。"并暗示卖方：目前有许多厂商在和他们进行交涉洽谈，价格都相对便宜，甚至可能取出估价单故意在卖方面前晃一下，以逼对方降低价格。

④当卖方再减价 1 万元时，买方还不肯接受。这时，卖方难免会有不耐烦的神色，于是买方才第一次表示自己的底价是 27 万元，与买方的价格相差 10 万元。

⑤为了做成这笔交易，卖方最后的提议是在差价部分采用

二等分方式，要买方再加 5 万元，自己再让 5 万元，即定为 32 万元。

这是正常的反应过程，如果买方认为还可有压价的余地，则会提出第六个反应程序。

⑥如果要采用二等分方式，应取双方最后差价的中间数，亦即卖方定的 32 万元和买方报价的 27 万元之间的中间价，等于 295000 元。

有时为了改变对方的观点，采用拖延战术、使对方心理动摇的战术、伪装撤退的战术、气势夺人的战术，方法下面分点介绍。

(2) 拖延战术

买方可以一味地寻找各种理由拖延时间。他们若明知卖方有截止时间，便更要拖到快临这个时间。这时，卖方一定很难忍受，往往会削弱正常的判断力，作一些开始时不肯作的让步。此时卖方的心理可能就是"只要多多少少赚点钱就算了"，而这正是买方有机可乘的依据。

日常生活中，消费者去选购商品，要卖方将售价降到最低的要诀，就在于使对方产生这样的心理状态。因此，你应向卖方提出一些问题要他说明，而且要陆续提出来。例如，"能不能再便宜一点？"、"这种类型的商品，性能会不会比其他厂家或其他牌号的商品差？"、"会不会容易损坏？"、"售后服务怎样？"等等，当对方针对你的问题一一解答后，你只要说："看来不错，让我再考虑一下"，然后作出欲离开的姿态，此时卖方便容易主动降价到下限了。

当然，如果有时间，不妨真的离开柜台，然后隔一天的中午再次光临这柜台，并告诉售货员："我是利用中午休息时间跑来的，时间不多，如果能降×元，我现在就买，否则，我明天就要出差了。"

售货员此时会怎么想呢？他往往会这样想，如果这笔生意不成，岂不是白花了那么多的精力？因此你更有把握以下限价买到这个商品。

使对方投入较多的精力和时间，直到焦躁不安时，对方会较易接受让步的要求。

(3) 使对方心理动摇的战术

先用强硬的语气，后改用温和的语气，人们通常会由戒备状态松弛下来。相反的，当事情进行得很顺利时，如果突然听到对方强硬的语气，心理上便会备受冲击，这时若抓住机会提出解决方案，也容易使对方接受。

(4) 伪装撤退的战术

当彼此的意见相互对立，问题毫无解决的希望时，应突然大声地说："这样的会谈再持续下去，只是浪费时间罢了。必须结束了！"然后愤然离席。但此时别忘了向对方说："这次会谈破裂，你们要承担责任。"

这种战术若与拖延战术并用，将相得益彰。因为对方认为直至目前为止已费了很多精力和时间，如此毫无结果不了了之，未免遗憾，因而会产生作些让步以求结果的心态。

(5) 气势夺人的战术

例如，你向对方说："这是常识，你怎么会不懂呢？"对方往往会被震慑住，真以为自己才疏学浅，不懂常识，在心理上便将自己置于被动地位。

在公司里，老职员们也经常用此法对付新进的人员。他们会说："这也难怪，因为你还不了解公司业务的实际情况，但我要告诉你，这是常识。"在这种对话中，听者大都会连气都不敢吭一声，更别论再坚持自己的什么观点了。

为了推翻对方的观点，有时个人会显得寡不敌众，势单力薄。这时，不妨合理调动己方的拥护者的力量，来达到战胜对手的目的。

比如在会议中，要让反对者充分表达反对意见，直到说完为止，然后再由己方的拥护者提出意见。在此情况下，会议主持者往往会受后一种意见的影响。如果是这样，主持者就会很巧妙地向拥护者提出询问，将局势扭转过来，并在适当时机加以归纳。归纳前还可讲一番缓冲的话："这次大家都坦率地提出了宝贵的个人意见，很有参考价值。下面我简单地把大家的意见归纳一下，作为会议的决定。"毫无疑问，最终的决定肯定对后一种意见采纳得更多一些。

这样，反对者可能不会再说出新的意见。他们已经有言无不尽的满足感，便会有自我安慰的心态："反正该说的都说了。"

在某地，人们为了改善当地的饮食习惯，发起了吃牛内脏的运动。原来当地人从来不吃牛内脏。此时，主妇们被分成两个群体。

在第一群体中，专家反复宣传牛内脏的营养价值。而另一群体，在听众简单的演讲宣传后，分发一些资料，开始进行小组会议。主题是"如何使内脏加入我们的饮食生活"。专家也参加会议，但仅在有人提问时才回答。

后来，经过追踪调查发现两群体产生了两种不同的结果。

A：只听详细说明的第一群体中，回家后将牛内脏端上餐桌的比例相当高。但后来其比例却迅速降低，最后终于不再吃它。

B：召集小组会议的第二群体，刚开始时对牛内脏不热衷，但后来却逐渐提高比例，并一直维持很高比例的人食用牛内脏。

由此看来，开过会议且相互讨论交谈，对小组成员态度和行动都有极大的影响。她们可能不愿采取和他人不同的行动而坚持食用。这是团体意识的作用。

这种团体意识作用也表现在观点交锋的其他场合。再以会议为例，如果某人发现支持自己意见的人处于少数时，就会明显地感觉到众人的压力，感到孤立无援，因而也就容易动摇或放弃原有的观点。

立于不败之地的防御术

你的话中一旦出现破绽，便很容易被对方驳倒。因此，进行谈话时，最重要的是必须不露破绽，不让对方有可乘之机。但是，要做到天衣无缝，是很困难的。那么，如何挽回破绽呢？首先，要巩固自己辩论中所涉及的三要素。

如果对方抓到你所说的事实并不真实的把柄，你将全面崩溃。因此，你必须有周全的准备，使对方无论自哪个角度都找不到破绽。这是上策，防破绽于未然。

可能出现的差错，是你误将事实的一部分当作全盘情况。有经验主义习惯的人最容易落入这一陷阱，这种人的口头禅便是："根据我的经验——"。而当他被对方迎头一棒，"你所谓的经验，只是你所经验过的部分和方面而已。"此时他便无言以对。

问题在于，要依据归纳法，提出"由这些事实加以推论而归纳"的意思，必须有多少事实呢？作归纳时的推论，常有"由这项事实可说"的范围限定。因此你的观点也要限定为"根据这项事实所表示的……"

所谓"论据"，作为辩论三要素之一，其实就是你推论的证据。比如，当你想根据"迟到者太多"、"请假人太多"、"常出工作差错"等事实，而得出"这部门业绩太差"的结论，就必须有"纪律涣散的部门必定导致业绩下降"的论据。

一般而言，论据需要有科学研究的支持才能证明。但通常情况下只要能够为一般人所接受，而且当时在场的多数人认同，也就可以了。

要防止"论据"上出现破绽，这是一件难度较大的事情。因为有的论据可通过科学的因果关系证明。而像价值观等软"论据"便困难一些。

例如，类似下面的情形：

A："最近的年轻人真不像话！"

B："为什么？"

A："他们将工作当作游戏。甚至还说，必须在快乐的气氛中才能工作，但工作本来就是既辛苦又严肃的事情。"

B："确实每个人都希望快乐的过日子。"

A："以游戏般的态度去工作，怎么能有工作的高效率。"

在这段对话中，A 的论据"不应以游戏般的态度面对工作。"这一论据是否正确，不能光看字面，如果仔细分析这段对话，那么就会发现 A 将"快乐地工作"变成"游戏般工作"，缺乏说服力。B 如果愿意，显然也可以找出其他的论据来论证"快乐地工作"有利于工作效率。

因此，在辩论中这种模糊不清的论据还是最好不用。比如改说"最近的年轻人难以支配"并以"不应逃避艰苦的工作"为论据，对方就比较难以否定其论据了。

再次，要想出一个自己的结论不被否定的防御策略。因为对方很可能会根据与你完全不同的事实和根据，来否定你的结论。

当然，采取防御措施是件相当困难的事。不仅要先预测对方所可能提出的结论，也要多方刺探对方的虚实，最后再拟出对抗对方的策略。

因此，你必须先站在否定的立场，思考否定时所可能提出的观点，接着再想出条理略胜一筹的结论。

这样，就涉及到需要检查语言中条理有无矛盾之处。关键是要注意如下要点。

(1) 有无一贯到底的逻辑

在我们说话时，难免偶尔会脱离逻辑的轨道，因此务必先检查逻辑问题。否则，对方一定会抓住辫子不放。克服逻辑问题的有效办法之一是语言简明扼要。

(2) 是否语意不明

语意不明的部分，最容易受到攻击。比如说，你提出"今年的新进人员毫无工作干劲"的意思，如果对方有意找碴，便会问你："你所说的新进人员究竟是指哪些人？是大专毕业的还是高中毕业的？是男性还是女性？"他甚至会说："根据调查显示，女性员工干劲不足，你认为呢？"此时即使你能勉强作答，对方也会很快地追问："如何评定干劲的优劣？"因为干劲的解释常常因人而异。你如果回答说："有干劲是指自动自发地工作"，"没有任务指示也会主动协助他人"等，对方仍然会问："难道遵守规章制度，热衷于本职工作，有强烈的责任感，就不算是干劲吗？"

最好能避免这些语意不明的话。尤其是和年轻人交谈时，若提出语意不明的论据，不仅无法沟通，甚至还会引起争论。

(3) 归纳性推论和演绎性推论的查核

归纳法是将许多事实经过比较、综合，再找出其中共性的方法。相反，演绎法则要由少数的原理引出更多的结论，从而说明事物的规律。

由于日常生活中的实用性的缘故，因此大都使用归纳法。然而，使用归纳法时必须严密，避免露出可让对方攻击的破绽。我们常由"许多年轻人在公共汽车上不肯让位"归纳出"年轻人不懂礼貌"的结论。但这里的"许多年轻人"是个含糊的概念，其占年轻人中的比例怎样？这都关系到结论的成立与否。因为结论中已变成了所有的、至少是大多数年轻人。

作演绎性推论时，也易被对方击中弱点。演绎推论的程序典型的是"三段论"。例如：

所有的人都会死（大前提）。

A 是个人（小前提）。

所以，A 会死（结论）。

这时，必须先证明大前提和小前提都是事实。

但有时三段论也会被误用。例如：

大人都喜欢说谎（大前提）。

老师是大人（小前提）。

所以，老师喜欢说谎（结论）。

在这里，问题在于大前提未经证实。因为并非所有的大人都喜欢说谎。

再看一个例子：

并非所有的大人喜欢说谎（大前提）。

老师必须教育孩子（小前提）。

所以，老师不会说谎（结论）。

这时，虽然前提都是正确的，但逻辑上却出了错误。

在公司中提建议时，如能获得部门的同意便较易成功（大前提）。

这项建议有可能获得部门的同意（小前提）。

所以，这项建议会通过（结论）。

在此，即使假定和前提都对了，但结论却出了问题。问题出在小前提上。由于"有可能"并不意味着"一定会"，因此无法得出肯定的结论。

如果条理清晰，可以减少差错。但生活中人们通常都急于产生结论，因而难免会造成逻辑上的混乱。

（4）因果关系的查核

某家工厂一台马达烧坏了，现场监督者作出如下推论，并且主张修订工作规程。他的推论：是润滑油耗光→操作手不注意→监督者指导无力→监督者责权不明确→不完备的工作规程。

其错误在原因过于普遍化、抽象化。事故可能仅是特定的一位操作工的疏忽。将此特定的原因扩大到普遍性，并抽象到修改规程，这种因果推论自然会出错。

（5）类推要小心地使用

例如，A公司业务员提出，B公司销售能力强的原因是其广告宣传战术和回扣战术高明。因此，A公司也大幅度地提高广告费和回扣额。然而，却未能获得预期的成果。

仔细分析，这是类推的错误。在比较A公司和B公司的销售能力时，除非在宣传战术和回扣战术之外的众多因素都相同，在此前提下这一类推论才能成立。而实际情况可能造成销售能力优劣的因素恰恰不在提出的两个战术上，可能是产品质量，或者是产品款式与性能等等。因此，要作类推时，必须注意：除非要你比较的双方，条件几乎相同，否则就无法成立；即使某种状况或在某一点上相似，如果其他更重要的方面并不类似，也无法成立。

290

辩论过程中的障碍心理

- -

（1）紧张心理

紧张是人的情绪变化的一种形态，是对所面临的事物产生恐惧而出现的心理反应。在辩论中主体之所以产生紧张心理，主要是由于辩论对主体的心理压力所引起。紧张会使主体的生理和心理失去平衡，导致呼吸、血压、血液循环、内分泌、内脏运动、肌肉运动甚至神经系统等都会失常，严重者甚至会失去控制，使主体丧失勇气、思想迟钝、动作呆板、表情僵滞、心绪不宁、言语混乱，结果是自动逃避辩论，或甘心败北。

(2) 急躁心理

主体对自己的实力估计过高，对对方的实力估计过低，当辩论处于拉锯状态时，难以轻易取胜的现实就会使主体产生急躁心理。有时急躁心理的产生是由于主体对辩论的本质和特点缺乏了解，太想辩赢对方了，恨不得一"拳"就将对方击倒、赢得胜利。在辩论中，如果主体一旦产生急躁心理，就会给对方以可乘之机，导致辩论双方心理天平的倾斜。

(3) 怯场心理

在平时，主体能谈笑自如，对答如流，高谈阔论，从容镇定。但一旦参加辩论就俨然像换了一个人，自卑感占了上风，总感到自己比不上别人，认为自己经验不足，思想水平和知识修养不够，缺乏辩论的素质，担心自己在辩论中词不达意、条理不清、漏洞百出、贻笑大方，特别是看到对方能言善辩、妙语连珠时，就更加心虚，望而却步，产生了屈从对方或无可奈何的怯场心理。

(4) 压抑心理

在辩论过程中，由于主体对自己的期望值过高，或由于辩论的时空环境对自己不利，或由于现场听（观）众的情绪低落，或由于处于失利的境地等等，都有可能使主体的心理失去平衡，产生压抑心理，泄了气，缺乏自信，竞技状态不佳，斗志消沉，丧失了参辩的勇气和兴味，甚至打起退堂鼓来，甘拜下风。

克服辩论障碍心理的方法

心理障碍和心理失误是辩论的最大敌人，但又是在辩论中难以避免的。造成心理障碍和心理失误的原因是很复杂的，既有客观的原因，又有主观的原因，客观的原因则通过主观的原因而起作用，但最根本的，则是主观的原因在起决定性的作用。具体地说，就是主体的心理素质不够健全、不够成熟，这就要求加强自我训练和锻炼，全面培养和提高主体的心理素质，在具体克服心理障碍和心理失误上，一般可以从以下几方面入手。

(1) 树立信心

在辩论中，主体要充分地自我放松，抛开一切私心杂念，全神贯注于辩论，并确立牢固的信心。主体要清楚地理解辩论的目的、辩题的精神实质和辩论的实际功用，对自己所宣扬的立场、主张和观点，对自己的辩才、思辨能力、辩论技巧以及获得辩论的胜利充满自信，这样才会精神焕发、斗志昂扬、神态自若，处于最佳竞技状态。

(2) 辩论前做好充分准备

辩论也和作战一样，事前一定要做好充分准备，决不打无准备之仗，不打无把握之仗。在辩论前，要精心思考立论，搜集材料，组织论据，运用恰当的论证方法，安排好辩论的结构层次，充分估计在辩论中可能发生的各种意外情况，制定好辩论谋略，明确应急措施，尤其要做好辩论前的心理调控，稳定情绪，减轻心理负担，轻装上阵，轻松愉快，满怀信心地投入到辩论中去。

(3) 变"热处理"为"冷处理"

紧张、急躁、怯场和压抑心理常常是由于对事物及其利弊的关系缺乏周密的认识而引起的。在辩论中，凡遇到违逆自己主观意向的事情或观点时，一定要冷静，不要忘记运用"想一想、再表示态度"的策略，对躁动的情绪起缓冲作用，变"热处理"为"冷处理"，始终喜怒不形于色，让对方难以摸透你当时的想法，从容自如地与对方周旋，去夺取辩论的胜利。

(4) 转移注意力

人们在突然的恐惧面前，会不由自主地抓住周围的人的身体或身旁的某种物品不放，以转移自己的注意力。著名表演艺术家李默然在表演对话时往往习惯于手拿一枝烟，捏来捏去，有时放在鼻子下嗅一嗅但不吸。这个小动作的效果是避免说话时的呆板，并用以控制情绪。在辩论时，为消除心理障碍和心理失误，也不妨在手里拿一件什么东西，如钢笔、书籍等，将紧张、急躁、怯场、压抑心理转移到这个小物件上，说话就会流畅、自然得多。也可用不易为人所觉察的小动作转移注意力，进行自我暗示，提示自己振作起来，以利再战。

(5) 目光集中于一点

眼睛是人心灵的窗户，在辩论时，目光游移不定，躲躲闪闪，一眼就会被人看穿是心理紧张或怯场。因此，主体一定要控制好自己的目光，表现出镇定自若。在辩论时，可将目光集中于某位听（观）众，不管与这听（观）众是否熟悉。当然，切不可只盯着一个人不动，这将使被盯者感到不自然，还会冷落了其他听（观）众。目光集中的目标应根据辩论的进展而有所变动，不可将目光死死盯住对方，这是一种不礼貌的表现。最好是将目光集中于自己的亲人或朋友，这样可从亲人或朋友的眼神中获得支持和信赖，对稳定心态很有好处。

(6) 加强理论学习

辩论同时还是理论、思想和知识的较量。因此，必须十分重视理论学习，提高思想政策水平和知识素养。辩论者功底深厚、厚积薄发，自然处处占据主动。"事理通达，心平气和"，就会克服心理障碍和心理失误，保持心理平衡与心理和谐。

在自我心理调控的基础上，还要加强对对方的心理调控和对听（观）众的心理调控。前者可用眼睛和表情去控制对方，并出其不意、攻其不备，打乱对方的心理准备，使对方陷于被动；后者是在辩论过程中和对方"抢"听（观）众，"抢"听（观）众的心、听（观）众的情和听（观）众的思想，这主要靠主体的心理素质，尤其是主体的人格力量去征服听（观）众，使听（观）众信服、支持并赞同己方的立场、主张和观点。

在对对方的心理调控和对听（观）众的心理调控中，前者更为重要，因为前者是后者的基础和前提。没有对对方的心理调控，也就根本谈不上对听（观）众的心理调控。有这样一例历史故事，足以说明这个道理。第一次世界大战结束后，受帝国主义列强欺压的土耳其挺起了腰杆，打败了甘当英国傀儡的希腊。英国准备严惩土耳其，纠集法、意、美、日、俄、希腊等国，各派代表与土耳其在洛桑谈判，企图胁迫土耳其签订不

294

平等条约。英国派出外相刻遵，刻遵身材魁梧、声如洪钟，是名震各国的外交家；土耳其派伊斯美参加谈判，伊斯美不仅身体矮小，耳朵还有些聋，在国内国际均为无名小辈。刻遵当然轻视伊斯美，在谈判中十分傲慢、嚣张，其他列强的代表也盛气凌人。在这样的包围之中，伊斯美态度从容、情绪镇定、毫无惧色，特别是他的聋耳具有"特异功能"，对土耳其有利的发言他都听见了，不利的话他好像全没有听到。当伊斯美提出维持土耳其的条件时，英国外相刻遵大发雷霆，挥拳吼叫，咆哮如雷，恫吓、威胁不断向伊斯美劈头盖脸压过来。各列强代表也气势汹汹，像无数巨掌死死卡住伊斯美。伊斯美虽然在必要时有些耳聋，此时对于刻遵盛怒之下发出"超强度"的刺激信号，当然是句句听得清楚，但他的"耳聋"却仍然一如既往，坐在那里若无其事。等刻遵声嘶力竭叫嚷完了，他才不慌不忙地张开右手，靠在耳边，将身子移向刻遵，十分温和地说："你说些什么，我还没有听明白呢！"意思是请刻遵再重复一遍。气得刻遵直翻白眼，连话都说不出来了。其他国家的代表也目瞪口呆，无可奈何。需知刻遵的暴怒是一种由对立意向引发的冲动，冲动就像突然爆发的火山，具有不顾周围环境，突破一切障碍的冲激力量，不顾后果，时间短暂而震动强烈，这种冲动是很难重复表演的。伊斯美应付对手冲动的"耳聋对策"，是对刻遵进行心理"控他"的心理战术，同时也对其他国家代表的心理产生了影响。在谈判桌上，伊斯美始终坚持维护土耳其的利益，坚持合理的条件，列强代表以战争相威胁，他也毫不退让。一谈再谈，三个月后，终于以土耳其的胜利而告终。

辩论中如何变被动为主动

杰出的辩才有时还可以变被动为主动，化不利为有利，不但拯救了自己的生命，还能获得意想不到的收获，真令人叹为观止。有这样一则故事。

1671 年 5 月，伦敦发生了一起迄今为止英国历史上最大、最著名的刑事犯罪。一个以布勒特为首的五人犯罪团伙，蒙骗了伦敦塔副总监，混入了马丁塔里，抢走了英国的"镇国神器"——英国国王的皇冠。然而，这伙罪犯运气不佳，刚刚冲出伦敦塔，就被卫队围住，经过一番搏斗，五名罪犯全部被擒，伦敦塔总监泰尔波特亲自审问这伙罪犯，并把他们全部判处死刑，然后上报英王查理二世。国王对这些目无法纪、胆大包天的歹徒非常感兴趣，决定亲自提审为首分子布勒特。在审问时，布勒特充分发挥了他的辩才，同国王进行了英国历史上一次最有趣的刑事审讯对话，下面是其中最精彩的片断。

查理二世："你在克伦威尔手下时诱杀了艾默恩，换来了上校和男爵的头衔？"

布勒特："陛下容禀，我不是长子，所以没有继承权，除了本人的性命以外别无所有，我得把我的命卖给出价最高的人。"

查理二世："你两次企图刺杀奥蒙德公爵，是吗？"

布勒特："陛下，我只是想看看他是否配得上您赐给他的那个高位。要是他轻而易举地被我打发掉，陛下就能挑选一个更适合的人来接替他。"

查理二世沉吟一会，仔细打量着这个囚徒，觉得他不仅胆子大，而且伶牙俐齿。于是问道："你越干胆子越大，这回竟然偷起我的皇冠来了!"

布勒特："我知道这个举动太狂妄了，可是我只能以此来提醒陛下关心一个生活无着落的老兵。"查理二世："你不是我的部下，要我关心你什么?"

布勒特："陛下，我从来不曾对抗过您，英国人互相之间兵戎相见已经很不幸了，现在天下太平，所有的人都是您的臣民，我当然是您的部下。"

查理二世尽管觉得他是一个十足的无赖，但还是继续问道："你自己说吧，该怎么处理你?"布勒特："从法律角度来看，我们应当被处死。但是，我们五个人每个至少有两个亲属会为此落泪。从陛下您的立场看，多 10 个人赞美您总比多10 个人落泪好得多。"

查理二世绝没有想到他如此回答，便不由自主地点点头，又问："你觉得自己是个勇士还是懦夫?"

布勒特："陛下，自从您的通缉令下达以后，我没有一个地方可以安身，所以去年我在家乡搞了一次假出殡，希望警方相信我已经死亡而不再追捕，这不是一个勇士的行为。因此，尽管我在旁人面前是个勇士，但是在您——陛下的权威下只是一个懦夫。"

查理二世对这番话非常满意，不但免除了布勒特的死刑，还赏给他一笔不小的年金。

我们常常形容一个具有卓越辩论口才的人，说他口若悬河，滔滔不绝，这说得一点也不过分。一席雄辩，就如一条奔腾不息的江河，它时而湍急奔泻，时而平静缓流……有着卓越口才的人，左右逢源；而拙于言辞的人，则处处被动，使本来可以成功的工具变成引火烧身的不利之器。

反驳与辩护的技巧

在辩论中，要想攻破对方的防线，驳倒对方的观点，取得反驳的胜利，就必须讲究反驳的技巧，以最有力、最简洁的语言，将对方观点的荒谬性充分暴露出来，使对方对你的反驳心服口服。反驳一般可分为直接反驳和间接反驳。不同的反驳方式有不同的反驳技巧。

(1) 直接反驳的技巧

直接反驳就是开门见山，直接揭露或论证对方论点的荒谬性和虚假性。直接反驳具有直入要害、一针见血等特点。直接反驳时，往往采用如下方法。

①事实反驳法。即用事实去反驳对方。事实之所以能反驳对方，是因为任何荒谬的观点都必然与事实相矛盾，谬论之所以为谬，正是因为它不符合事实。所以事实反驳法是一种很有力的反驳方法。俗话说："事实胜于雄辩。"

运用事实反驳法都是运用事实当作论据。作为理由充足的论据，必须真实确凿，全面充分，和论题有内在联系。因此，运用事实反驳法要注意三点。

a.作为事实的论据不能虚假，只有确凿无疑的事实才能够用来反驳对方，也只有这样的事实才有说服力。

b.作为论据的事实不能不充足。如果作为论据的事实是片面个别的，所论证的论题就很容易被驳倒，不能成立。

c.作为论据的事实不能离题。如果作为论据的事实和论题毫不相干，所进行的论证就不能令人信服。

②揭露矛盾。即揭露出对方论辩中的自相矛盾。自相矛盾违反的是同一原则，因而自相矛盾的理论是不能成立的。在反驳中，对自相矛盾的议论不需要用其他论据去反驳，只要"以子之矛攻子之盾"就足以置论敌于死地，而且论敌连狡辩的办法都没有。

自相矛盾常见的有三种情形。

一种是前后矛盾，前后所说的话相互否定，整个论辩不能自圆其说。人们常说的"出尔反尔"、"前言不搭后语"、"自己打自己的耳光"等就是前后矛盾的生动说明。

另一种是自身的自我否定。有些话本身就否定自己的正确性。如有一个年轻人对科学研究有很高的热情和远大的抱负，有一天他对大发明家爱迪生说："我想发明一种万能溶液，它可以溶解一切物品。"爱迪生风趣地反问："那么你想用什么器皿放置这种万能溶液呢？它不是可以溶解一切物品吗？"这个年轻人被问得哑口无言。他之所以被爱迪生问得无言以对，是由于他说的要发明一种溶解一切物品的溶液，这句话本身就否定了自身的真实性。因为这种溶液既然能溶解一切物品，就没有一种物品能装载它，自然就不可能有这样的溶液。

还有一种特殊的自相矛盾——悖论。悖论是这样一种判断，由它是真的，就可以推出它是假的，并且由它是假的，就可以推出它是真的。例如，英国的罗素就曾经提出过一个著名的"理发师悖论"：某村子里有个理发师宣称，他只给那些不给自己刮胡子的人刮胡子。请问：这个理发师给不给自己刮胡子呢？

这个理发师所说的"我只给那些不给自己刮胡子的人刮胡子"这句话，就是一个悖论。表面看来，这句话没有什么错误，但是，仔细一想，就会发现其中自相悖谬的观点。如果他不给自己刮胡子，他就是"不给自己刮胡子的人"，根据他"只给那些不给自己刮胡子的人刮胡子"的规定，他可以给自己刮胡子；但一旦他给自己刮胡子，按规定他又不该给自己刮胡子。也就是说，根据理发师自己的规定，如果他不给自己刮胡子，反而得出他给自己刮胡子的结论；如果他给自己刮胡子，反而得出他不给自己刮胡子的结论。

③二难推理的反驳法。古希腊有一个人劝他的儿子不要管公事："因为如果你说公道话，人家要恨你；如果你不说公道话，神就要恨你。你说公道话或者不说公道话，不是人家恨你，就是神要恨你。所以你不要管公事。"他的儿子给难住了，不知该怎样反驳他的父亲。

这便是一个典型的二难推理。二难推理是由两个假言判断和一个选言判断为前提构成的推理。在辩论中，人们常常运用这种推理逼使对方在两种情况下作出选择，而不管对方选择哪种情况，都难于接受，这就使对方陷入进退维谷、左右为难的困境。

当对方以二难推理进攻时，自己应如何反驳？怎样才能摆脱它所造成的困境？

一是可以指出其前提不真。例如，有人说："如果天气热人难受，如果天气冷人也难受，天气或冷或热，人总是难受。"对此，我们可以指出其选言前提不真，因为天气除了热和冷的情况外，也有不冷不热的时候。由于选言前提不真，没有穷尽一切可能的情况，所以，这样的二难推理不能成立。

二是可以构造一个反二难推理。如上面父亲劝儿子不要管公事的例子，亚里士多德曾代替那个儿子答道："我正是要管公事，因为如果我说公道话，神将爱我；如果我不说公道话，人家将爱我；我或者说公道话，或者不说公道话，因此，不是神将爱我，就是人将爱我。所以，我要管公事。"在这里，亚里士多德就是用构造一个与原二难推理相反的二难推理的方法，去反驳对方的。

④排除反驳法。就是将能使对方论点的几种情况全部否定和排除掉，即证明这几种情况都不可能存在，或这几种情况都不能证明对方的观点的正确性。

运用排除反驳法时应注意，要把能使对方论点成立的所有可能的情况都排除掉，不能有遗漏，否则对方就有了掩蔽之所。而如果能把对方用来论证自己的论点的所有论据、理由都给否定掉，那么对方的论点自然就无立足之地了。

(2) 间接反驳的技巧

在反驳时，并不直接批驳对方的谬误，甚至假设对方正确，然后迂回绕行，从侧面或背面进攻，这就是间接反驳。在直接反驳对方有困难或不太有力时，可采取间接反驳的方式。

①归谬法。归谬法就是以对方的错误论题为依据，从中引申出荒谬的结论，使对方更清楚地看到自己的悖谬之处，对方的论题也就被驳倒了。

例如，鲁迅先生在《文艺的大众化》一文中，驳斥"文学作品的质量越高，知音越少"的谬论时，用的就是归谬法："倘若说，作品愈高，知音越少。那么推论起来，谁也不懂的东西，就是世界上的绝作了。"显然，这个结论是十分荒谬的，因此，所谓"作品愈高，知音愈少"的荒谬性就充分暴露出来了。

归谬法好比一面显示谬误原形的放大镜，将错误的论点或论据揭示得更清楚。因此，如果一个错误论题的荒谬之处不太明显，就可应用归谬反驳法去反驳，所归结引申出来的结论越荒谬，对错误论题的反驳就越有力量。

②独立证明法。当我们要反驳对方某个论点时，我们不去直接反驳它，并把对方的论点、论据、论证方式都暂时放在一边，先自行证明对方论点相矛盾的论点是真的，这样就反驳了对方的论点。《涑水记闻》中记载了北宋名臣钱若水平反冤狱的故事。有一个富家的小丫环不见了，她的父母向州府告状。知州派一个录事参军审理案子。录事参军由于私怨，给富家安上谋杀小丫环的罪名，富家父子被判了死刑。富家迫于严刑拷打也认了罪，州官复审也没有翻供，大家都以为案情已经查实。唯独钱若水对此案有怀疑，把它压了下来。录事参军侮辱他，知州催促他，他还是不加处理。十来天后，钱若水对知州说："我把这件案子压下来，同时派了人去寻找那个丫环，现在丫环已经找到了。"一场冤狱得以平反。

钱若水用的就是独立证明法。他对案子本身不发表评论，对错误判决也不进行驳斥，而是派人去寻找丫环，丫环找到了，就证明她还活着。既然人还活着，所谓的谋杀不就不攻自破了吗？

③欲擒故纵法。这种方法的特点是，在抓住对方观点的错误之处后，先不急于点明，而是故意赞扬他，支持他的观点或行为。当他自鸣得意、丧失警惕之时，再突然击中其要害，迫其投降。

302

田骄是齐国的辩士，他标榜自己不喜欢做官，以此自命清高。其实，他有大批仆人，势头与做大官的并无两样。一天，一个齐国人求见，这个齐国人先对田骄赞扬一番，对他的骨气极为钦佩，又表白自己愿意为这样一个清廉的人做个小仆。田骄十分高兴，问道：

"你从哪里听说我不做官的主张的？"

"听我隔壁的女人说的，她说您是她的楷模。""她是个洁身自好的人，早就发誓永不嫁人。可是今年她才 30 岁，却生过 7 个儿子。她虽然没出嫁，可比出嫁的人还会生儿子，如今先生您也常说讨厌做官，可是府上食禄千钟，徒役数百，这气派、势力比那做官的官气还要大呢。"

④顺水推舟法。就是顺着对方的话头，把对方攻击你的话转变成攻击他自己的话，以达到回击对方的目的。

德国大诗人海涅是犹太人，常常遭到无理攻击。有一次晚会上，一个旅行家对他说："我发现了一个小岛，这个岛上竟然没有犹太人和驴子！"这分明是在侮辱海涅。海涅不动声色地说："看来，只有你我一起去那个岛上，才会弥补这个缺陷。"一句话把那个旅行家说得哑口无言，使骂人者反被骂，落得个搬起石头砸自己脚的下场。

⑤平衡推理法。在反驳对方时，如果将对方攻击自己的话，拿来反击对方，并起到同样的效果，这就是平衡推理法。

有一个工程师在单位里受排挤，要求调动工作。对此，这个单位的领导人不仅不从自己身上找原因，反而振振有词地说："走就走，少了你地球就不转了？"工程师反问："是的，少了我地球照样转，不过请问，少了你地球转不转呢？"这一问问得妙！既然少了你我地球照样转动，那么对方说："少了你地球就不转了？"还有什么攻击的意思呢？不等于在说一句废话么?

(3) 直接辩护的技巧

反驳要讲究技巧,与反驳相对应的辩护也要讲究技巧,这样才能抵挡得住对方的进攻,巩固自己的阵地。同反驳一样,辩护也可分为直接辩护和间接辩护这两种方式。

从正面为自己辩护,证明自己论点、论据、论证的正确性,这是直接辩护。直接辩护的技巧有:

①三段论法。三段论法是古希腊学者亚里士多德创立的一种推理理论,三段论又分直言三段论、假言三段论。

直言三段论是由包含着一个共同概念的多个性质判断推出一个新的判断的演绎推理。这是一个直言三段论的典型格式:

所有 M 是 P;

所有 S 是 M;

所以,所有 S 是 P。

按这样的形式构成的推理一定是正确的推理。例如, "凡人皆会死",又知 "张三是人",那么不管张三是刚降生的婴儿,还是已进入耄耋之年的老人,都可断定 "张三会死"。

还有一种是假言三段论,那是在前提中包含假言命题的三段论。如:

如果为人民利益而死,就比泰山还重;

张思德同志是为人民利益而死的;

张思德同志的死比泰山还重。

这就是一个假言三段论。三段论法是一种很有力的辩护方法。因为人们经常要对个别事物有所断定,而对个别事物作出断定,最方便、最有效的方法就是引用一般原理作根据进行论证。在运用三段论法时要注意两点:一是推理的前提要真实;

304

口才造就你的一生

二是推理形式要正确，要符合逻辑规则。

②归纳法。归纳法是以一系列事例为论据，用归纳推理的形式来论证论点真实性的一种辩护方法。

归纳法可分为完全归纳法和不完全归纳法。

完全归纳法在考察一类事物的每一对象时，肯定了他们都有某一性质，从而得到这类事物都有这一性质的一般性结论。如我们要论证"地球上所有的洲都有矿藏"这样的论点，用完全归纳法就要考察亚洲、欧洲、非洲、北美洲等七大洲都有矿藏之后，然后说"地球上所有的洲都有矿藏"。

不完全归纳法是根据一类事物中部分对象具有某种性质，从而得出该类事物的所有对象都具有或不具有某种性质的推理。如日本学者为了证明"犯罪男性多于女性"，做了一个统计，结果如下：

英国 100 个犯罪人中女占 18，男占 82；

德国 100 个犯罪人中女占 18，男占 82；

法国 100 个犯罪人中女占 17，男占 83；

美国 100 个犯罪人中女占 9，男占 91；

意大利 100 个犯罪人中女占 8，男占 92；

比利时 100 个犯罪人中女占 11，男占 89；

原苏联 100 个犯罪人中女占 9，男占 92；

从而得出"所有国家的犯罪人数中，从性别上看男多于女"。这也是用不完全归纳法来为自己的观点辩护的，因为考察的只是少数国家部分男女犯罪比例情况，得出的却是所有国家都具有的普遍性结论。

③类比法。类比推理，就是根据两个对象有若干属性相同，从而推出它们另一属性也相同的推理。例如，1982 年著名科学家钱伟长去新疆讲学，谈到新疆的发展远景时，他说：

"19 世纪初，加利福尼亚州是美国最落后的地方，后来人们利用淘金和工业积累了资金，继而建设了大型的水利工程，开辟了农业区，最后使加利福尼亚成了美国最富裕的地区之一。新疆不但有金矿，还有铂族金属和宝石矿，也可以用这个办法积累资金，建设水利、电力工业、开辟荒原、发展农牧业。这样的新疆完全能够建设得比美国的加利福利亚州更美。"

钱伟长的这一段论证运用的就是类比法。他通过新疆与美国加利福尼亚州之间的类比，得到了"新疆完全能够建设得比美国加利福尼亚州更美"这个令人鼓舞的结论。

④喻证法。喻证法就是用生动的比喻作为论据来论证论点的方法。有些不易说得明白的道理，可以避开繁杂的推理，通过家喻户晓的寓言，生动有趣的神话，通俗的生活现象，使抽象的概念具体化，繁杂的推理鲜明化，深奥的道理通俗化。比喻论证确实有这种奇特的效果。斯大林在说明"党的力量源泉在于群众"这一道理时，引用了一个古希腊神话：有个叫安泰的英雄，是海神和地神的儿子，他无敌于天下。他有个特点，每当和敌人决斗而遇到困难时，便往他母亲——大地上一靠，就获得新的力量。后来，敌人把他举到空中，不让他接触地面，结果就把他扼死了。这个神话故事就很形象地说明了党与群众的关系。

⑤例证法。在辩护中，我们常常可以听到对方说"你举个例子给我听听"，"找个例子来看看"等话，这时，如果举不出例子，对方就不会相信你的观点。而如果能举出具有典型意义的例子，就往往比其他任何道理都有说服力。《百喻经》中有这样的一个故事："此人其他方面都不坏，只有两样不好。第一，喜欢发怒；第二，做事鲁莽。"不料此人正好经过门外，听到后勃然大怒，一脚踢进门去，挥拳就打那说话的人，嘴里

叫到："我到底什么时候喜欢发怒？什么时候做事鲁莽？"别的人都说道："过去且不说了，现在不就证明了吗？"

这里，事实起到了"立刻证明"的作用，比任何雄辩都有力。

(4) 间接辩护的技巧

间接辩护就是在辩护时不急于证明自己的观点，而是通过迂回曲折的途径，最后证明自己论点的正确性。间接辩护的技巧如下：

①反证法。反证法就是用证明与原论点相矛盾的反论点的虚假的方法来确定原论点的正确性。

反证法的优点是：在没有直接论据证明原论点正确，但有论据证明反论点假时，或虽有直接论据证明原论点正确，但证明反论点的假更有说服力、更容易为对方所接受时，反证法就有了用武之地。

②淘汰法。如果某一论题，只有几种可能情况，而除了所要论证的论点外，其他各种可能情况经论证后都被否定了，那么就证明了所要论证的论点是真的了。这就是淘汰法。

淘汰法是一种必然性推理，其结论是由前提必然推导出来的。这个道理不难理解，就比如已知一个袋子里装有 10 只乒乓球，其中 9 个红的，1 个白的。现在拿出了 9 只都是红的，那么剩下的 1 只不用看，一定是白球。因此，淘汰法虽然没有直接证明论点的正确性，但通过证明其他相关的几种情况的虚假性，就足以证明其正确性了。它可以使人相信"不得不这样""舍此别无他途"。因而淘汰法也是一种有力的辩护方法。

③从对方取论据法。在辩论过程中，有些对方用来证明自己观点的论据可以为我所用，成为证明己方观点正确的论据；

有些对方用来反驳己方观点的论据只要巧妙利用，反过来可以用来证明己方观点的正确性。

我们都知道《子非鱼安知鱼之乐》的故事。庄子对惠子的看法不以为然，反驳道："子非我，安知我不知鱼之乐？"庄子的这一驳，看上去似乎很有力，其实不然。因为他的这一句话，正好可以用来论证惠子的观点。惠子就抓住这一点，当即以此为据说："我非子，固不知子矣。子因非鱼，子之不知鱼之乐全矣。"正是由于惠子用庄子反驳自己的话来论证自己的观点，就使得他的观点得到了辩护。

④以退为攻法。在辩论中，有时自己的观点受到对方的猛烈攻击，硬挡难以招架，有一种巧妙的应对方法就是以退为攻。

在一次宴会上，马克·吐温就刚刚出版的小说《镀金时代》答记者问。他说道："美国国会中有些议员是婊子养的。"谈话见报后，华盛顿的议员们恼羞成怒，责令马克·吐温在《纽约时报》上声明道歉。在不得已的情况下，马克·吐温在《纽约时报》上声明道歉，他说："日前鄙人在酒席上发言，说有些国会议员是婊子养的。事后有人向我兴师问罪，我再三考虑，觉得此言不妥当，而且也不合事实，故作此登报声明，把我的话修改如下：美国国会中有些议员不是婊子养的。"

事实上，马克·吐温的声明，与其说是退让，不如说是继续进攻；与其说是道歉，不如说是再次痛骂。在这里，以退为攻的方法运用得多么巧妙！

辩论提问与回答的技巧

问与答是人们日常交谈的一种最常见的形式，也是口头辩论的常见形式。辩论中的问答，除了具有一般的问与答的作用外，还具有辩驳的功能。往往是一句巧问，一句妙答，直接影响辩论的胜败。

（1）提问的技巧

构成辩论的问题本身就是辩论的过程，它是一种特殊的问答。这种问答中的"问"，并非有疑而问，而是无疑而问，明知故问，是为了通过"问"达到某种目的。这种"问"本身就是辩驳的一种重要的方式。

①诱入圈套提问法。这种提问的目的是使对方落入自己设计的圈套，从而迫使对方承认或否定某种观点。有这样一个幽默的故事。

哈利："老师，您会因一个孩子没有做某事而责备他吗？"

老师："当然不会。"

哈利："那好，我没有做家庭作业。"

这个故事中，哈利设计了一个圈套，巧妙地利用概念含义不明来钻空子。问句中的"某事"是一个未作任何限定的概念，它可以指任何事，可以指好事，也可以指坏事。而这位老师恰恰忽视了"某事"这一概念含义的模糊性，一不小心就陷入了哈利的圈套，被学生说得无言以对。

②使对方左右为难提问法。这种提问的特点是：无论对方对所提问题作肯定回答，还是作否定回答，都感到为难，都与自己的愿望、要求相背离。

《战国策·韩策》中有这样一段记载：申不害平时教人按功授职，自己却任人唯亲。有一天，申不害请求韩国国君昭侯封自己的堂兄一个官职，韩昭侯不同意，申不害脸有怨色。韩昭侯就说："这种事情，我没有给你学过。你是让我接受你的请求，封给你堂兄官职，而废弃你的学说呢？还是推行你平时按功授职的主张，拒绝你任人唯亲的请求呢？"这番话问得申不害无言以对，狼狈不堪。

③显示矛盾提问法。在辩论中，有些观点表面上看不出自相矛盾，但通过提出一个问题，就可以显示出内在矛盾。这样的提问为显示矛盾提问法。

在辩论中，当对方把话说绝了，用"一切"、"所有"、"完全"等词表达自己的观点时，就可以考虑用显示矛盾的提问来揭露其荒谬性。例如有人说："世界上没有一句可信的话。"对此，你就可以用"你这句话可信吗？"来问对方。这时，对方的自相矛盾就暴露出来了。因为既然没有一句话可信，那么"世界上没有一句可信的话"这句话同样也不可信。

显示矛盾法的难度比较大，但是它一旦被设计出来，就具有所向披靡，置论敌于死地的威力。

④引出反驳话题提问法。辩论中，有时在开始反驳之前先发问，让对方说出自己希望他说的话，然后以此为话题，去反驳对方。

如在公共汽车上，一位先生给一位女士让座，这位女士一声不吭地坐下来。先生问："嗯，您说什么？""我没说什么呀?""哦,对不起,我以为您说了'谢谢'呢。"这位先生开始的提问就是为了引出自己后面对那位女士的批评,含蓄又有力。

在运用引出反驳话题提问法时应注意,既要使自己所提的设问与下面的反驳直接相连,又要使对方能按自己的要求去回答。这样,反驳才得以进行。

(2) 回答的技巧

"答"是对"问"的反馈。由于"问"本身就是一种辩驳,所以对这种"问","答"亦针锋相对地予以反击。这样的"答"与"问"一样,也必须讲究技巧。

①否定问语本身回答法。问语都预设着某些前提。一个问题是否确切,主要看这个问语所预设的前提是否真实,或能否为对方所接受。对一个所预设的前提虚假或不能接受的问语,在回答时就可以直接否定问语本身。

例如,美国政府为了阻挠我国台湾与祖国统一,搞了一个《与台湾关系法》。有记者问:"你对《与台湾关系法》实施以来情况有何评论?"我国外交官回答说:"中国政府从来就不承认什么《与台湾关系法》,因为它是对中国内政的粗暴干涉。因此,根本没有必要对此作出评论。"我国外交官的这一回答就是对记者本身的否定。这是因为这位记者的问语中预设着我国外交官不能接受的前提:美国政府的《与台湾关系法》具有合法性。如果不否定这一问语,就等于承认所谓《与台湾关系法》,我国外交官岂能上这样的圈套?

否定问语本身回答法是回应诱入圈套提问的妙法。

②设定条件回答法。有时对方的提问,在不同条件下会有不同答案。对这样的问语就不能无条件地回答,而是要先设定

条件，作出有条件的回答。

《阿凡提的故事》中有这样一个故事。有一次，国王为了难住阿凡提，问道："这条河里的水有多少桶？"阿凡提答道："这就要看您的桶有多大。如果桶与这条河一半大，那就有两桶水……"阿凡提不愧为智者，答得很巧妙。对于这样无法回答的问题，阿凡提设定出国王无法明确的条件下的回答，机智地回击了国王的诘难。

③模糊回答法。对对方的提问，难以或不允许作出明确的回答，这时就可采取模糊回答法。模糊回答法在外交场合经常使用。例如，1997年埃及与以色列在摩洛哥国王哈桑二世的参加下，就两国关系举行秘密会谈。以色列外长问埃及代表埃以何时建交时，埃及代表表示：在以色列全部撤出占领区5年以后，埃及和以色列可以建立外交关系。哈桑国王听到此，问这位埃及代表凭什么定下5年期限？并指出在谈判中要懂得措辞，不要坚持5年后建交，而应该说过一段适当不久的时间。这里哈桑国王使用的"一段"、"适当"、"不久"都是模糊词语，具有很大的灵活性，对埃及来说比较主动。

④幽默回答法。在辩论中，幽默的回答既可以抵御对方咄咄逼人的责问，使自己摆脱受窘的困境；也可以揭露问语的实质，而且给人一种诙谐风趣、轻松愉快的感觉。

美国总统里根曾决定恢复生产新式B-1轰炸机，引起许多美国人的反对。在一次记者招待会上，他面对一帮反对者的责问，说："我怎么不知道B-1是一种飞机呢？我只知道B1是人体不可缺少的维生素。我想我们的武装部队也一定需要这种不可缺少的东西。"这一语双关的话，一时使那些反驳者不知所措。

⑤回避回答法。在回答中，有时对方提出的问题不好回答

或不愿回答，如涉及机密，这时可采用回避回答法。回避回答的方法很多，如：

a.否认式回避。例如可以回答"无需回答"、"事实已经回答了你"等等。

b.拖延时间。可以说"不久你会明白的"、"在适当的时候我会告诉你的"。

c.找些拒绝回答的理由。如回答说"因为某种原因我不能告诉你"。

d.不作肯定。如"也许这样吧"、"现在还难说"等等。

无懈可击的"诡辩"

在外交场合，或是记者招待会上，经常能见到这种技巧，被人们俗称为"外交辞令"。其特点就是不让对方抓到任何小辫子，而且对于对方的提问，大都含糊其辞地作答。

在日常生活中，"我会妥善处理"是一句使用频率较高的话。这句话并没有具体指出究竟答应做什么事。对方并不知它意味着"依照你的要求适当地谋求对策"或只是"你的话我听到了"而已。

如果对方听到"我会妥善处理"这句话，而一厢情愿地作如意的解释，那么责任并不在说这句话的人身上。因此，如果日后对方追究说："当时你不是说会妥善处理吗？"这时，只要回答："我依照你的要求全力以赴，结果却无法达成你所期望的效果，真遗憾!"如此就行了。此外，类似"我会妥善处理"的诡辩论法，还包括"不排除……情况发生的可能性"、"这种事不发生的可能性"等等含糊的意思。

这类诡辩完全没有"断言"的意味，这是十分圆滑的说法，日后大可自圆其说。据说，西方政界要人遇有人请求他办事时，常有回答说"知道了，知道了"的习惯。他们有时也习惯用"我将用我的政治生涯作赌注，全力以赴!"但"政治生涯"到底是什么呢？"全力以赴"究竟是指付出何种程度的努力呢？如果你说，以"常识"想想就能懂了。话固然这么说，但政治上的常识却是异乎寻常的超常识。

以常识来讲，"以政治生涯作赌注"的意思，应该是"辞去公职"。可是，他最后一定会说，"如果我轻易辞职，就无法完成对选民的责任。"

某国一位首相经常说，"从不考虑解散国会"。但有一天，他却突然宣布"解散"。

当他被人追问这一点时，他毫不在乎地说："事实上，直到今天早上我下决心为止，从未考虑过要解散国会。"

在此，"考虑"一词也被应用到诡辩了。一般所谓的"考虑"是指针对某一问题加以探索的状态。如果我们以此常识来想，那么他的解释显然就不通了。

原来，首相的所谓"考虑"，是指"决定"的意思。也就是说，他是在今天早上作决定的。因此，"直到今天早上为止从未考虑过"的说法，也就变得勉强说得通了。

总之，这是诡辩的一种，在常识上是说不通的。

"诡辩"的技巧并非只用于被动防守，有时也是一种利用矛盾、攻击对方话中弱点的有力武器。

推销员在从事推销工作时，大都知道顾客会毫不留情地反对自己的说法。但若正面反驳对方，又怕会引起对方的反感，以致完全被拒绝。因此，当顾客已心动，只是还无法做决断时，只要设法消除对方犹豫不决的心理，就可成功一笔交易。

下面以招揽保险的情况为例。

客户："我现在没有多余的钱可投保。"

业务员："我了解你的意思。但是，就因为你目前没有丰厚的收入，所以更需要投保。虽然准备保费对你是件吃力的事，不过请你想想看，万一发生意外，你的家人该怎样办呢？到时候。即使有些储蓄，可能也未必能应付生活……"

再举一个推销员的例子。

店主："我们有固定的进货来源，不需要再向其他人购进商品。"

推销员："你说得对，以你目前的情况来说，显然不需要再增添其他的补货渠道。但是，您没有考虑到一点，而这正是你必须尝试其他新货源的原因……"。

店主："哦？什么原因？"

推销员："你如果想接受更周到的补货服务，最好是多增加些货源，好让他们彼此竞争。再说万一货源中断，如果有另一家熟知的交易对象，不是方便多了吗？"

由于这种方法，有为对方着想的意思，因此阻力就较小。在进行交易时，应避免采取强制性的推销方式。无论对方是谁，只要你正面顶他一句或让他下不了台，对方必定会产生反感。

只要圆滑地选择词句，就容易获得成功。如果再增加些幽默感，就更有把握不致落入僵局了。有位幽默的教授曾有这样的趣谈。

有一天，天气非常冷，学生大多穿着大衣到学校上课。在

315

课堂上，有位学生把双手插进大衣口袋中。因此，教授对他说："上课时，应该端坐并作笔记才对!"但这位学生的回答语出惊人："事实上，我根本没有手。"

这当然是天大的谎话。然而，如果教授当面训斥他，不仅场面很僵，效果也未必好。于是，教授毫不在意地说："哦!抱歉。不过，既然我有花费原本没有的精力来上课，我也希望你能伸出原本没有的手。"这位学生听后，只好有些难为情地伸出双手。

当公司正处于忙碌的时期，要请假通常需要有极大的勇气。

"我感冒了，不得不请假。"这是常用的请假用语。意思是说感冒会传染给周围的同事，导致更多的人染病影响工作。但也有人认为应该带病上班，以示忠于职守。有鉴于此，这时请假时就要注意语言技巧。如果把上面的话说成下面的话，可能效果好一些。"谢谢你们让我休息。抱歉，拖累了大家。放心吧，我会在上班后把所有积压下来的工作赶出来的，再见。"这种说法就中听多了。他由"拖累了大家"这句寒暄话引出了"我休息对大家都无害的意思"。

请再分析一下这段对话。

A："你不是说过，要妥善处理这件事的吗?"

B："不错，我的确说过的。但我的意思是，这是一件困难的事情，必须多加考虑、考虑，请你多包涵!"

A："这个问题应该朝这个方向解决。"

B："很难说。因为这个问题的本质在于……"

这里，所谓"真正的意思"、"问题的本质"都是抽象的遁词。

有个人被上司以"你有经验"为由派去从事一件很困难的工作。于是他对上司说："要我来做没关系，只怕效果会适得其反。对于这件工作，我的确比别人有经验。可是，如果我是你的话，我一定会避开有经验的人去做这件工作。因为，就这件工作而言，过去的经验反而成为一种桎梏。我了解这件工作的实际情况，最好还是派给其他的人去做。如果有必要，我可以推荐人选。"这里，这位上司如仍坚持派他去完成这项工作，便带有冒风险的色彩。他如果又出色地完成了这件工作，其影响也就自然比他不解释就去做大得多。

转换内容要点，也是辩论中使用的"诡辩"技巧。

A："这工作应该由你部门来做。在规定上写得很明白。"

B："的确是这样规定的。但如果你了解实际状况，你就可以知道，由我部门来完成这项工作是不合适的。"

这是将"规定"转换成"实际状况"的说法。

A："可是，你曾经答应过的。再说，书面上也写得一清二楚，如今为何变卦了呢?"

B："我的确答应过，但当时的情况不能和现在的情况相提并论。这个事实，你必须看到，规定归规定，虽然我很想遵守，但恐怕为了机械地遵守规定，会给公司带来损害。因此，如果我们针对现状，谋求更妥善的方案，是最明智的选择。"

通过这样的周旋，即使不能改变仍然要自己部门去做的结果，但对方了解了为何迟迟未完成的原因，并知道此原因不是部门的推诿或不努力，而是确实有些勉为其难。甚至会产生当初如果全面地考虑，确实应该将此项工作给更合适的部门去完成的念头。这就是 B 想达到的客观效果。

诡辩及其驳斥

有这样一种"技巧"，它专门用来反驳真理，护卫谬误，它就是诡辩。要提高论辩水平，还要掌握如何识破诡辩及如何驳斥诡辩等问题。

（1）诡辩的常用伎俩

有意地用似是而非的论证法去为错误观点辩护或攻击正确观点的叫诡辩。

诡辩有如下特点：第一，它是为错误观点辩护或攻击正确观点，这是诡辩的目的所在；第二，它是一种似是而非的论证，诡辩的诡诈就在这里，有极大的欺骗性；第三，诡辩者违反论辩原则，进行似是而非的论证是有意识的，自觉的。

诡辩者有下列一些常用的伎俩。

①偷换概念。偷换概念有意违反辩论的同一原则，将两个不同的概念混为一谈，或用一个概念偷换为另一个不同的概念。这是最常用的一种诡辩伎俩。

②偷换论题。故意违反辩论原则，将原论题偷换为另外一个论题。

③虚假论据。用歪曲或编造的"事实"、错误的原理作论据，去论证错误的观点。

④以偏概全。故意用片面的、不充足的论据冒充全面的、

充足的论据去论证，将个别情况片面地概括为一般情况。

其他的还有：含糊其辞、循环论证、诉诸权威、诉诸感情、人身攻击、强加因果、机械类比、有意用错误的推理形式等等。

(2) 揭露和驳斥诡辩之法

从上面所列举的诡辩伎俩可以看到：诡辩的确善于伪装，它常用巧妙的方法，用貌似正确的论证来迷惑人。正是由于诡辩披上了貌似正确的论证这件华丽的外衣，才使它能够在一些场合招摇过市，使那些缺乏辩论学等方面知识的人上当受骗。然而既然诡辩是错误的，荒谬的，它必然有露马脚的地方，再狡诈的诡辩也只能骗人于一时，所以，再巧妙的诡辩也是可以反驳的。只要我们剥去诡辩的伪装，还它以本来面目，它就会如过街老鼠，人人喊打。这样，诡辩者也就无用武之地了。

怎样揭露和驳斥诡辩？

①要掌握唯物辩证法、辩论学、逻辑学的基本原理。例如，辩论学中实事求是原则、平等原则、同一原则、充足理由原则，它们既是正确辩论的基本原则，也是揭露诡辩的"照妖镜"。

②寻找诡辩的矛盾之处。如果从诡辩中抓住其与事实、正确理论相矛盾之处，将其揭露出来，诡辩的阴谋就破产了，也就不会有人再相信诡辩者的那套鬼话。

③从论题、论据、论证方式这三个方面去驳斥诡辩。诡辩也是由论题、论据、论证组成的。我们前面所举的各种诡辩伎俩，其错误也不外乎是论题、论据、论证方式这几个方面的问题，所以在驳斥时，也可以从这三个方面去进行。

④灵活运用各种反驳技巧。

总之，诡辩并不可怕，只要掌握要领，就可将诡辩者驳得体无完肤。

辩论中的错误分析

（1）吐词含混

由于辩论者发音不符合现代汉语规范化的要求，常出现以下情况：或是辩论时鼻音、喉音太重，吐字不清；或是发音漏气而带有明显的气息声，口舌不灵；或是由于精神紧张、怯场而导致发音器官失控，使音节变形、颤抖失真；或是语速过快、一带而过，发音不准；或是满口方言土语，语音不规范，听众听了半天，不知所云。

纠正方法是：

①正确掌握发音吐字的方法

辩论时要求声音洪亮，干净利落，张弛自如；而要达到这个要求，就要在呼吸、发声、吐字方面下功夫，这样就能避免因辩论时间稍长而出现的底气不足、口干舌燥、声音嘶哑的现象。

②呼吸把握

气息是发音的原动力，辩论时只有运用科学的运气发音方法才能使声音更加甜美、清亮、持久。要做到这点，就要注意胸腹联合呼吸法。其要领是：双目平视，双肩放松，两肋张开，横膈下降，无论站姿还是坐姿，胸部都要稍向前倾，小腹自然内收，双脚平放在地上。

a.吸气的要领是：全身放松，舌尖微翘抵上齿背，扩展两肋，向上向外提起，感到腰带渐紧，后腰有一种张开的感觉，横膈膜下压腹部，扩大胸腔体积，小腹内收，气贯丹田。吸气时嘴微闭，用鼻吸，做到快、静、深，将气吸到肺底。

b.呼气的要领是：控制两肋，使腹部有一种压力，舌头抵下齿背，由翘变平，将气均匀地往外吐。呼气时要用嘴，做到匀、缓、稳，为了不至于将气一下泄出，呼气时可保持吸气的状态。

c.呼吸时要注意：吸气时，要尽量吸得足，吸得深，以此获得巨大的原动力。呼是整个发音的过程，呼时气从胸腔向外运行，要走一条线，把气归拢在一起。采用这些方法呼吸能进气快，到位深，运气长，好控制。

③发声训练

辩论时声音集中、自然、圆润，才能给人以美感，如果声音嘶哑、干涩、扁平，会令听话人感到难受，自然就会影响辩论的效果。

发声的方法是：开牙关，要微笑，舌根松，下巴掉，一条声柱通硬腭，声音集中打面罩。

"开牙关，要微笑"的动作，会引起软唇上提，增加口腔的空洞，并具有一定的力量，可以加强口腔共鸣，使明亮、圆润，避免发出枯涩的扁音来，后声腔适当打开，对充分运用胸腔、咽腔共鸣也有好处。

"舌根松"指喉部要放松，不要因为紧张而妨碍气息的畅通，发出一种似乎是挤出来的音。

"下巴掉"是要自觉有一种下巴轻松得如同不存在似的感觉。

"一条声柱通硬腭，声音集中打面罩"，指结合气息形成一条声柱直通硬腭中心线，集中的声音具有穿透力，打到面罩上来。

④吐字清晰

辩论中，有些人的话让人听不清，听不明，听不准，根本原因是吐字不清晰。应按照普通话的要求，把汉字的声母、韵母、声调念准，最好还能把常用的音节读准。并且要字字清，句句真，防止讲话时吃字。在辩论时，一到高潮处，有人易激动，好急切，这就容易把某个音节的汉字滑过去，或者与其他音节混淆，发生拼合现象，等于把这个字给吃掉了。

⑤尽量避免方言，注意汉语语音规范化

辩论是语言的艺术，辩论时应使用汉民族的共同语，即普通话。然而目前汉语规范化程度还不够，正如张霭珠教授所说："一般南方人，尤其是海外华裔的后代，受日常用语的影响，不经专门训练已无法做到'字正腔圆'了。即使是北方人，包括'京片子'在内，也因各种方言土语，能说正宗普通话的人也不多。这在一定程度上影响了语言的优美，实在是一种莫大的遗憾。"可见，语音规范化一个重要障碍是方言。

方言是民族语言的地方分支，是局部地区的人们使用的语言。汉语有七大方言区，分布很广，大大阻碍了语言的交流，也阻碍了辩论的正常开展。一个使用湘方言的人与一个使用粤方言的人进行辩论是很难开展下去的。可喜的是方言同普通话的语音之间有一定的对应规律，可以消除方言隔阂，达到语言交往的目的。

⑥注意辩论的语速

辩论中应注意的一个重要问题是语速问题。语速就是语流的速度，即单位时间里吐词的多少。语速也直接影响到辩论的效果，是一种不可忽视的口语表达技巧。辩论的语速不同于其他场合的语速，一般情况下，朗诵的语速最慢，演讲的语速又快于论述性文章的播音。辩论比赛规则中对每位辩手在陈辞中所用的时间，每个队在自由辩论中所用的时间都有明确的规定，因此，如何在有限的时间内达到最大的信息量是每个参辩者必须重视的一个问题。语速可分为快速、中速、慢速三种。一般而言，辩论语速应快于日常语言的语速，但应快而有当，注意度的把握。如果快到如扫机关枪，让人听不清说些什么，就会让观众、评委与对手不知所云，无所适从。从咬文吐字清晰的前提下，采用什么语速合适也要因人而异，因果而异。活泼热情的选手语速可快一点，沉稳、理性的选手语速可慢一点；陈词提问时，申诉要点与论据时，语速可慢一点，关键字眼还可一字一顿加以突出；反击进攻的语速可快一点，以示锋芒。同一场辩论，同一个辩论者，语速也应有变化，配上合适的音调，以达到抑扬顿挫的效果。

总之，语速有一般的规律，但又不可拘泥于此。有时为了增强表达的效果，该用中速的地方却用快速或慢速，该用慢速的地方却又用快速，这样快慢相间，快似奔腾的激流，慢似潺潺的小溪，以给人以音乐美的享受。

⑦注意辩论的语调

辩论时，语言表达的句子有停顿，声音有轻重与高低的变化，这些总称语调，它主要包含停顿、重音和句调。

⑧停顿

停顿是在辩论中，所说语言的段落之间，语句中间或后头出现的间歇。我们的语言，既不是一字一歇地断断续续地进行，也不是一字紧连一字地一口气说到底。而是要把所说的话划成若干个小段落，在每个小段落之间适当地间歇一下。这一方面是出于人的生理上或句子结构上的需要，停下来换换气或使结构层次分明；另一方面是为了充分表达思想感情，并让对方与听众有时间领会辩论的内容。

辩论中的停顿，可分为两种，一种叫句法停顿，一种叫强调停顿。

a.句法停顿。句法停顿表示段落和段落、句子和句子、意群和意群之间的逻辑关系的停顿，也叫逻辑停顿。

辩论往往可分为几个层次，一个层次又分为几个段落，这些可以在辩论中用停顿表现出来。一般说来，层次与层次之间的停顿最长，段落和段落之间的停顿较长。

辩论中，一个段落往往由若干句子构成，一个句子又往往可分为几个意群。句子和句子、意群和意群之间的逻辑关系，也可以用停顿表示出来。句子与句子之间的停顿，写出来只能采用标点符号的形式。标点符号所表示的停顿，大体上是这样的公式：句号（包括问号、感叹号）>分号、冒号>逗号>顿号。如1996中国名校大学生辩论会关于"思想道德应该适应还是超越市场经济"的辩论中，正方三辩有这么一段话，我们可以去体会一下它的停顿：

"对方今天所犯的错误有：第一，概念不清，我问对方，什么叫超越？对方告诉我们，超越就是整合加扬弃加升华。什么叫整合呢？对方没有告诉我们，我告诉对方辩友，整合就是努力地去适应啊！……"

在一句话里，往往有几个或几个以上的词，在这些词里，有的关系比较密切，有的关系比较疏远。一些关系密切的词可以结合成一组，另一些关系密切的词也可以结合成一组，这一组一组的词，在辩论进行中就自然分成了一个一个的小段落。这种由于语义上的要求而划分的小段落，就叫意群。为了分清

324

单位，使语义鲜明，在意群与意群之间往往要求有适当的停顿。这种停顿一般不用标点符号表示。例如，"超越就是整合加扬弃加升华"，可以由以下意群组成："超越/就是/整合/加扬弃/加升华。"由于意群不是一个完整的语义单位，所以一句话划分多少个意群也不是固定的，往往由语言环境和说话的速度来决定。

b.强调停顿。为了强调某个词语或突出某种感情所运用的停顿，叫强调停顿。这种停顿不是由事物之间的逻辑关系决定的，而是由辩论者的意图和情绪决定的，也叫心理停顿。由于每个人说话的意图和情绪是变化多端的，因而强调停顿没有确定的规律。

辩论中的强调停顿，能使表达造成悬念，促进联想，也可丰富辩论内容，增添语言波澜，还可以使话语隽永、深刻、富有新意。如：

有一次，周总理与国民党代表辩论，他机敏的话语，犀利的言辞，驳得对方理屈词穷。于是，国民党代表恼羞成怒，胡说同我方谈判是"对牛弹琴"，这时，周总理灵机一动，接过话题，当即顶了回去："对，牛弹琴!"

这里，对方用成语"对牛弹琴"来构成一个非主谓句，企图辱骂我方不讲道理，而周总理在这里巧妙停顿，使语义翻然更新，巧妙地回击了对方。这正如马克·吐温所说："恰如其分地停顿经常产生非凡的效果，这是语言本身难以达到的。"

⑨重音

重音是辩论时把某些词语讲得响些的语音现象，也叫语句重音。重音特别表现在扩大音域和延续时间上，同时增加强度，所以听起来特别清晰完整。一句话哪些词该读重音，情况是不一样的。根据产生的原因可以把重音分为两种：一种是根据语法结构的特点而重读，叫语法重音；另一种是为了突出句中的主要思想或强调句中的特殊感情而重读的，叫逻辑重音。

语法重音是用平常说话的自然音量按照句法结构的特点读出来的重音。字并不表示什么特殊的思想感情，所以也叫自然重音，其一般规律是：谓语比主语读得稍重，宾语比动词读得稍重，由动词、形容词充当的状语和补语比中心语读得稍重，有些代词比别的词读得稍重。

逻辑重音是为了突出语意重点或为了表达强烈感情而用强音量读出来的重音，它是由说话人的意图和情感决定的，没有一定的规律。一个句子，每个词都有可能读成逻辑重音。逻辑重音不同，这个句子的意思也不完全一样。一般地说，语句里起对比、映衬作用或表示比喻、特指、夸张的词或者能够表达兴奋、愤怒情感的词，往往要重读。

⑩句调

句调指整个句子声音的高低曲折变化。句调能表达说话人的态度或情感，它虽然跟音调、音长、音高都有关系，但主要是由声音的高低升降变化形成的，并且主要表现在句尾上。辩论时的语言是否清晰明白，是否生动感人，句调是个重要的条件。

常见的句调有四种形式：一是升调，调子由平升高，常用来表示反问、疑问、惊异、号召等语气；二是降调，调子先平后降，常用来表示肯定、感叹、请求等语气；三是平调，调子始终保持同样的高低，常用来表示严肃、冷淡、叙述等语气；四是曲调，调子升高再降，或降低再升，常用来表示含蓄、讽刺、意在言外等语气。

(2) 语无伦次，缺乏条理

这里主要是指辩论缺乏条理性、逻辑性。有的辩论者思路不清，说话没有内在的脉络和轨迹；有的人缺乏结构能力，不能将说话的材料组织成一个有机的整体，以致枝叶芜蔓，没有中心；有的人缺乏基本的语法知识，语句混乱，前言不搭后语；有的人的话语缺乏必然的逻辑联系，矛盾丛生；有的人说话一个意思，前面说了后面又说，顺序不当，支离破碎，让人难以把握其精神实质；有的人由于准备不充分，训练较少，产生了怯场，也出现了语无伦次的现象；有的人是在辩论中受到对方攻击后，难以克制自己的情绪，也会出现语无伦次的局面。

纠正的方法，主要是加强逻辑思维训练。逻辑思维是整个辩论的主干，它能使思维显得严谨，有条理，使立论牢不可破。只有在很强的逻辑思维支配之下，别的思维方式才能枝繁叶茂，开花结果，因而逻辑思维是辩论的主干，辩论的灵魂。逻辑思维包括形式逻辑思维和辩证逻辑思维。

形式逻辑思维主要用以指斥诡辩。而辩证逻辑思维的特征是：在思维中把握了对象的某一方面后，还要去揭示对象的多样性并使其统一起来；在思维中分别考察了各个差别的对象后，又要把它们联系起来；在思维中相对静止地考察了对象的各个阶段后，又要使它们活动起来。因此，辩证逻辑思维能使辩论讲究层次感、条理性。针对不少辩论者在辩论时观点的条理性与层次性不清楚，把几层意思混在一起说，让听众或对方摸不着头脑的情况，我们应加强辩证逻辑思维的训练，重视逻辑层次，让辩论者明白，第一点讲什么，第二点讲什么，条分缕析，清清楚楚。如果是辩论赛，各位辩手的陈词在总体上也应有层次感，如一辩可以从理论上阐明立论，二辩从历史上阐明立论，三辩从现实上阐明立论，四辩总结陈词。可以四位辩手既有分工，又有合作，结合在一起，使辩论气势宏大，层次井然，错落有致，而不致成为一堆乱麻。

在注意逻辑层次的同时，还应善于进行归纳。如果辩论者语无伦次，说一大堆不得要领的话，不能用简明扼要的话来阐明自己的见解，在辩论中是很难占到有利位置的。在辩论中，要从众多的材料中迅速地归纳出自己的基本见解，并清清楚楚地陈述出来，就能让听众理解。

为避免语无伦次，缺乏条理，在辩论前除要加强逻辑思维与心理素质的训练以外，还应学习必要的语法知识，使语言表达符合语法规律，从而增强表达的条理性。

(3) 重复啰嗦，拖泥带水

重复啰嗦，拖泥带水，是指辩论者的语言不简洁精练、赘词冗句多，套话废话连篇。有的人前面说过的话后面又说，一句话能说明问题的，竟然用了几句话甚至一大段话来说，颠三倒四，让人抓不住要领；有的人对听众没有正确估计，唯恐对方听不明白，反复加以解释，结果让人越听越糊涂；有的人辩论时老带口头禅；有的人不假思索，信马由缰，脱口而出，想到哪里说到哪里。这些都有损于辩论水平的提高，应加以纠正。

以上情况，纠正的方法很多，但主要应注意以下两点：

①做好充分准备，写好辩论提纲

辩论，特别是辩论赛，不仅仅为了探究问题，更多地是为了向人们展示言辞表达的流光溢彩，舌战交锋的雄奇瑰丽。为了达到这一目的，事先就必须充分准备，至少应该写好辩论提纲，参加辩论赛还应写好辩词。

辩论提纲就是利用提要或图表的形式，把整个辩论的主题、论点和结构布局简明扼要地勾画出来，体现出辩论者的基本观点和基本设计。制定辩论提纲可以定下一个总体框架，避免想到哪里就说到哪里，使层次清晰，表达严谨而精练，同时提纲还可起到提醒的作用，避免离题万里，重复啰嗦。提纲应包括以下内容：一是标题，二是整体框架结构，三是使用的各种材料。

辩论赛辩词的写作应注意辩词的基本特征，即有声性、简洁性、整体性。这里应特别注意简洁性，因为辩论赛对每位辩手的发言时间及每个队在自由辩论中的时间都有严格的限定，因而在辩论时就不能洋洋洒洒，铺陈渲染，甚至重复啰嗦，拖泥带水，应特别注意语言表达的简洁明快，干净利落。

②提高概括叙述的能力

辩论中为避免重复啰嗦，拖泥带水，还应提高概括叙述的能力。这种能力的内容是多种多样的，有理论概括，也有形象概括。

a.理论概括是指从个别对象的认识推及到对类对象的抽象能力。在辩论中应从具体论述中抽取其主要观点、基本思路和论证的结构，以便让听众和对方更准确地了解自己的观点。如果不具备这种能力，往往会使我们的观点不明，思路混乱，表达啰嗦，难以克敌制胜。这种概括叙述能力的培养可采用多种方式。例如，让辩论者读一篇文章，让辩论后做简要的概括；还可以通过实际辩论来培养概括叙述能力。

b.形象概括主要是将某一观点概括为一种生动鲜明的形象，使人一望便知，一听就懂。形象概括运用的是形象思维，理论概括运用的是逻辑思维。形象概括的作用有时比理论概括的作用更大，它的直观性使人一下子就明白了此种观点的内涵。在用它来概括自己的观点时，为了显示自己观点的正确性，多少有些美化的倾向，但便于听众和对方准确理解自己的观点。形象概括能力可以这样培养：在读完一段关于事物之间关系的小文章后，练习作出恰当的形象概括，也可在实际辩论中锻炼这种形象概括的能力。

(4) 语秽粗俗，形象欠佳

有些辩论者辩论时，不注意自身的形象，辩论时污言秽语，出口成"脏"；或随意插嘴打诨，不尊重人；或故意抬杠，标新立异；或无中生有，恶言伤人；或手舞足蹈，唾沫四溅；或被人驳倒就恼羞成怒，施行人身攻击等等；也有的人可能会拉拉扯扯，吹胡子瞪眼睛，指着对方鼻子，大有决一雌雄之势。这些言行，都有损于辩论者的形象，必须克服。

要想在辩论中纠正语言粗俗、形象欠佳的毛病，关键是要让辩论者加强对其自身形象的认识。辩论者的形象是指一个辩论者在辩论中思想意识、形体动作、语言表达的结合特征给人留下的总体印象。在辩论中，辩论者的形象对辩论的胜败有着重要的影响，因为人的形象能给别人的心理以微妙的作用。如果一个人衣衫不整、蓬头垢面、仪态猥琐、言语粗俗，会给听众留下不好的印象，助长对方的自信心。相反，如果一个人衣冠整洁、自信大度、举止不凡、妙语连珠，就会给对方以不可战胜的感觉，也能获得听众的好感与尊重，这就为战胜对方产生了一个良好的条件。

辩论者的形象包括他的身材、服饰、表情、姿态给人的直观印象和他的思想、意志、涵养、语言等给人的思辨感受。一个辩论者要想塑造良好的辩论形象，必须注意以下方面：

①举止端庄得体

举止是一个人的活动以及在活动中各种身体姿势的总称。它对人的心理状况有一定的透视性，这种无声语言有时比有声语言更富有表现力，因为它毫无掩饰地表现了辩论者的心理状态与内在素养。因此，辩论者应具有优雅大方的举止行为。遗憾的是有的人在辩论时，挺胸凸肚，上身后仰，给人自以为是的感觉；有的人站立发言时双手撑在桌上，弯腰屈背，十分难看；有的人将记录卡捧在手上，俯首其中，缺乏自信心和说服力；有的人坐下时左顾右盼，像做错了什么事似的；但有的人坐下时动作过猛，似重锤掷地一样，引起人的骚动与不安。如此种种，都会影响辩论的效果。

②体态语的表达要富有吸引力

在人的举止行为中有一个特殊的现象，就是所谓的体态语。辩论者的体态语应富有吸引力，无论是静姿还是动姿，应努力做到以下几点：一是表达的含义要明确，让对方一看就懂。不要使用让人无法理解的体态语，否则，不但不能吸引听众，反而会使听众感到莫名其妙，甚至引起对方的误会。二是要符合听众的习惯。不同的民族，不同的地域，其体态语的表达习惯不尽相同。三是姿态要美观。辩论者在使用体态语时，要姿态优美、举止大方，让人感到英姿勃发、智慧过人、理直气壮、充满信心。

③表情应泰然自若

辩论者的面部表情是直接面对对方、观众所捕捉的目标，反映了辩论者的内部心理，因此，辩论者必须注意自己的面部表情。辩论者的表情应该泰然自若，沉着冷静。辩论的形势跌宕起伏，变化多端，一旦陷入困境，有的人容易紧张，甚至垂头丧气；而一旦占据上风，就得意忘形，欣然自喜。辩论者对喜怒哀乐的表现要得体，要有所节制，过分的喜悦和悲哀均不适宜于辩论，失态的愤怒和喜悦更应该杜绝，同时，表情应符合辩论的内容，和辩论者意图相一致，当阐述本方观点时应自信果断，当询问或反驳对方时应语气凝重。

④仪表应富有吸引力

仪表是指人的外表，包括人的容貌、姿态、服饰和个人卫生等各方面，它是人的精神面貌的外观。人的第一印象多半来自仪表。一个相貌英俊的人比一个面孔丑陋的人更能打动人；一个衣着得体的人总比一个衣衫不整的人给人们的第一印象要好。因为仪表端庄、穿戴整齐者比不修边幅者更有教养，也更懂得尊重别人。辩论者的仪表要大方庄重、色彩和谐、服饰得体，才能给人以美感，才能吸引人。

⑤具有高尚的道德情操

辩论尽管有知、有智、也有技，但无德却不能使人心悦诚服。辩论者首先要培养好的思想作风，辩论之前首先要懂得做人，同时，要尊重他人，特别是尊重对手。是否尊重他人、尊重他人的人格是通过每个人的言行举止反映的。语言与表情动作只不过是思维的外衣，与每个人的思维方式、思维本质、思维特征相联系，而这一切又无不与辩论者的道德修养、人格水准有关。可是有些格调低下的人，在辩论场上的激烈对抗中，往往不知不觉地暴露出意识深处的种种劣迹，因而出口不逊，贬低对方，讽刺挖苦，甚至进行人身攻击，这就会给人以粗俗、鲁莽和缺少教养的感觉，是对自身辩论形象的极大伤害。

(5) 问而不答，论而不辩

在辩论时，常常可以看到这样的情况：辩论双方均捕风捉影地把随意拣来的问题向对方没头没脑地掷去，而彼此又对于实实在在该答的问题置之不理；有时你说你的理，我说我的理，彼此不予批驳，甚至回避对方的观点，对于对方论点的本质特征及要害性论据缺乏有力打击；有时双方有理有据的论证并未造成对敌方论题的严重威胁与冲击，有时甚至是在从不同侧面说明两个交叉、相容的命题。这种种现象，使辩手们在赛场上来回拉锯，口舌生烟，而在听众看来，论证并未前进一步，对辩题之是非曲直仍是一片茫然。

①问而不答的原因分析

辩论中所有的提问都应是有目的、有针对性的，发问必须扣题，答辩不能离题。遗憾的是，不少的情况往往是提问的多，回答的少，不少辩论者是问而不答。对提出的问题不予回答，这在很大成分上与提问者提出问题的质量本身及方法有很大关系。如关于"思想道德应该适应还是超越市场经济"的辩论中，有这么一次交锋：

正方三辩：如果马脱离了缰绳，它还拉不拉得动这辆车呢？

反方二辩：对方辩友刚才还说到一个问题，这些弊端是现实的，难道存在就是合理的吗，存在就要适应吗？难道不应该去超越吗？

正方二辩：不合理的，难道这是市场经济的正常要求吗？

反方一辩：那么请问市场经济的原则有没有双重呢？

正方三辩：市场经济和市场是不是一个概念？

以上双方的辩词显然是问题的"大杂烩"，双方洋洋洒洒地问了那么多问题，接下去的反方居然还是提问，而双方辩手对提问中无论该答的还是不该答的问题都一抹而过，甚至连轻描淡写的回答也不给予。

②论而不辩的原因分析

论而不辩的一个重要原因是辩论者缺乏思辨能力，往往只能按预先准备的辩词抑扬顿挫、滚瓜烂熟地背诵一遍，将辩论变成了演讲比赛。由于这些演讲词通常是有"背"而来的，所以现场发挥便能淋漓尽致，这样一来，实辩的质量当然要逊色许多了。

论而不辩的第二个原因是辩题中心词的模糊性造成的。在论战中，如双方对辩题中模糊、多义性概念之内涵与外延不能达成共识，也就失去了辩论的基础。在此条件下，双方必然因各执一端而"拉锯"不止。

第三个原因是辩题设计不合理。辩论的作用是,"明是非之分,审治乱之纪,明同异之处,察名实之理,外利害,决嫌疑。"(《墨子》)辩论赛尽管是舌战演习,但终究是为了实践,因而辩论赛的设计应尽量接近实践,达到与真理对话的最高境界。辩题应涉及社会生活各领域中一些有待辩明是非的疑点、难点、焦点问题,既不能明显倾斜一方,又存在着一个最终可以辩明的结论,这样的辩题就具有可辩性。但也有不少辩题设计不合理,不具有可辩性,这样的辩题只能让辩手们在评论中去兜圈子,在死胡同里去往返拉锯。在这类无解方程似的辩题中,任何一方欲占上风,唯有使用诡辩,于是就出现了论而不辩的现象。

针对目前辩论赛中出现的发问的多,答题的少,演讲的多,对辩的少的不良风气,应加强辩论的针对性训练。

一味地向人提疑问,这是任何一个正常的人都不难办到的事,而面对五花八门的问题都能对答如流,则非辩坛高手所能及。因而要加强辩论中提问的目的性、针对性,发问必须扣题,而答辩也不能离题。

辩论赛的关键在于"辩",辩论者应根据对手的论点、论据发言,有针对性地批驳对方,阐明自己的主张,这就能克服演讲的成分多,辩论的成分少的毛病。因此,辩手应认真倾听并理解对方的观点,认真思考之后再发表自己的意见,不是对方的话还没有落地就痛加驳斥,这样辩论赛就会精彩得多。

为了使这种针对性落到实处,我们可以在辩论程序中加进"轮流问答":每方向对方问二组或三组问题,对方必须回答,每一组除了第一次发问外,还根据对方的回答及回答中的缺陷"追问"、"再追问"作出回答。同时,在辩论的评判时,应建立一种共识,鼓励争论,反对背诵,以促进辩论中的针对性。

第五章
男女沟通口才

男女交谈要大方

同异性交谈是微妙复杂的，也是现实生活中最需要我们注意与研究的。有些朋友，特别是较少同异性接触的读者，往往会感到很紧张，手足无措。下面就介绍几种同异性交谈的方式。

(1) 谈情说爱式的说话方式

提起谈情说爱，许多朋友并不陌生。在谈情说爱的过程中，口才是很重要的。一个口才很好的人在谈情说爱时总比口才不好的人吃香得多。尽管情和爱的发展，并不只靠"谈"和"说"，但是从最初的相识，到互相热爱的整个发展过程中，谁能够抹杀"言语"在传情示爱中的重要作用？

谈情说爱中所需要的口才，比平时要精致细腻得多，谈话中要特别小心，不可乱说话。对异性说了不恰当的话，有时会引起一场灾难。最初同异性朋友交往，切忌紧张。不存在非分之想，紧张什么？还是大大方方，用微笑来开始你们的友谊吧！

同异性交谈，特别是同某位异性初次交谈，不要顾虑过多。有些女子在初次同异性接触时不愿多说话。在男士首先向她说话的时候，她惜语如金似的仅用"是"、"否"等答复，使男士们陷入窘境。在这种情况下，男士们应当主动一些，在交谈之前最好能了解对方的性格，做好思想准备。如女方保持沉默，男士就要先找到话题，因为一问一答的谈话方式始终是无法打开畅谈的局面的。

怎样去寻找合适的话题呢？首先，男士们在弄清女子的生活环境之后，便可找到无穷的话题。譬如，对年轻的女性，可以问她学校的情况，因为世间没有一个学生不高兴说自己的学校的情况。对年纪较大的女性，不妨和她谈她的儿女，因为世界上没有一个母亲不爱谈自己的儿女。至于未婚女子，则从谈日常生活入手，然后观察对方对什么感兴趣，投其所好。这样，局面自然就打开了。

(2) 激将的说话方式

有时，男士们还会遇到一种女子，不管您如何发问，她总是简单作答，既不回问，也不表示任何意见。对这类的谈话对象，男士们不妨试用激将的谈话方式。

对于女人，男士们如何使用激将法呢？女子一般最怕男人知道其弱点。男士们应利用这种心理，借第三者的话把对方的弱点说出来，这样就会在女子的内心造成一种震荡。这时她没有不抵抗的。好在这是引述他人的话，她决不会说您什么，但因为她要为自己辩护，谈锋便来了，你的目的也就达到了。

有的男士们不愿当面说别人的弱点，那么，可以讲一个故事或说一则笑话，委婉将女子的弱点寓于故事或笑话之中，这样也可以对女子起一种触发作用，促使女子说话多一些。

另外说一点，如果激将法还不能奏效，那么你就应该考虑换换谈话对象，不应强求。常言道，强扭的瓜不甜，强说的话也不会中听。

(3) 寻找插入的说话方式

在许多场合，男女间的交谈不是一对一的，而是一对几或少数对多数。在这种情况下，处于少数的一方只有通过适当的方式插入对方的群落，才不会有被冷落的感觉。

几个女子在一起，免不了大谈衣服、发式、鞋袜等。一个男士在这种场合如果不想被冷落，就应该以一件新奇的事情把大家从衣服鞋袜上吸引过来。例如可以说："刚刚电台广播××电影明星又开拍××片子了"等。此后，便可渐渐地转入××国的金融事业、某一个地方的风俗习惯等，以一种主人姿态加入到她们的交谈中。

当一个女子处于许多男子之中时，情形就又不一样。男人之间谈的话题是广阔的，有政治、经济，也有社会问题。在这种场合，一个聪明的女子应持一种以"静"为"动"的态度。她可以不发表什么意见，但应当倾听别人的见解，因为倾听别人谈话本身就是一种参与。而且，有女子来倾听，对于说话的男子来说也是一种鼓励。女子在倾听别人谈话时，最好还能提出一些知识性的问题，如打官司要经过哪些部门，什么样的人具有优先继承权等。对这些问题，男士是乐于回答的。这样，女子也就不会有冷落感了。

改善男女话不投机的妙方

男性与女性大多数不懂得彼此沟通，但按照下列的简单提示，可以把彼此的距离缩小。男女交谈时，男人与女人并不使用共同的言语，因此需要互相努力了解，才能够好好地相处。

(1) 男人应做的事

与女人讲话的时候，动作不要多，摆前摆后，这会给她一个印象，以为你对她所讲的话不感兴趣。

与女人谈话的时候，要正望她，但不需凝望，只是望着她的方向。

对一个女人提起的话题，不要企图改变，也尽可能不要插嘴。

听女人讲话时应有立即反应，时不时在中间插入"哦"、"呀"等简单的语言词语及多点头。女人问您一个问题时却不要说"哦"、"呀"、"不"、"是"或"也许"等，应给一个完整回答并解释您的意思。

不要对她演讲或教训，多问她问题会谈得更好。

不要用命令式语气对女人讲话，也不要说"拿这个那个来"，应说"请您"，如果关系亲密，前面则要加句亲密称呼。

讽刺的笑话，留起来对男性朋友讲，不要预料她哈哈大笑，女人都是不欣赏这种幽默感的。谈女人感兴趣的话题，通常思想性及政治性话题是大忌。

(2) 女人应做的事

不怕多谈自己，这使对方觉得你较实在。

不要咒骂，不要讲粗话，这虽是男人的习惯，但听到女人讲，他们对你的印象会很差。

在谈话中让男人插一下嘴。

尽可能谈男人感兴趣的话题，如体育、时事、汽车及音乐等。

对男人感兴趣不要羞于主动，你约他出外，他也不会觉得有什么不好，反而觉得很光荣。

假如一个男人不能坦言，不要逼他，多用些时间与他谈。谈话时不要低头，眼睛望着他的眼睛。

争论的时候不要谈过去，只谈眼前的事，尽量设法解决。

不要怕向男人求助，这对他来说会是一种恭维。

如果你能在男女双方的交谈中真正注意上述几点中肯的意见，想必大可避免话不投机的尴尬场面，何不试一试呢。

如何拒绝与异性单独约会

拒绝是一种艺术，表达的方式却有许多。有的是以退为进的拒绝；有的是根本不愿交往；还有的拒绝要看人、时、地来决定……学会了林林总总的拒绝艺术，不仅可以减少许多无谓的麻烦，而且不会让你落到唉声叹气，不知所措的地步而陷入"我该怎样把他打发走"的苦恼了。

学习拒绝艺术的先决条件有：

（1）多用理智，勿滥用感情。

（2）不要以对方的面貌来决定是否拒绝。

（3）对方愈是花言巧语，愈是不可尽信。

（4）自己的言行要谨慎，不可轻狂或傲慢。

女孩子拒绝约会的原因不外乎四种：第一是由于少女矜持，不愿意随便答应男友的要求；第二是为试探对方有无诚意；第三是因为当时确实有事；第四是有男友。

拒约的原因既然不同，拒约的方法当然就有所分别。

基于前三种情况而拒绝约会的方法是"藕断丝连"。虽然不答应他的邀请，但拒绝的语气并不过分坚决，在你的拒绝理由之后加一些不肯定的句子，如"或许……"、"恐怕……"、"但是……"、"不过……"、"假如……"等等。总之是"这次不行，下次也许可以"预留后步式的婉拒——既然不是真的不愿意答应他的约会，那么，用这种方法拒绝男人，可以使他下次还有再找你的勇气。

如果自己另外有男友，而且确实对他全无兴趣，不妨让他知道你"永远没有时间"赴他的约会。当然，这是一种"一刀两断"的做法，但拒绝时却要留意，别伤了对方的自尊心。逼急了，任何人都会恼羞成怒的，你何必自己树立一个敌人？再说，他愿意邀你出去，是喜欢你，基于这点诚心，你在拒绝的时候就得用心思，别叫他太难堪了。最好婉转地告诉他，你是一个行为端正的女孩，已经有男朋友了，不好再答应他的约会——以朋友的态度诚恳地说明无法赴约的理由，是为了不让他浪费时间，相信他听了不但不会恼怒，反而会对你的端庄另眼看待。这就是拒绝的艺术——拒绝他，而他并不难过、不沮丧、不怨恨，而反过来，谅解你拒绝他是出于爱护他的心理，这就教他对你服气万分了。

拒绝的艺术是要因人因时因地而异的。要点是当一个男人开口问你某日有没有空的时候，即使你明知自己根本无事可做，也要留给自己一个考虑的余地。你的回答可以是这样——"怎么样？您有什么好建议吗？"假若他的提议颇中您心，不妨答应他的约会，否则来个"但是……"也就够叫他知难而退了。

女孩子在没有固定对象之前，不免会有各种不同的约会。

也许有这么一次两次，你会碰到一个毛手毛脚的男人，对付这种人，拒绝的态度要从容、镇定、有幽默感。

我们假设一个情况：在您和某个男朋友散步的时候，忽然发现他意图引您到一个黑暗的角落，你可以停止脚步，面带笑容地告诉他："哎！怎么办？我天生胆小，走到黑暗的地方就害怕……"当然啦！为了防他"英雄护美"，您要接着对他主动说："即使有这样强壮的男人陪在我身边，也无法使我心里的恐惧消失！"

这就够了，难道他还会不明白你的意思吗？

女人批评男人的技巧

提出批评的最主要原则，是一定要私下提出，让被批评者有机会保住面子。而且，批评必须在能够产生最佳效果的时机提出，千万不要让怨恨加深。

由于需要很长时间才能鼓起勇气批评别人，所以，很多人便将批评和勇气结合，做出宣判式的全面性指责，而不是本来想做的具体的批评。

必须把事与人分开，而且对事要有真正了解。说"他把我气疯了"是无济于事的，应该针对你想协助对方改正的那个特定行为提出看法。

比如你要批评的是对方经常打断别人说话的习惯，你就应只批评这一点。一个人通常每次只能改正一种行为模式，因此，你最好把你的批评只限于一个目标。

同时，要设法让被你批评的人知道你的感受，多用代词"我"。如果用"假如您这样做我就会觉得怎样的"方式提出你的批评，那么对被批评者认识到自己的缺点是有帮助的。

要选择适当的时间和地点。在刚下班回到家的那一分钟，或在职员即将开始休假之前，如果向他们提出尖锐的批评，他们肯定是不会接受的。

韦伯尔建议，批评的话不要超过三句或四句。

开始时应先说明自己的愿望："如果您要晚些回家，我希望您先打个电话回来。如果您不打电话回来，我会担心您发生了什么意外。当我知道您要晚些回家时，我会迟一点开饭的(给予鼓励并表明对方可以怎样帮忙)。"

对于类似这样的批评，大多数人都会作出良好的反应。

掌握这些批评和应付批评之道的基本技术的人，可能终生都不会为那些令我们很多人都深感苦恼的情绪所困扰。

批评的确可以成为一种建设性的工具。

男性与女性的沟通技巧

(1) 强调"您"字

心理学家所说的"自我中心"是个偏狭的名词，他们认为只有少数人才特别注意自己，而忽略别人。其实，世界上能有几个人不注意自己呢？一个人居然对自己不感兴趣，这是令人难以想象的。所以，你的女同事也一定希望你经常注意她，并认为她是很重要的。

因此，和女同事交谈时，当然不能一个"我"字都不提，但要想成功，必须注意：

表示先注意"您"，然后提"我"；

表示重视"您"，而"我"只是处于次要地位。

拿破仑的恋爱生活多彩多姿，他的情书有一个特点，就是他喜欢用注意对方的词句，他写道："在此刻，您是我在这个世界上唯一能依赖的人……"

对别人不感兴趣的人、不喜欢衷心赞美别人的人，在生活中会遇到很多困难。

所以，要想获得女性的好感，最有效的方式之一，就是你要先对她感兴趣，并先向她表示关切之意。

(2) 要说"我们"

当你和一位女性在一起时，经常把你和她说成"我们"，不知不觉中，她的心就会慢慢地倾向你了。

有一个日本姑娘，她的全家都移民到了美国。到美国不久，她就患了一场大病，非住院治疗不可。她的英文口语半生不熟，何况她这场病生在异国他乡，困难和心境可想而知。

给这位姑娘治病的主治医生是个年轻有为的英俊青年，每次来到她病房时，第一句话总是："看看今天我们的情况怎样。"医生的一句话，好像在向这个姑娘"日行一善"，给她以极大的鼓舞。从此，她对医生更具信心，更感到信赖和亲密。

其实，医生每天的开头一句问话，只不过是一种习惯用语而已。但是，她听了就像是医生同病人合作，两人齐心协力地与病魔作斗争似的，因此，在病人的心中便会产生一种强烈的信赖感。

住了两个多月的医院，不仅她的病情日渐好转，而且还在不知不觉之中对年轻的医生产生了爱慕之情。

从心理分析的角度来说，在女性的思维中是排斥"你是你，我是我"的言词的，她们的心喜欢倾向于"群体"，群体当中有我，群体给人以温暖感和保护感，自然就不觉得孤单和寂寞了。

因此，不管碰到什么稀奇古怪的事，女人对两人变为一体的组合是非常敏感的。

比如说，她一旦喜欢上某个男子，便会在梦想中，希望有一天能与他穿着相同的服饰走在街上。进餐时，若需餐券的话，她也希望餐券是两张一组的，类似这种"两心相连"的构想中，却蕴藏着很深的少女情怀。

另外一些喜欢进餐馆的青年男女，他们并非没钱，但是，却只要一杯饮料两人共饮，一块冰淇淋你一口我一口地吃；且明明各自都带有伞，却情愿两人共撑一把小伞，淋湿了毫不在乎。其实，这所有的表现，都是"两人一体的组合"心理的表现。

当然，这种梦想只是姑娘们潜意识里的愿望，但是只要你总是以"我们"一词来建立起"两人一体"的关系，并且一直持续下去的话，不久以后，你们便真会成为"天生的一对"了。朋友，请多对她说"我们"吧！

(3) 洗耳恭听

钢铁大王卡耐基说："倾听是我们对任何人的一种至高的恭维。"

心理学家杰克·伍德说："很少人能拒绝接受专心致志、倾听所包含的赞美。"

所以说，注意倾听她的谈话吧，而"倾听"本身就是一种"无言的赞美和恭维"。

男性通常太急于发表自己的高见，所以当别人在说话时，他们并没有认真去听，而只是盘算着待会儿该怎么说，并设法打断对方的说话，让自己能有时间大发一通议论。这真是一个致命伤。因此，注意"倾听"她的意见要比自己"健谈"好得多。我们应该知道一点："宁可闭嘴而让人怀疑您心怀叵测，也不要开口露出您的浅薄。"

专心听讲是男性应具有的美德之一，它不仅使女性觉得她备受尊重，同时，也是、良好修养的表现。

(4) 投其所好

如果她喜欢洋娃娃，那就送她一个精致的洋娃娃，并赞扬她现有的洋娃娃多么可爱、多么艺术；如果她喜爱养猫，那不妨选送一只好品种的猫给她，这就是投其所好。

应该说，巧妙地投其所好，本身就是一门艺术。它绝不在于礼物值多少钱，而是在于投的是什么。也许您一文未花，但只要投准她的"所好"，那么你就成功了。否则，你就是送金赠银也没有用。

所以，你应尽量去了解她喜欢什么，再"投其所好"，这就是对她最有效的恭维和赞美。

(5) 多多赞美

有意无意赞美姑娘的言谈举止和穿着打扮，是获得她欢心的最有效的法宝。有些男人，不知道这一点，往往在无意间得罪了身边的女性还不自知。

女人的感情是脆弱的，她们非常依赖于情爱，她永远也不会嫌你的赞美太多，她的这种贪心永不满足。所以，要获得女人芳心的最好办法，就是赞美她。

难道，你忍心使一位辛辛苦苦打扮了两小时，兴冲冲地赴你约会的女孩，只因你的一句无心的批评，就前功尽弃而十分扫兴吗？尽量赞美她吧，无论是她的容貌、发式，还是衣着，甚至手里拎着小皮包！请你对她说，她是你所见过的最完美的女孩，即使她明知你在恭维她，她心里也会乐滋滋的。

因此，努力找出她的一些优点，恰如其分地恭维她、赞美她，这是一件很有效的法宝。

(6) 不提旧事

一位女性朋友说她在和某公司的营业部门人员交谈时，对方曾说："老实讲，当初我对大众传播业很有兴趣，虽然曾去数家传播公司和广告代理商应聘，但都没有成功。"

听完这席话，这位朋友便感到对方很令人讨厌。

她所遇到的这种人，总爱提起以前的旧事。无论是成功还是失败，总之，过去的就不要再讲了。当一群人在一块儿时，很多男人总是不自觉地夸耀其当年是如何的成功，不然就是悔恨过去的失败。在女性眼中，这种不着边际的话题，无非是逃避现实对往事的回忆。同时，女性并不见得对"翻旧账"感兴趣。

(7) 吉利的话

有一种令年轻姑娘见而生厌的男人，即被她们称之为"真叫人心烦的讨厌鬼"。其实，这种男人，并不是因为他说了她的坏话，或是欺负了她，但是，他却被认为是不受欢迎的人。就外表而言，他们既不老成也不是一副可怜相，但为什么会被冠上这么令人费解的帽子呢？

在日常生活中，当你述说各种事情时，如果把不讨好、不吉利的字眼用得太多的话，那么，你在不知不觉当中，你的形象将随着那些字眼而被贬损。像"被解雇、薪水低、小职员"等字眼，平时你出于无心冲口而出，也与自我无关，但由于字面本身不吉利、不讨好，逐渐就会在对方的心灵深处留下痕迹。于是，你就容易被定型，被别人认为是一个"倒胃口的男人"。

特别是女性，她们本来就容易接受暗示性的话语，你本无意反复，在女方听来却大有影响。因此，虽然只不过是个比喻或语出无心，但经过多次重复后，语言本身的毛病将使女性感受到其中的暗示。所以，如果能够多加注意这类不吉利的字眼，不让它过多地出现，才不会误事。

(8) 家庭琐事挂嘴

经常听女同事们谈起，说有的男性常在办公室里说抱怨妻子的话："最近和老婆又闹别扭啦！""她实在是一点也不温柔！"等等。当然，这种男性说这些话并非就是对女同事有什么企图，或者别有用意。但是，这种话常常给人很不好的印象，不但影响自己的形象，而且容易使女性产生不佳的联想和无谓的猜测。

同时，由于这种男性经常把这些话挂在嘴边，逢人便说，成为一种习惯，所以，每次也都会遇到别人的厌弃。在这种情况下，他们仍要自讨没趣，滔滔不绝地解释道："我常常三更半夜回家，她不高兴……"

这真是不打自招。一个男子汉成了"夜游神",深夜还和别人一起喝酒聊天,末了回到家里,他妻子见到他成醉鬼,一定厌烦死了,还高兴得起来吗?亏他说得出口。

所谓家庭的不和睦,通常是由于这种小事引起的。不知道是大男子主义思想在作怪,还是其他因素?有时,男性认为,家庭里没有任何风波,岂不成了死水深潭?闹闹嚷嚷,女人一哭,男人吆喝一声就平息下来,那才显示出男子汉大丈夫的"威风"呢?这是典型的大男子主义。有适当的晋升,有足够的工资,有美满的家庭,在如此圆满的环境之中,男性往往要佯装自己的苦衷,以表示自己的"深沉"。然而,晋升与工资既不容易启齿,也不容易歪曲,因此,男性只好提出家庭的不幸。当然,女性并不那么愚蠢,她们一眼便能识破男子的伪装。如果他们夫妻的关系真的到了危险的边缘,他绝对不会那么轻松,甚至,他还不愿意别人得知呢!虽然女性对于那种时常抱怨妻子的男人感到讨厌,但是,她们同样也不喜欢夸耀幸福的男性。有的男子皮夹里面常有全家福的照片,一有空闲,他就急忙拿出来炫耀一番,希望别人能够赞美他家庭的幸福与和谐。如果偶尔一两次也没有什么,但老是在人前显示,希望从别人赞美中获得满足,也难免遭人议论。

还有一些男性喜欢向人夸耀自己华丽的外表,包括自己家里的布置等,这也是一种好表现的自我陶醉。

一个男子,最好不要向外特意地吐露家中的幸福或不幸。他应把全部精力放在工作上,经常保持乐观向上的精神,而女性对这种男人也特别爱慕和尊敬。

女性与男性沟通的技巧

(1) 不必当真

当男性说出自己的弱点，通常女人有两种反应：一种是欣慰他对自己的信赖，甚至还觉得他做了爱的表白；另一种是对男性的这种行为感到轻蔑，认为这是软弱，没有出息的表现。

男人的话，是不是都完全真心呢？恐怕未必吧！"我太辛苦了。""工作好累，睡觉多好。"有时他们只想发发牢骚，就像平常打招呼一样，说说就过去了，这时如果你信以为真，那就太傻了。

男人不愿被看穿心事，主要原因是害怕暴露自己的缺点，将来无法在集体中立足，他们深信自强不息的生存哲理。所以，隐藏内心是他们认为保持自我的最好方法，担心被看穿，担心被超越，男人其实有一大箩筐的心事。

有时候，为了配合当场的气氛，男人会故意摆摆姿态，说几句不关己的话，不是真心的，也不必当真，因为被窥知自己的弱点，好不容易建立的男人形象不等于垮了吗？

男性时时刻刻要保护自己，防范别人，因此很想找一个信赖的人，吐吐心事，松弛一下长期紧绷的神经，他之所以一直保持沉默，其原因，是找不到可以倾吐的对象。

男人在竞争社会中较少与女人为敌，所以也较容易对女人吐露真心，但也因人而异，譬如他们会先观察这个女人的品德及可靠性等。当他对你开诚布公，或许就是以心相许的预兆，如果你对他颇有好感，可不要错失良机。

(2) 备加关怀

有些男人喜欢以智者的姿态对女人说："唉呀！你什么都不懂。""这件事哪有你想象的简单。"他们认为女人都是单纯脆弱而需要保护的，他们常以护花者自居。他们不愿听女人的摆布，所以有时会毫无理由的，为反对而反对。

对女人来说，这类男人较为难懂，因为他们很少坦白地表现自己的感受。当你对他的态度，让他觉得备受冷落时，他会提出许多无理的要求来为难你，或是作一些反常的举动，说些反对的意见，来引起你的关心，肯定他的存在。观光旅行时领队最害怕遇到这种人，一些别人都知道的规则，他每每明知故犯，然后还故作姿态地说："我不知道，我没听到。"其实这种男人渴望别人对他付出加倍的关怀。

当然，有些独立性强的男人根本不需要靠外界的眼光来肯定自己的存在；可惜的是，大部分的男人都渴望别人关心，他们都需要靠周围的支持来确认自己，这种期待没有实现，就使他们感到不安。

如果不了解男人的这种心情，就无法知道男人为什么老爱和女人作对。只要你和他说话，让他感受到你对他的关怀，他就能心满意足，侃侃而谈。但假如太严重的话，你就不能太姑息他了。

男人习惯用不同的方式来隐藏自己的真心，但又要达到自己的要求，所以常常搞得你云里雾里。但是，只要你温柔规劝，巧妙应付，你在男人圈中一定也能挥洒自如。